Verdade e Sofrimento

Coleção Estudos
Dirigida por J. Guinsburg
(*in memoriam*)

Coordenação de texto Luiz Henrique Soares e Elen Durando
Preparação Simone Zac
Revisão Adriano C.A. e Sousa
Capa Sergio Kon
Produção Ricardo W. Neves e Sergio Kon.

Paulo Beer

VERDADE E SOFRIMENTO
PSICANÁLISE, CIÊNCIA E A PRODUÇÃO DE SINTOMAS

PREFÁCIO
Nelson da Silva Jr.

PERSPECTIVA

CIP-Brasil. Catalogação-na-Fonte
Sindicato Nacional dos Editores de Livros, RJ

B362v
    Beer, Paulo
    Verdade e sofrimento : psicanálise, ciência e a produção de
sintomas / Paulo Beer ; prefácio Nelson da Silva Jr. - 1. ed. - São
Paulo : Perspectiva, 2023.
    288 p. ; 23 cm. (Estudos ; 385)

    Inclui bibliografia
ISBN 978-65-5505-175-9
    1. Psicanálise. 2. Filosofia da ciência. 3. Verdade. 4. Sofrimento
psíquico. I. Silva Jr., Nelson. II. Título. III. Série.

23-86745   CDD: 153.4
                               CDU: 159.947

Gabriela Faray Ferreira Lopes - Bibliotecária - CRB-7/6643
20/10/2023   25/10/2023

1ª edição
Direitos reservados em língua portuguesa à
EDITORA PERSPECTIVA LTDA.

Al. Santos, 1909, cj. 22
01419-100 São Paulo SP Brasil
Tel.: (11) 3885-8388
www.editoraperspectiva.com.br
2023

Para Luiza, Tereza e Antônio,
meus motivos.

Sumário

Prefácio – *Nelson da Silva Jr.*........................... IX

Introdução: A Verdade e Suas Questões............... XXIII

1 A Ciência Entre Verdade e Veracidade 1

A Questão da Verdade da Filosofia da Ciência...... 2

Estilos de Raciocínio 20

Construção Social e o Relativismo Radical........ 33

2 Ontologia Histórica e Patologias Transientes...... 43

Verdade, Evidência e Objetos Biológicos........... 45

Inventando Pessoas............................. 57

As Patologias Transientes....................... 67

Múltipla Personalidade 75

3 Uma Forma Própria de Verdade................. 93

A Verdade e Nada Mais 94

A Verdade, a Psicanálise, as Ciências.............. 103

4 Um Sujeito Histórico 131

Ciência e Sujeito 131

O Nominalismo Dinâmico em Outro Estilo de
Raciocínio 148

5 Problemas e Caminhos. 165

Patologias Não Transientes e Estabilidade. 166

O Problema do Excesso de Interatividade. 175

Um Caminho: A Verdade Como Causa. 191

Mais um Caminho: Verdade e Política. 203

Menos Certezas, Mais Ciência. 213

Notas 219

Referências 233

Agradecimentos 243

Prefácio

Este livro sai em um momento que confirma sua tese e seu propósito: que a ciência é uma forma de questionar o estabelecido, o que exige uma crítica consistente contra seu uso excessivamente normativo, orientado para o estabelecimento de certezas. Não se trata, contudo, de feliz coincidência ou obra do acaso, mas sim da oportunidade de responder às questões que a disputa pela verdade conquistou na arena social e política na forma de *fake news* e negacionismos[1]. Todavia, a precisão do *timing* desta edição não tem nada de acidental, tendo sido iniciada há mais de dez anos, quando, em seu mestrado[2], o modo pouco rigoroso de enfrentar questões a respeito da cientificidade da psicanálise já inquietava Paulo Beer. Isso apesar de, à época, esses movimentos ainda se manterem para além das fronteiras nacionais[3].

Resultado de uma tese de doutorado, este livro amplia o escopo de seu mestrado. Nessa primeira pesquisa, foi recuperada a demonstração extra clínica dos efeitos da psicanálise, e, portanto, a cientificidade da psicanálise no campo das ciências empíricas orientadas pela mensurabilidade. Mas, como se espera em todo trabalho acadêmico realizado com seriedade e consistência, essa bem-sucedida demonstração abriu espaço uma nova questão: aquela de compreender de que modo a teoria e a clínica da psicanálise, pouco conciliáveis com os métodos quantitativos das ciências empíricas, poderiam ser articuladas com a demonstração de seus efeitos por essas mesmas ciências. Tal pergunta exigiu um aprofundamento inédito de um debate que até então se restringia ao campo da epistemologia, avançando para os campos da filosofia ciência, da ontologia, da política da ciência, assim como da ética. Antecipando aqui um de seus ganhos mais importantes, esta investigação resultou no reconhecimento de um lugar de ponta à psicanálise no interior desse debate. Nesse sentido, Paulo Beer traça um percurso que retoma e dá um passo inédito e decisivo para o projeto lacaniano, explicitado no Seminário XI, que parte da questão sobre se *a psicanálise é uma ciência* e a transforma naquela do *que seria uma ciência que inclua a psicanálise*.

Farei primeiramente aqui uma leitura das linhas de força gerais da estratégia usada por Paulo Beer para realizar esta virada, buscando isolar o modo como a psicanálise assume esse lugar privilegiado em tal debate. Em seguida, me aprofundarei em alguns temas discutidos que julgo particularmente importantes e interessantes em si, ainda que sem sublinhar sua função na linha argumentativa de nosso autor.

LINHAS DE FORÇA

Em primeiro lugar, a discussão foi ampliada, incluindo dois outros objetos que pertencem a ambos os campos, a *verdade* e o *sofrimento psíquico*. De fato, as críticas à psicanálise frequentemente buscam seu modelo de ciência no campo da psiquiatria biológica, que busca reduzir o sofrimento psíquico a efeitos de processos fisiológicos do sistema nervoso central. A eficácia química, isto é, a produção de efeitos psíquicos por intermédio de medicamentos, indicaria retroativamente que os processos biológicos são as causas primárias do sofrimento psíquico. Este privilégio seria exclusivo à organicidade, subalternizando de antemão qualquer causalidade ao campo das representações, do simbólico, e da linguagem, e, portanto, da verdade.

Para combater essa tentativa de monopólio explicativo sobre as causas do sofrimento psíquico, Paulo Beer recupera a discussão sobre a verdade na produção do conhecimento, o que é feito

PREFÁCIO XI

a partir das obras do filosofo da ciência Ian Hacking e do psicanalista Jacques Lacan. Sua aposta é a de "reintroduzir a verdade
como uma questão que tensione o conhecimento produzido"
[p. xxi]. Com efeito, essa ideia é central na obra de ambos os
autores, ainda que com diferentes economias conceituais. De
fato, tanto Ian Hacking quanto Lacan mobilizam, cada um a seu
modo, a verdade como "conceito-limite que reúne [...] problemas epistemológicos, ontológicos, éticos e políticos" [p. xxii].

Trata-se de um desafio intelectual de monta, a saber a articulação de duas teorias diferentes, ou a demonstração de afinidades
eletivas entre elas a partir de como abordam a relação entre verdade e sofrimento psíquico. Desde já, elenquemos dois pontos em
comum trabalhados por Paulo Beer, assim como suas diferenças.
Em primeiro lugar, ambos concebem a linguagem como sistema
duplamente incompleto: incompleto frente ao real, o que implica
uma relação não controlável com a verdade, e incompleto, frente
a si próprio, donde há em ambos uma recusa da metalinguagem,
da verdade sobre a verdade. Contudo há uma diferença marcante
entre os dois autores no que se refere à incompletude em jogo
na linguagem. Pode-se dizer que em Hacking, a incompletude é
assimptótica, no sentido dos gráficos de comportamento assin-
tótico, onde uma curva se aproxima infinitamente de um ponto
sem jamais tocá-lo. Os trabalhos de Hacking sobre a filosofia da
ciência se nutrem de uma reflexão amadurecida junto à história da
ciência. Isto lhe permite abordar a ciência fora da premissa evolu-
cionista do saber, onde a ciência é considerada como um triunfo
totalizante sobre a verdade, vencendo mitos, religiões e ideologias.
A reflexão de Hacking sobre a ciência não a opõe a inverdades de
outros discursos. Hacking opõe a ciência a si própria, trazendo à
tona a pluralidade de suas formas de produção de verdade.

Já em Lacan, a incompletude da linguagem é oriunda de
equação de exclusão mútua entre a linguagem e a coisa, exclusão fundante de ambas. Em segundo lugar, ambos concebem os
sujeitos como efeitos performativos da linguagem, em outras
palavras, concebem a essência, a dimensão ontológica dos sujeitos
como um efeito da linguagem. Novamente, há diferenças fundamentais entre os dois autores que serão exploradas nesse livro.
Ian Hacking se volta sobretudo para o caráter aberto da subjetividade diante dos saberes, ou seja, dos efeitos ontológicos do

conhecimento das ciências em geral sobre os sujeitos. A marca aqui é sobretudo de variabilidade. Lacan, radicalizando efeitos da incompletude da linguagem, deriva sua equação de exclusão mútua à subjetividade, cuja estrutura será marcada pelo não-ser. A marca aqui será a da impossibilidade.

Tais diferenças de concepção sobre a incompletude da linguagem e seus respectivos efeitos ontológicos sobre os sujeitos definirão também diferenças de postura em relação ao sofrimento psíquico. Segundo Hacking, as formas de sofrer dos sujeitos são variáveis, dependentes da cultura e dos saberes científicos. Mudam-se os saberes das ciências, muda-se a natureza dos sujeitos assim como suas dores da alma. Mas Hacking conserva ainda um espaço para sofrimentos da alma oriundos de problemas biológicos. Tal diferença implica, segundo o autor, em dois tipos de patologias: os tipos indiferentes – que teriam uma plasticidade parcial aos saberes, fundamentalmente em sua expressão –, e os tipos interativos, que seriam marcados por uma plasticidade absoluta, onde as patologias seriam apenas variantes de formas particulares e historicamente marcadas do saber científico. A título de exemplo, o caso paradigmático do tipo indiferente seria a esquizofrenia, e o do tipo interativo, a histeria. Mas cabe ressaltar que os tipos indiferentes não sinalizam, segundo Hacking, uma possível forma de verdade sobre uma natureza biológica imutável da alma.

Conforme salienta Paulo Beer, a partir da impossibilidade de espelhamento entre a linguagem e o real, a verdade científica em Hacking é pensada como um efeito, fundamentalmente como efeito indireto da eficácia das experimentações científicas. Para Hacking, a verdade de uma teoria pode se sustentar nos efeitos de suas intervenções sobre o real, a saber, aquilo que o filósofo denominou *realismo de entidades,* dando uma ênfase à experimentação. Seu caráter é, portanto, transitório, incompleto, e fundamentalmente dependente das variações do que ele chamou de veracidade, isto é, das condições sociais de enunciação da verdade.

No caso de Lacan, o sofrimento psíquico herda de Freud suas linhas mestras: em primeiro lugar, um sofrimento incontornável, diretamente oriundo da relação de exclusão que a linguagem impõe à experiência corporal; em segundo lugar, o sofrimento oriundo da verdade, onde a última tem a função de causa. Para Lacan, estas duas origens do sofrimento estruturam a relação

PREFÁCIO XIII

dos sujeitos com o saber e a verdade em uma relação dialética. Aqui a verdade vale por seu efeito de ruptura de um saber como equivocado, incompleto ou impossível, e indicação de outro saber possível, que, caso se estabilize, será, por sua vez, novamente objeto de uma ruptura pelo surgimento de outra verdade. Assim, a partir de sua função de causa, a verdade se radicaliza na obra de Lacan na forma de um "mergulho vertical numa concepção de verdade que gravita em torno de fundamentos negativos, como falta, impossibilidade etc." [p. xxix].

A REFUNDAÇÃO POLÍTICA DA VERDADE

Ambos os autores são mobilizados por Paulo Beer como uma estratégia de refundação da política da verdade sobre os sofrimentos psíquicos, monopolizada pela verdade como adequação a processos neuroquímicos do cérebro. A partir de Hacking, filósofo da ciência respeitado no campo das ciências empíricas, é possível, contudo, encontrar formas de legitimação da verdade segundo a psicanálise. Sobretudo a partir de seu conceito de *estilos de raciocínio*, que permite "delinear as diferenças na constituição da racionalidade e dos objetos, assim como de suas estratégias de sustentação" e assim funcionar como plataforma de articulação da clínica psicanalítica com outras tradições de veracidade, principalmente aquela da ciência que funciona com a noção de verdade como adequação. Nesse ponto, é precisamente a psicanálise que pode ser o fiel da balança, uma vez superada a discussão sobre sua cientificidade.

De fato, o primeiro passo da estratégia de Paulo Beer para a refundação de uma política da verdade se dá pela retomada crítica da psiquiatria biológica para o sofrimento psíquico, onde a premissa do corpo como causa única e origem de entidades indiferentes é contestada de inúmeras maneiras.

No caso da esquizofrenia, um dos fatos mais evidentes dessa permeabilidade do biológico ao simbólico foi demonstrado há cerca de cinquenta anos por uma pesquisa realizada pela Organização Mundial de Saúde, a saber, o fato de pacientes com diagnóstico de esquizofrenia em países em desenvolvimento terem índices de remissão de sintomas maiores que em países desenvolvidos[4]. Para além da evidente permeabilidade dos sintomas em uma doença

XIV

comumente tida como paradigmática da causalidade orgânica de toda doença mental, temos aqui o interessante dado de um fator patogênico específico do capitalismo e suas formas de vida.

Paulo Beer relata também o interessante caso das dificuldades de introdução dos antidepressivos no Japão, onde a principal barreira estava na ausência de categorias culturais que permitissem tal diagnóstico. Um dos problemas desta introdução era que testes com antidepressivos não obtinham resultados significativos em pesquisas locais, o que impedia sua aprovação pelo governo. Mas campanhas indiretas com personalidades e artistas famosos que falavam sobre a própria depressão mudaram a visão das pessoas sobre essa patologia. A partir dessa mudança, os resultados nas pesquisas passaram a ser significativos e os antidepressivos passaram a ser eficazes, mas apenas após este novo modo de sofrer ter sido introduzido na cultura.

Outro fato significativo, relatado por Paulo Beer, que indica uma maior interatividade em objetos teoricamente indiferentes quando se trata da alma humana, foram os estudos com placebos ativos, isto é, placebos sem o princípio ativo dos antidepressivos, mas contendo elementos que provocavam os efeitos colaterais esperados por tais medicamentos. Nesse caso, não houve diferença significativa entre os placebos e os antidepressivos. Tanto a diferença entre países desenvolvidos e em desenvolvimento na remissão de sintomas da esquizofrenia, quanto o caso dos antidepressivos no Japão, assim como os dos placebos ativos são argumentos para que seja colocada em questão a ideia de uma indiferença absoluta dada à dimensão orgânica nas doenças mentais, como a depressão e a esquizofrenia.

Estes estudos interessam pois não apenas mostram, em primeiro lugar, que nem sempre a premissa de uma causalidade exclusivamente orgânica vale para o psiquismo, e, em segundo lugar, pelo fato de demonstrarem a existências de causas contraditórias para essa premissa, a saber, a interação social, as expectativas e crenças, enfim causas de origem no campo simbólico. De fato, a interação social tem efeitos próprios que competem com os efeitos esperados dos princípios ativos dos medicamentos no próprio campo da psiquiatria biológica. Argumentos que atuam a partir do próprio campo da psiquiatria organicista, ou pelo menos, no campo do discurso de uma determinação causal orgânica desses transtornos mentais.

PREFÁCIO XV

Do ponto de vista das relações entre a linguagem e a biologia, tais fatos são muito significativos para a estratégia de refundação política da verdade sobre os sofrimentos psíquicos, pois demonstram que o corpo é uma entidade mais interativa do que a versão das empresas de medicamentos psicoativos veicula. "A interatividade", escreve Paulo Beer, "mostra-se muito mais ampla do que as teorias biologicistas parecem perceber, de modo que tomar o orgânico enquanto justificação de indiferença revela-se um projeto frágil" [p. 186]. Indicando que a "linguagem não se limita à comunicação: a linguagem, os significantes, se entrelaçam à matéria corpórea, passando a constituí-la de maneira irreversível" [p. 196].

Contudo, reconhecer esses fatos e suas implicações para o que entendemos por ciência não é senão um dos passos para uma refundação política da verdade. Com efeito, alguns exemplos trazidos por Paulo Beer mostram que tanto a "boa ciência" muitas vezes é silenciada quanto a "má ciência" é apresentada como verdadeira. São casos em que o poder econômico das grandes indústrias farmacêuticas estava em jogo e deu as cartas da disseminação e discussão pública. O poder de pautar as discussões políticas também tem estado cada vez mais nas mãos de grandes grupos financeiros. Cabe então perguntar sobre as chances de uma politização da ciência nesse ambiente, onde a própria arena política está sob forte ameaça.

Nesse sentido, Paulo Beer se pergunta em qual linguagem deverá ser feita essa crítica, pois "reconhecer a dimensão política da produção de conhecimento não significa, necessariamente, sanar o problema" [p. 208]. Assim, se delineia um segundo horizonte nesse desafio, aquele de uma concepção de linguagem capaz de compatibilizar uma ciência não monopolista da verdade com as estruturas políticas e institucionais que definem as prioridades da ciência para cada sociedade em cada momento histórico.

POR UM ACORDO FUNDAMENTAL ENTRE CIÊNCIA E POLÍTICA: AUSÊNCIA DE UMA VERDADE ÚLTIMA

De fato, a política tem ocorrido de forma que não favorece nem a ciência nem a discussão sobre a verdade. Em primeiro lugar, pelo fato de se dar de uma forma que oblitera a discussão de

XVI

ambos. Não é novidade que as formas como isso tem ocorrido não podem ser chamadas de debates, discussões e muito menos de diálogos. São antes acusações peremptórias sem abertura para reflexão. Um primeiro passo para recolocar a questão da ciência e da verdade em uma arena política é o esforço para recuperar as formas de comunicação que permitam o debate, o trabalho dos argumentos, a abertura que permite avançar as questões como questões. Ou, para tomar as palavras do autor, trata-se de submeter a ciência ao crivo da critica política, uma vez que: "a ciência apresentaria esse potencial de um conhecimento criticável, acima de tudo. Essa crítica deve carregar a marca de sua inscrição política, uma vez que tanto sua constituição como seus efeitos são inseparáveis de disputas de poder".

Hannah Arendt[5] propõe o presente como esse entre, esse hiato sem garantias que permite que uma ação seja um ato político. Curioso notar que a postura mais própria da pesquisa científica, a dúvida, seja também o modelo para uma contextualização política da ciência. Sinal de que política e ciência não apenas podem coexistir, mas que se organizam de modo homólogo com uma recusa da totalidade: recusando-a *a priori* como início e como fim. Com efeito,

Essa falta, que remete ao fato de que um novo elemento pode sempre irromper e explicitar que é dado como necessário e natural algo que pode ser entendido e experienciado de modo completamente diferente. Esse caráter não necessário das formas estabelecidas de pensar e experienciar será localizado, segundo Mackenzie, enquanto fundamento do politico: *trata-se de um campo de disputa e negociação que se constitui a partir da impossibilidade de uma única forma de determinação normativa.* O politico seria, portanto, o campo inaugurado pela negatividade em seu sentido forte, uma vez que seria *o reconhecimento de que o único traço que poderia ser generalizado enquanto característico do ser seria a multiplicidade: aquilo que pode ser afirmado e que sempre é possível ser diferente do que se julga ser.* Voltamos, portanto, a ideia da diferença ou da heterogeneidade radical. Ou seja, as disputas de poder existem e se justificam por não ser possível garantir que uma forma de existência seja mais valiosa que outra. [p. 210, grifos nossos.]

É sob condição dessa abertura, desse hiato tomado como uma premissa que pode ocorrer um debate mais refinado, mas também mais consequente, sobre as políticas da verdade. A ausência de garantias não equivale, contudo, a um "vale-tudo", onde o mais forte tem mais autoridade epistêmica. Tal é o que tem ocorrido. O lugar de premissa indica que há um critério de entrada nesse debate, a saber que todos os participantes tenham uma argumentação consistente e aberta à revisão, explicitando suas concepções de verdade. Isso já descarta da arena as *fake news* e o negacionismo, que emulam o discurso científico, mas deixam de lado o caráter incompleto, temporário e fragmentário de suas conquistas. Mas aos membros admitidos na arena uma série de regras se impõe. Apenas assim tem-se a possibilidade de um exercício consequente da política da verdade. "Trata-se, portanto", escreve Paulo Beer, "de uma verdade que, ao mesmo tempo que apresenta possibilidades de construção, também carrega a marca de sua negação sempre em potência." [p. 211.] Em outras palavras, a refundação de uma política da verdade implica uma refundação da própria política enquanto uma atividade capaz de acolher uma ciência não totalizante, e na qual a incompletude do saber tenha um lugar privilegiado, eventualmente, protegida de modo explícito. Isso nos permite abordar o papel da psicanálise nesse possível debate dos saberes incompletos.

O NOVO LUGAR DA PSICANÁLISE NA FILOSOFIA DA CIÊNCIA

Retomemos aqui o que nomeei como "um dos ganhos mais importantes desta investigação", a saber, o lugar privilegiado ao qual a psicanálise é alçada na filosofia das ciências.

A relação assintótica da verdade com as coisas, presente em Hacking, permite que a verdade compareça em uma variedade de estilos de raciocínio, resultando sobretudo de uma negociação. Esta relação se inscreve em um dos dois grandes arcos da verdade na história da filosofia. Partindo de Aristóteles, este arco concebe a verdade como adequação das coisas ao intelecto. É retomado por Kant em uma relação em que não há adequação última, marcando, portanto, uma negatividade intransponível entre esses dois elementos. Não creio me enganar ao dizer que Paulo Beer nomeia esta negatividade deste arco da verdade como negatividade fraca. O adjetivo pode surpreender, pelo menos até que conheçamos uma outra negatividade, esta com o adjetivo de *forte*.

XVIII

Contudo um outro arco pode ser traçado, onde a verdade é pensada em inúmeras variantes da ruptura: Hegel a pensa como contradição, Heidegger como desvelamento, Lacan, verdade como negação do saber. O que unifica esse segundo arco da verdade é que, nele, uma negação da negação não equivale a uma posição. Em outras palavras, a negação estabelecida pelo desvelamento não desvela o que teria sido originariamente velado, mas sobretudo que algo estava sendo velado por formas aparentemente neutras e tomadas como fundamentais da realidade.

Para apresentar a psicanálise como uma teoria e uma clínica necessária e privilegiada no debate sobre o sofrimento psíquico, o desafio enfrentado por Paulo Beer é aquele de posicionar *a negatividade forte* como garantia da *negatividade fraca*, responsável, no pensamento de Hacking, pela estrutura aberta da ciência. Vejamos como nosso autor procede.

A partir da clínica psicanalítica, Lacan opera uma difração na incompletude da linguagem, que o afasta do modo como ela é concebida por Ian Hacking. Para este último, se o objeto é kantianamente incognoscível – ainda que com ele o conhecimento trave uma negociação assintótica – ele não pode garantir sozinho sua verdade junto à linguagem. Será a partir de uma negociação com a linguagem que a verdade dos objetos poderá se estabilizar. Assim, é que a questão da estabilidade dos estilos e raciocínio e das teorias se impõe em sua obra. Para Lacan, essa estabilidade necessária é garantida pela negatividade forte, pensada a partir da impossibilidade como premissa, ou como princípio, ainda que este princípio, organizador da clínica psicanalítica, seja confirmado por seus efeitos. Escreve Paulo Beer:

"Se a veracidade é um efeito da impossibilidade de enunciação da verdade sobre as coisas – algo que pode ser visto na separação radical entre significante e significado –, falta reconhecer os efeitos que os modos de lidar com essa impossibilidade causam. É disso, segundo Lacan, que a psicanálise não pode abrir mão; algo que implica uma intensificação dessa impossibilidade, o que pode ser reconhecido pelo caráter ativo de sua oposição ao saber."

Assim, a linguagem impõe um primeiro "não", em nível ontológico, cuja incompletude permite e, por que não, *convoca* uma multiplicidade de afirmações ônticas, cada uma destas constituída por saberes pontuais, científicos ou não, mas passageiros,

PREFÁCIO

paradoxalmente equivocados e, ao mesmo tempo, necessários em sua oposição à incompletude fundamental da linguagem. A justaposição das leituras que Hacking e que Lacan fazem do sofrimento psíquico é um operador preciso para ilustrar essa diferença entre as duas formas de negatividade em jogo:

Haveria um efeito causado pelo fato de que o sujeito habita a linguagem, escreve Paulo Beer, o que implica uma divisão: por um lado, há os saberes possíveis (inclusive sobre si mesmo); por outro, há algo que não se reduz a esses saberes e que se manifesta enquanto uma verdade que afirma a ausência de um sentido original. O modo como a relação entre o saber e a verdade se estabelece é histórico, produzindo modos distintos de subjetividade.

Até esse nível, podemos dizer que estamos nos movimentando na lógica de uma negatividade fraca. De fato, segundo a concepção de ontologia histórica de Hacking, as formas de sofrer e de se curar estão implicadas em conhecimentos específicos produzidos pelas ciências já estabelecidas. Mas, continua ele:

O curioso é que, na psicanálise, aquilo que haveria de mais estável entre os saberes produzidos é o fato de que esses saberes sempre serão, de alguma maneira, rejeitáveis. Não importa o que se diga sobre eles. Não é uma estabilidade que se dê a partir da indiferença, mas sim a partir do reconhecimento de algo que estruturaria a interatividade. *Isto é, se existe algum tipo de indiferença – no sentido de algo que não se modifica com o discurso produzido –, seria em relação à impossibilidade, tomada justamente enquanto elemento central da causalidade.* [p. 202-203, nosso grifo.]

Nesse caso, estamos diante de uma negatividade forte, algo que se cristaliza mais claramente em alguns conceitos lacanianos como *objeto a* e do princípio *não há relação sexual*. São os equivalentes do indiferente das ciências naturais em jogo na teoria psicanalítica, indissociáveis de sua clínica. Este "indiferente" da psicanálise possui, cabe repetir, um estatuto fundante, a partir do qual a discussão sobre a verdade engaja simultaneamente uma dimensão epistemológica, ontológica e ética.

O fato que nessa clínica a verdade se apresente exclusivamente como negação do saber, algo mais claramente presente na estrutura neurótica, é um correlato, para Lacan, de sua leitura de uma ruptura irreversível na relação do sujeito com o saber a partir do *cogito* de Descartes. A hipótese em questão, a saber, xx

de que haveria uma recusa, no projeto científico moderno, em lidar com categorias como verdade e sujeito configura também as condições de possibilidade de emergência da própria psicanálise, e seu sujeito do inconsciente.

O sujeito do conhecimento kantiano é um sujeito sem carteira de identidade, isso significa que está excluído de todas suas determinações históricas, toda causa contingente, tudo que pode ser ou não ser. Ao sujeito do conhecimento resta apenas o necessário, aquilo que não pode não ser. Este é o único sujeito aceito pela ciência[6]. Nesse momento kantiano por excelência, a linguagem da ciência exclui a historicidade do sujeito e suas verdades. Simplesmente não há lugar na racionalidade científica para esse "resto", como não há, tampouco, nomes para nomeá-lo. A partir daí uma relação de negação se instaura entre o saber e a verdade no seio do discurso. Trata-se da cisão do sujeito que corresponde também ao nascimento do sujeito do inconsciente, cuja existência é inicialmente inferida pela teoria psicanalítica, mas em seguida é demonstrada pelo efeito das interpretações sobre as soluções de compromisso descritas por Freud: atos falhos, esquecimentos, sintomas.

Esses elementos que são necessariamente excluídos da racionalidade científica, são também necessários a ela. O sujeito com carteira de identidade não pode ser excluído do fazer científico, assim como a lógica natural, imprecisa e plena de equívocos da linguagem comum não pode ser excluída de um artigo ou de uma exposição da lógica não paramétrica. Assim, a verdade é uma das condições da própria linguagem que a exclui.

Essa é a via de entrada utilizada por Paulo Beer para forçar a entrada da psicanálise no debate da filosofia da ciência pela porta da frente.

Retomemos aqui a diferença entre os dois níveis desse ato de reocupação epistêmica que definem a forma como Hacking se articula a Lacan nesse livro, a saber a negatividade fraca e a forte. Primeiramente, Hacking em sua concepção de conhecimento científico, parte do princípio de que a realidade está sempre em negociação com as formas de abordá-la. Essa postura epistêmica permite uma articulação com a psicanálise, assim como com outras ciências humanas. Trata-se aqui, da articulação permitida pela negatividade fraca de Hacking, e explorada por Paulo Beer em seu mestrado.

PREFÁCIO

Mas no nível da articulação da *negatividade forte* presente em Lacan, a relação é de conflito entre verdade e saber. O conflito não é, contudo, pensado como fundante de uma mera epistemologia regional psicanalítica. Em Lacan, o conflito é pensado como determinante ontológico, quando, por exemplo, o sujeito do inconsciente tem o paradoxal nascimento em uma *falta-a-ser*. Há uma negatividade ontológica em sua constituição, donde a *negatividade forte* ser apresentada por Paulo Beer como um elemento partícipe da mesma epistemologia científica que o exclui. Esta negatividade forte garante, pois, não uma compatibilidade epistêmica que permite a articulação entre ciências naturais e humanas, mas uma constituição siamesa pela exclusão mútua entre o sujeito do conhecimento e o sujeito do inconsciente.

A partir de seu texto, Ciência e Verdade, Lacan apresenta dois tipos diferentes de efeitos ontológicos na subjetividade. Num primeiro nível, a estrutura da subjetividade está implicada na própria instituição da linguagem científica pela "forclusão" do sujeito. Assim, uma relação de negatividade entre sujeito da ciência e sujeito do inconsciente se estrutura entre ambos. Mas para Lacan, esta exclusão estrutural operada pelo sujeito da ciência é também aquilo que a funda. Assim, o que é um problema para um ideal de ciência baseado na indiferença dos objetos, é uma necessidade lógica na leitura de Lacan. Esta leitura é capaz de integrar dois *estilos de raciocínio* até então incompatíveis, noção essencial para que possamos compreender a dimensão de tal integração.

Hacking propõe que pensemos as teorias científicas a partir da ideia de *estilos de raciocínio*, sustentando a ausência de uma garantia epistemológica ou ontológica do fazer científico, e abrindo a possibilidade de que consideremos a ciência como composta por uma multiplicidade aberta de formas de conhecimento consistente, ou para usar outra noção do filósofo, correlata à primeira, conhecimento *estável*.

Um estilo de raciocínio, escreve Paulo Beer, "é responsável pela delimitação das possibilidades de construção de seus objetos, além de estabelecer as bases de definição de parâmetros de veracidade e falsidade" [p. 147]. A partir dessa definição, continua ele, "é possível considerar a psicanálise como um estilo de raciocínio nos termos de Ian Hacking. [...]Esse estilo se estrutura [...], em torno de uma negatividade forte, na qual a verdade pode ser localizada enquanto termo que, ao mesmo tempo que dá certa substância temporária a formas de enunciação, também presentifica a impossibilidade de positivação total" [p. 129]. Interessante notar que a psicanálise, portanto, não somente se constitui como um estilo de raciocínio com objetos e parâmetros de verdade e falsidade próprios, mas o faz num diálogo intenso e constante com outros modos de pensar e produzir conhecimento. Um estilo que se faz entre estilos. Não à toa, como demonstrado neste livro, que seu modo de tratar a verdade – enquanto questão – não se limite a causar inquietações e incômodos. Tanto para sim mesma, sempre que a teoria psicanalítica se mostra não idêntica a si mesma e a sua clínica, quanto para os outros, quando faz falar aquilo que muitas vezes prefere-se calar. Sustentar a verdade enquanto questão talvez seja uma urgência incontornável em tempos de negacionismos, tempos de certezas absolutas.

Gostaria de concluir esse prefácio com uma nota mais pessoal: traços deste livro são também as marcas do seu autor e que me chamaram a atenção desde quando tive o privilégio de conhecê-lo e trabalhar com ele: abertura ao diálogo reflexivo e argumentativo, respeito por pontos de vista opostos sem as seduções de uma síntese totalizante, exposição sutil, clara e capaz de trazer com simplicidade assuntos bastante complexos. Privilégio que também seus leitores poderão compartilhar agora com o livro que têm em mãos.

Nelson da Silva Junior
Psicanalista, professor titular do Departamento
de Psicologia Social e do Trabalho do Instituto de Psicologia da USP.

Introdução
A Verdade e Suas Questões

A verdade é um dos principais objetos de disputa em nosso mundo. Provar que algo é verdadeiro, ser aquele que diz a verdade, denunciar a falta de verdade de outrem: a lista de possíveis formas de poder ligadas à verdade é longa, e todas são atravessadas por intensos afetos. No momento atual, as disputas pela verdade explicitam o caráter conflituoso ligado à possibilidade de estabelecimento de consensos: *fake news*, fatos alternativos, negacionismos históricos e científicos – todas essas formas que indicam algum tipo de relacionamento conflitivo com a verdade indicam, ao mesmo tempo, que se trata de um campo em que há algo a ser disputado. Inclusive, que aquilo que está em disputa não necessariamente diz respeito ao objeto imediato da querela.

Tomemos como exemplo alguns dos posicionamentos negacionistas sustentados por Jair Bolsonaro durante a pandemia de Covid-19: para além de questões pontuais (e dramáticas) sobre saúde pública e validade de estudos científicos, estava em jogo uma disputa pelo lugar de quem diz o verdadeiro[1]. Talvez essa seja, inclusive, uma das maneiras de compreender os motivos que levariam um presidente a produzir situações danosas à população que deveria governar: havia algo mais em jogo, e esse algo diz respeito ao poder da verdade. Contudo, quando entramos nessa seara, já

XXIV

estamos um tanto distantes de acepções mais tradicionais do que seria a verdade, especialmente dentro do pensamento científico.

Se retornamos ao modo como a verdade é pensada tradicionalmente, pode-se pensar em dois elementos principais: por um lado, ela diz respeito à decidibilidade da pertinência de saberes e proposições (e eventual discernimento sobre divergências e avaliação de propostas concorrentes); por outro, contém um espectro simultaneamente normativo e disruptivo.

Em outras palavras, a definição do verdadeiro contém em si os modos aceitos pelos quais podemos considerar algo enquanto verdadeiro: consideramos que uma teoria é verdadeira *porque* podemos observá-la, ou então porque conseguimos produzir os resultados esperados a partir dela. Trata-se, aí, dos parâmetros de justificação de por que algo é verdadeiro ou falso. Junto a isso, a verdade também produz definições e normas (sabe-se que tal ideia é verdadeira), assim como abarca a possibilidade de crítica (embora acreditássemos que tal ideia era verdadeira, descobrimos que outra é mais adequada e, portanto, a ideia anterior passa a ser falsa). Conjuga-se, assim, a possibilidade de afirmação e negação de certezas à definição dos modos como uma ideia pode ser afirmada ou negada.

Porém, isso não encerra a questão. Afinal, o modo como podemos afirmar que x é verdadeiro ou falso é solidário à maneira como definimos x. Isso não significa que primeiro definimos os modos de justificação do verdadeiro e depois os objetos, mas sim que são processos interdependentes. Nesse sentido, a questão da verdade abarca a relação entre o conhecimento e seus objetos, carregando um potencial de justificação e de normatividade (e disrupção). Se esses poucos parágrafos são capazes de indicar o tipo de questão mais geral que iremos abordar neste livro, há ainda um recorte a ser considerado: iremos nos debruçar sobre a questão da verdade na produção de conhecimento sobre sofrimento.

O sofrimento é, sem dúvida, uma categoria ampla. Partiremos de discussões articuladas àquilo usualmente chamado de sofrimento psíquico, o que com frequência é alvo de intervenções por práticas clínicas como a psiquiatria ou a psicologia. Esse tipo de produção de conhecimento é em especial importante porque, a partir de suas práticas clínicas, apresenta um potencial significativo de controle e direcionamento de maneiras de viver. Se o

INTRODUÇÃO A VERDADE E SUAS QUESTÕES   XXV

conhecimento é produzido com base em modos de compreensão da verdade – tanto nos modos de justificação quanto na definição dos próprios objetos –, um conhecimento que apresenta um potencial normatizador tão intenso merece ter seus pressupostos colocados em questão. Vejamos um exemplo.

No ano de 2009, o diretor do centro de estudos sobre placebo da Universidade de Harvard, Irving Kirsch, publicou *The Emperor's New Drugs: Exploding the Antidepressant Myth* (As Novas Drogas do Imperador: Explodindo o Mito do Antidepressivo), resultado de anos de pesquisa (a qual continua até hoje), em que o autor e diversos colegas se debruçaram sobre um tema usualmente dado como pacífico, tanto entre leigos como entre especialistas: a eficácia de medicamentos antidepressivos. Como o próprio título do livro indica, não se trata de simplesmente reforçar ideias que o senso comum e grande parte da comunidade científica parecem aceitar e reproduzir, mas sim de colocar em questão o funcionamento de tais medicamentos.

Em linhas gerais, pode-se resumir os resultados surpreendentes da pesquisa de Kirsch da seguinte maneira: antidepressivos não apresentam eficácia maior do que placebos. Isso significa que os resultados terapêuticos de diversos medicamentos considerados antidepressivos não apresentam atuação distinta da apresentada por medicamentos que não contêm o princípio ativo que deveria ser responsável pelos efeitos terapêuticos esperados. Em linguagem corrente, pode-se dizer que funcionam tanto quanto pílulas de açúcar, desde que, é claro, as pílulas de açúcar sejam administradas como se fossem as drogas com o princípio ativo esperado. A pesquisa de Kirsch, assim como de outros autores que estudam o placebo, deixa essa ideia um pouco mais sofisticada: não se trata somente de dar a droga (ou o placebo), mas de como isso é feito, e dos efeitos que tal droga causa. Por exemplo, a droga ser dada por um médico faz diferença, ou mesmo ser dada por um médico que veste ou não jaleco; além disso, efeitos colaterais, aparentemente dispensáveis aos resultados esperados, também importam. Nesse aspecto, Kirsch explora um dado há muito conhecido de quem pesquisa os efeitos de antidepressivos, que é justamente a alta taxa de efeito placebo.

Embora fosse sabido que tais medicamentos apresentavam um percentual incomum de efeito placebo, a comparação com o

XXVI

efeito da droga ainda indicava uma eficácia relevante dos princípios ativos. Entretanto, instigado com essa particularidade, Kirsch coloca em foco um tipo específico de estudo, que trabalha com os chamados "placebos ativos", os quais, além de não conter a substância considerada como central no funcionamento da droga, contém outras que produzem efeitos colaterais semelhantes aos esperados. Ou seja, embora não tivessem o agente antidepressivo em si, continham outros capazes de levar os sujeitos que tomassem o placebo a também apresentar sintomas como dor de cabeça, secura na boca, perda de libido etc., de modo parecido com aquilo esperado como efeito colateral da droga testada. Quando testados nesse tipo de estudo, segundo Kirsch, era praticamente impossível diferenciar a eficácia dos antidepressivos "reais" e do placebo.

Tal achado tem consequências extensas. Primeiramente, porque indica uma explicação plausível para a alta incidência de efeito placebo nesses medicamentos. Porém, ao ir além disso e tornar a diferenciação impraticável, pode-se pensar numa inversão: não se trata de uma droga com alta taxa de placebo, mas de uma medicação sem princípio ativo eficaz que só funciona via placebo, o qual teria seu funcionamento aumentado pela grande presença de efeitos colaterais.

Retomaremos essa discussão em alguns momentos do livro, e a aprofundaremos em "Problemas e Caminhos". Entretanto, a apresentamos aqui porque ela ajudará a delimitar a questão da verdade. Isso porque a depressão pode ser tomada enquanto um caso paradigmático da ideia de que há maneiras diferentes de se estabelecer critérios de verdade e falsidade, e de construir objetos de pesquisa. Nesse caso, deve-se considerar que a "descoberta" de drogas capazes de tratar a depressão foi responsável pelo estabelecimento de dois discursos centrais: primeiramente, a explicação etiológica que toma a depressão enquanto efeito de distúrbios na recaptação de serotonina responde à suposta eficácia dos medicamentos que inibem a recaptação de serotonina (alvos principais dos estudos de Kirsch). Ou seja, Kirsch questiona não somente a eficácia de um tratamento, mas a base de uma teoria que explicaria a depressão. Em segundo lugar, deve-se considerar que essa combinação droga-explicação reforça uma tendência à biologização daquilo que tradicionalmente se nomeia psicopatologia.

Tal tendência, que consiste num esforço de busca e determinação de marcadores e agentes bioquímicos e fisiológicos capazes de explicar e tratar transtornos causadores de sofrimento, tem se mostrado a principal aposta de diversos centros de pesquisa e governos, embora não tenha obtido os resultados esperados[2]. Aprofundaremos essa discussão mais adiante, mas por ora cabe indicar que essa tendência hierarquiza, de antemão, o que seriam modos mais ou menos adequados de produção de conhecimento e de tratamento[3]; ademais, também trabalha segundo um modo de se pensar verdade e falsidade a partir de um tipo de objeto bastante restrito (objetos biológicos, neuroquímicos etc.). Como aponta Rose, isso tem se traduzido em atos radicais como a retirada de verba de pesquisa em sociologia para alocação em projetos de mapeamento cerebral, por exemplo[4]. Tais atos, ao menos até agora, parecem reforçar uma aposta sem indícios de que entregará o esperado, além de trazer prejuízos ao enfraquecer linhas de pesquisa mais benéficas.

Isso significa, então, que pesquisas bioquímicas, biofisiológicas, neurológicas etc. deveriam ser desconsideradas? Antidepressivos deveriam ter suas prescrições proibidas? Esse é exatamente o tipo de resposta que este livro não oferecerá ao leitor. Não se trata de negar o valor de disciplinas específicas como as neurociências ou a biologia, mas sim de complexificar e sofisticar as discussões, algo raramente compatível com a adoção de posicionamentos estanques. Nas páginas a seguir, o objetivo é fornecer material crítico para que essa e outras discussões possam ser levadas adiante de modo mais interessante. Isso significa poder colocar em questão compreensões fechadas, que definem o fazer científico como algo que deve levar a algum tipo de unidade totalizante. Não se trata de substituir uma compreensão unicista por outra, mas sim de tentar criar um espaço crítico em que projetos e pressupostos possam ser questionados em suas bases.

Nestes tempos em que ideias negacionistas ganham poder e popularidade, nunca é demais ressaltar que os posicionamentos críticos devem ser cuidadosos. Mesmo correndo o risco de ser cansativos ao leitor, priorizaremos tal cuidado em detrimento de evitar repetições: um livro que se escreve e inscreve num governo de viés autoritário e negacionista não pode se furtar a isso. O cuidado, acima de tudo, deve ser de que a crítica não se pretenda

XXVIII

qualquer tipo de superação final de uma questão. Aliás, aí sim reside uma diferença entre ciência e negacionismo: a primeira se marca pela constante busca por abertura e crítica, enquanto o segundo se baseia no estabelecimento de verdades incontestáveis[5]. Abertura e crítica não devem levar a um tipo de relativismo extremo, que impeça a produção de consensos; trata-se, portanto, de criar modos de avaliação e hierarquização de saberes que se coloquem em questão sempre que possível, e que explicitem seus pressupostos e efeitos. Algo que será feito, aqui, justamente a partir da questão da verdade.

Ao defender o debate sobre a questão da verdade na produção de conhecimento, colocamos em questão o que pode ser apresentado como: quais seriam os efeitos de uma mudança na definição da verdade para a problemática do sofrimento psíquico? É uma pergunta que parte do entendimento de que a verdade, assim como o conhecimento científico, apresenta um caráter contingente e variável. Isso localiza a própria questão da verdade não somente enquanto algo que habita os campos da epistemologia e da ontologia (tradicionalmente ligados a discussões em filosofia da ciência), mas também da ética e da política.

VERDADE ENTRE CONHECIMENTO E POLÍTICA

A relação entre verdade e política pode ser rapidamente recuperada. Basta lembrar que o mote de campanha de Jair Bolsonaro havia sido proferido por Martin Luther King Jr., cinquenta anos antes, com a citação bíblica "e conhecereis a verdade, e a verdade vos libertará" (*João* 8, 32). A verdade é mobilizada enquanto objeto de poder por lados opostos, de maneira relativamente natural.

Porém, esse não é nosso foco. Trata-se, aqui, de pensar a articulação entre verdade e política na produção de conhecimento científico. Como aponta Isabelle Stengers[6], a política se faz presente em diversos momentos em que decisões têm que ser tomadas – seja na escolha entre proposições concorrentes, seja na demarcação do campo científico em relação àquilo que não deveria ser considerado ciência. Todavia, isso não deveria resultar na deslegitimação do trabalho epistemológico e ontológico próprios à prática científica.

INTRODUÇÃO A VERDADE E SUAS QUESTÕES   XXIX

A política se presentifica, antes de qualquer coisa, pelo fato de a ciência ser uma atividade pública: as questões mobilizadas se inserem num campo comum, em que o debate deveria girar em torno de como estabelecer parâmetros para a produção do melhor conhecimento possível. Essa seria, segundo Stengers, uma inscrição política do fazer científico; porém, como insistimos e insistiremos no decorrer do texto, os resultados de trabalhos epistemológicos e ontológicos – de metodologia, experimentação, demonstração etc. – não devem ser reduzidos ou desconsiderados por causa disso.

Tal preocupação, que se fará presente no decorrer de todo o livro, se justifica pelos frequentes ataques negacionistas que diversas sociedades têm enfrentado. Esses ataques muitas vezes fazem um uso mal-intencionado de discussões sobre a variabilidade do fazer científico e de seus atravessamentos exteriores, com o intuito de deslegitimar certos conhecimentos. O que se vê é um modo inconsistente de negação de estudos rigorosos, como se a simples presença de atravessamentos "externos" tirasse valor do conhecimento.

Se afirmarmos a necessidade imperativa de discutir os parâmetros em que a questão da verdade é colocada na produção de conhecimento sobre o sofrimento, devemos estar atentos aos efeitos que essa discussão pode desencadear. Em particular, porque um dos campos que inevitavelmente é afetado pela discussão que propomos aqui é aquele conhecido como "saúde mental", termo com frequência mobilizado em discussões sobre políticas públicas – onde o debate em relação ao modo como se produz conhecimento revela seus efeitos diretos na vida das pessoas. E, nesse sentido, para além dos posicionamentos negacionistas, posições hegemônicas que acabam por naturalizar certas concepções também devem ser criticamente revisitadas.

A questão da legitimidade de conhecimentos e práticas clínicas, e seus efeitos em políticas públicas de saúde mental, é discutida há algum tempo, disparada pelo fechamento de um serviço de psicanálise para crianças e adolescentes da Universidade Federal de São Paulo, o Centro de Referência da Infância e Adolescência (CRIA), sob o argumento de que não haveria embasamento científico para o uso da psicanálise nesse tipo de serviço[7]. Esse fechamento foi revertido – ao menos momentaneamente –, mas o quadro só se deteriorou nos últimos anos: de um lado, aprofundou-se a aposta

XXX

num modelo psiquiátrico calcado na biologia para o tratamento do sofrimento; por outro, práticas sem qualquer tipo de embasamento ou discussão pública têm se popularizado, como o emprego de tratamentos religiosos em comunidades terapêuticas[8].

O SILENCIAMENTO DA VERDADE

Se apresentamos um direcionamento inicial em relação ao que pode ser chamado de psiquiatria biológica[9], é por entendermos que se trata de uma prática clínica e de investigação praticamente dominante em boa parte do mundo[10]. Porém, essa predominância não se baseia necessariamente em méritos inerentes a seu pensamento e a suas terapêuticas, mas a um modo de apresentação extremamente combativo que tem como marca não só a colonização de novos lugares, mas também a deslegitimação de concorrentes. Eis aí algo que facilmente se aproxima de um diagnóstico que Stengers faz da história da ciência moderna de modo geral, a qual demandaria esse tipo de hegemonia – uma vez que teria na demarcação entre ciência e não ciência uma marca incontornável de sua legitimidade[11]. Segundo a autora, esse tipo de posicionamento é articulado justamente à questão da verdade, uma vez que a fronteira principal – a ser defendida com unhas e dentes – seria aquela entre o saber verdadeiro e as ficções.

Entretanto, esse entendimento de que a deslegitimação e um tipo de demarcação normativa se relacionam a uma disputa pelo verdadeiro já é o resultado de um trabalho de recuperação de um debate sobre algo muitas vezes silenciado. Trata-se de um diagnóstico, partilhado por diversos autores – entre eles Lacan e Hacking –, de que a ciência moderna teria como traço certo desinteresse (ou rejeição) pela questão da verdade.

Essa rejeição não seria, contudo, a desconsideração do conhecimento enquanto verdadeiro, muito ao contrário: como se não houvesse nada a ser discutido em relação à verdade do conhecimento produzido a partir das normas postuladas pela comunidade científica. Uma forma de naturalizar o verdadeiro, de reificar os pressupostos que embasam a produção de conhecimento. Trata-se, desse modo, de rejeitar a questão da verdade enquanto uma pergunta sobre a sua variabilidade, sobre o caráter

INTRODUÇÃO A VERDADE E SUAS QUESTÕES   XXXI

contingencial do conhecimento. Uma rejeição dos questionamentos sobre a verdade, e não da qualidade de verdadeiro.

Segundo Rose, o que é surpreendente em relação à psiquiatria biológica contemporânea é que, mesmo em face de uma crise generalizada em relação a seus métodos de pesquisa e terapêuticas, a resposta tem consistentemente evitado um questionamento sobre o que estaria em jogo em suas referências de conhecimento verdadeiro[12]. Ao contrário, o que se vê é um aprofundamento da aposta biologicista, uma espécie de indiscutibilidade da afirmação do orgânico enquanto caminho. Uma aposta em que a palavra *evidência* parece ser central.

Katrhyn Montgomery apresenta, em seu *How Doctors Think* (Como Médicos Pensam), uma breve explicação sobre o percurso que a ideia das evidências tomou nas últimas décadas em relação a práticas clínicas. Se num primeiro momento as evidências eram invocadas pontualmente, enquanto um instrumento de decisão entre técnicas específicas que colocavam dúvidas em relação a seus empregos clínicos, a noção de evidência parece ter se autonomizado, ganhando independência em relação ao contexto bastante definido em que estavam. Vemos, curiosamente, que o próprio termo "evidência" – o qual certamente apresenta uma amplitude muito maior do que seu emprego nessa nova vertente epidemiológica – parece ter se autonomizado em relação ao grupo que o colocou em destaque, ganhando sentidos diversos, porém sempre carregados de uma suposição de superioridade em relação a outros tipos de inferência.

No caso da psiquiatria, evidências observacionais (especialmente as orgânicas) são elevadas a uma posição de referência, como se fossem capazes de indicar de modo neutro, somente por sua observação, condutas a serem adotadas ou horizontes terapêuticos a serem definidos. É claro que o modo como o termo "evidência" é empregado apresenta certa amplitude; entretanto, é notório o modo como o sintagma *baseado em evidências* parece ter se tornado um sinônimo de legitimidade. Como se houvesse um tipo de correspondência entre evidência e verdadeiro, o qual, entretanto, desviaria de todas as discussões filosóficas que o termo "verdade" parece carregar. No campo da psiquiatria, esse emprego é tão massivo que tem produzido respostas explícitas, como o projeto – capitaneado por Bill Fulford e John Sadler – nomeado de "psiquiatria baseada em valores"[13].

XXXII

Deve-se notar que esse tipo de racionalidade evidencialista parece se expandir de modo acrítico, num tipo de demanda por adequação, pouco importa qual disciplina, a um mesmo tipo de sustentação. Isso desemboca em ataques sobre a cientificidade da psicanálise, usualmente concentrados na acusação de a clínica e a teoria psicanalíticas não serem capazes de produzir validações legítimas. Como foi possível argumentar anteriormente[14], um distanciamento mínimo indica que há uma generalização de parâmetros específicos de validação, a qual deve ser contestada, o que pode ser realizado pela reintrodução da questão da verdade na produção de conhecimento.

FORMAS DE SE PERGUNTAR SOBRE A VERDADE

Isso nos leva ao modo como encaminharemos nossa discussão. Pois, muito embora a verdade ocupe uma posição central na filosofia e na filosofia da ciência, há uma grande discussão sobre seu papel efetivo nas práticas científicas. De fato, o termo "verdade" se mostra um tanto traiçoeiro, desvelando grande complexidade por trás de um significante de uso comum e corriqueiro. Richard Kirkham afirma que a questão da verdade seria um dos pontos centrais da obra de inúmeros grandes filósofos, senão de todos[15]. Algo próximo daquilo afirmado pelo filósofo Alain Badiou, para quem a pergunta sobre a verdade seria justamente o definidor do campo da filosofia[16].

Entretanto, como bem assevera Kirkham, o modo como a questão da verdade se coloca para cada autor contém especificidades em relação aos objetivos que uma dada teoria da verdade pode buscar alcançar, pressupostos a partir dos quais ela é construída, problemas que ela pode, ou não, enfrentar etc. Embora seja um termo que frequentemente carregue aspirações universalistas, a variedade de modos de pensar sobre ele indica uma dificuldade de definição absoluta aceita por todos.

Além disso, deve-se considerar que não é somente porque um autor se ocupa da questão da verdade que ele estará, necessariamente, propondo uma teoria da verdade. É possível simplesmente adotar uma teoria da verdade de outro autor; ou, como indica Kirkham, o que filósofos como Hartry Field, Donald Davidson

INTRODUÇÃO A VERDADE E SUAS QUESTÕES XXXIII

e Michael Dummett fariam: eles não propõem novas teorias da verdade, mas sim se debruçam sobre a questão de se alguma teoria da verdade já estabelecida seria adequada para um determinado programa filosófico[17]. Desse modo, é necessário distinguir entre programas filosóficos e projetos de teoria da verdade, não com a pretensão de dar uma forma final às infinitas possibilidades de subdivisão e categorização de camadas de um projeto filosófico, mas no intuito de demarcar que uma teoria da verdade pode tanto ser o objeto central de um esforço quanto algo mobilizado dentro de um programa que tem outro objeto como núcleo.

Mais que isso, um programa pode conjugar diferentes teorias da verdade. É o que indicam, por exemplo, Luís Claudio Figueiredo e Inês Loureiro[18], ao comentarem a proposição de Charles Hanly presente no livro *O Problema da Verdade na Psicanálise Aplicada*: mesmo que seja possível encontrar momentos em que o pensamento psicanalítico trabalharia com uma ideia de verdade por adequação ou correspondência (especialmente em Freud), isso não significa que não trabalhe com outras acepções que definem certas teorias da verdade, como, por exemplo, a verdade como coerência.

Contudo, o modo como prosseguiremos não se adéqua a nenhuma das opções apresentadas: não faremos um esforço nem de definição de uma teoria da verdade, nem tentativas exaustivas de reconhecimento e apresentação de teorias da verdade em relação aos pontos trabalhados. Elas serão retomadas oportunamente; entretanto, não terão centralidade no argumento que apresentaremos. Isso porque, como indicado, o nosso principal interesse é reintroduzir a verdade enquanto uma questão que tensione o conhecimento produzido. E a escolha dos dois autores principais que utilizaremos para realizar isso, o filósofo da ciência Ian Hacking e o psicanalista Jacques Lacan, é atravessada por certa refração a discussões como as que Kirkham propõe.

Hacking afirma não ter grandes interesses em discussões sobre "a natureza da verdade"[19]. Lacan, por sua vez, faz uso de diversas concepções diferentes de verdade ao longo de seu ensino, sem, contudo, apresentar um esforço de sistematização. Apresenta, inclusive, modificações em relação a suas referências sem estabelecer um diálogo direto com elas, de modo que a questão da verdade ganha autonomia em seu ensino.

XXXIV

De fato, a escolha por Lacan e Hacking circunscreve dois autores sobre os quais não se pode afirmar nem que proponham uma teoria da verdade, nem que realizem um estudo sistemático sobre diferentes *teorias* da verdade. Ressaltamos, aqui, o emprego do termo "teoria" como mobilizado por Kirkham: modelos sistemáticos, estabelecidos com o intuito de definir elementos e relações que assegurem o verdadeiro. É possível apontar, por exemplo, uma abordagem de outro nível quando Rose[20] trata a questão a partir da fórmula foucaultiana de jogos de verdade. Tem-se aí uma construção menos preocupada com as condições internas e os tipos de problemática que se pretendem resolver, e mais envolvida com o modo como diferentes teorias da verdade podem ser mobilizadas dentro de relações de poder. Nesse sentido, a teoria semântica de Tarski (um dos casos estudados por Kirkham e apresentado enquanto uma "teoria da verdade") tem uma função diferente da de Foucault, uma vez que a primeira propõe um modo específico de pensar problemáticas ligadas à questão da verdade de modo local, com foco na lógica, ao passo que a segunda propõe um entendimento estrutural de como a verdade, enquanto questão, é mobilizada dentro das relações de poder.

Como apontamos anteriormente, pretendemos abordar a verdade na condição de um conceito-limite que reúne diversas questões: problemas epistemológicos, ontológicos, éticos e políticos. Nesse escopo, pode-se perguntar qual seria o modo mais adequado de abordar a verdade no tratamento do sofrimento, nas palavras de Rose. Acreditamos que Hacking e Lacan oferecem elementos para uma resposta. O trânsito entre eles disponibiliza parâmetros de grande valor não somente para se pensar a verdade enquanto uma questão que reúne epistemologia, ontologia, ética e política, mas também para pensar as especificidades do(s) campo(s) de conhecimento que se ocupa(m) do sofrimento psíquico.

IAN HACKING E A DEFESA CRÍTICA DO CONHECIMENTO

A escolha por ter a obra de Ian Hacking enquanto uma das referências principais se dá por uma série de fatores, a qual poderia ser resumida na seguinte afirmação: Hacking é um filósofo da

INTRODUÇÃO A VERDADE E SUAS QUESTÕES   XXXV

ciência explicitamente crítico a concepções normativas do fazer científico, mas seu posicionamento crítico sempre responde, ao mesmo tempo, a uma defesa do valor do conhecimento produzido cientificamente.

Em primeiro lugar, sua abordagem das ciências naturais é sofisticada: o autor realiza críticas tanto a linhas representacionistas quanto a linhas nominalistas, as quais têm como fio condutor uma crítica a um racionalismo científico radical realizada a partir de sua defesa da importância da experimentação. É o que vemos, em linhas gerais, na postulação de seu realismo de entidades, presente no livro *Representar e Intervir*[21]. Não obstante, ao mesmo tempo que se dedicava a essas questões, também não deixava de dar voz a sua influência foucaultiana, a qual instauraria o campo da história enquanto algo incontornável em seu pensamento.

Sua influência foucaultiana o faz sensível à questão da verdade e do conhecimento em suas relações com o poder, e passa a habitar suas preocupações. Entretanto, ele dá a isso um destino diferente daquele em Foucault: volta-se para a contingencialidade do conhecimento implicada por esse modo de compreensão, além de dar ênfase à estabilidade do conhecimento como algo que deve ser pensado também a partir da pertinência de suas bases epistemológicas e ontológicas. É o que ele trata em seu projeto sobre *estilos de raciocínio*.

Nesse ponto, especificamente, a questão da verdade se faz relevante. Embora Hacking nunca se dedique de modo sistemático a discussões sobre a natureza da verdade, ele está o tempo todo falando sobre *verdade e (ou) falsidade*, algo que seria parte fundante de um estilo de raciocínio. A ideia do autor é que um estilo de raciocínio consiste num modo específico de consideração da questão da *verdade e falsidade*, algo indissociável das possibilidades de definição de objetos. Desse modo, Hacking apresenta uma forma de abordagem do pensamento científico que indica uma indissociabilidade entre epistemologia e ontologia. Inclua-se a sua afirmação de que não haveria critério externo que servisse enquanto garantia na definição de um estilo de raciocínio, ou seja, a aceitação e a estabilidade de um estilo teriam um caráter autorreferente.

Essa ideia pode ser sistematizada em relação à questão da verdade, que ele considera enquanto algo histórico e atemporal,

XXXVI

mas também da ordem do impossível. Os estilos de raciocínio seriam, então, modalidades de veracidade, entendida como possibilidades de enunciação do verdadeiro[22]. Haveria uma proposição da questão da verdade que se desdobra na relação entre verdade e veracidade, no tanto que a veracidade seria uma forma histórica – portanto, circunstancial e incompleta – de enunciação do verdadeiro. Porém, não haveria um critério externo para a garantia da veracidade, de modo que a própria relação entre verdade e veracidade não seria uma relação de adequação.

Trata-se de uma relação complexa e que demanda um trabalho detalhado. Entretanto, já é possível reconhecer dois traços fundamentais que indicamos, desde o início do trabalho, enquanto inegociáveis: que a questão da verdade seja reafirmada como algo incontornável, mas que isso seja feito a partir de um cuidado em relação ao valor do conhecimento produzido cientificamente.

A contribuição de Hacking para nossa discussão não se encerra aí. Isso porque o autor também dedicou esforços a pensar os efeitos ontológicos da produção de conhecimento, mobilizados a partir de categorias como realismo dialético, nominalismo dinâmico e invenção de pessoas. Ele parte da concepção de que os discursos e as instituições estabelecidas definem as possibilidades de experiência dos indivíduos, traz o pensamento do filósofo diretamente para o campo em que situamos nosso interesse principal sobre a questão da verdade: na produção de conhecimento acerca do sofrimento.

Vemos, a partir de uma apresentação bastante inicial, as justificativas da escolha de Hacking para a discussão. Trata-se de um filósofo da ciência que se debruça sobre a questão da variabilidade do conhecimento sem perder de vista o valor da produção científica.

A VERDADE NA PSICANÁLISE ENQUANTO NEGAÇÃO DO ESTABELECIDO

Tratar da questão da verdade na psicanálise, mesmo se centrada nos estudos de Lacan, é uma tarefa que demanda a realização de escolhas nem sempre evidentes. A "verdade" e as questões relacionadas a esse termo variam, de modo que precisamos ser bastante certeiros nas escolhas para que não nos percamos nesse universo.

INTRODUÇÃO A VERDADE E SUAS QUESTÕES   XXXVII

Em linhas gerais, trabalharemos a questão da verdade a partir de duas diretrizes: primeiramente, para estabelecer qual seria a sua relação com o conhecimento; em segundo lugar, defendemos que as consequências do modo como a questão da verdade é tratada na psicanálise são suficientes para reconhecer, nos termos de Hacking, um estilo de raciocínio específico, o qual apresentaria um modo interessante de inserção nos campos relacionados ao sofrimento psíquico. Nesse sentido, a questão da verdade na psicanálise seria um elemento central no modo como seus objetos são delineados e como os parâmetros de verdade e a falsidade podem se constituir.

Como sabemos, a verdade se coloca enquanto uma questão de maneira bastante inicial para Freud. Já em seus escritos em parceria com Josef Breuer, a questão da mentira histérica é problematizada num funcionamento em que a verdade parece se esconder atrás de construções defensivas[23]. O tratamento, baseado na fala, passa então a contar com uma espécie de processo de produção da verdade, uma vez que esta começa a ser compreendida como uma causa patogênica. Essa problemática é apresentada por Nelson da Silva Jr. a partir da ideia de que haveria dois centros patogênicos na teoria freudiana, constituindo uma elipse[24]. O primeiro consistiria na renúncia pulsional necessária à passagem à civilização, a qual, segundo o autor, também poderia ser articulada à insuficiência da linguagem em tratar o real do corpo, numa leitura já com a marca lacaniana de uma aproximação entre processo civilizatório e entrada na linguagem. Trata-se, nesse primeiro ponto, não somente de renúncia, mas de sofrimento causado por uma impossibilidade originária. O segundo ponto seria ligado à verdade, entendida enquanto verdade histórica: haveria, aí também, a marca de uma perda inevitável nas tentativas de reconstrução e comunicação dessa verdade.

Vale lembrar que Freud não restringirá a questão da verdade à verdade histórica, assim como em Lacan esse termo ganhará uma amplitude ainda maior por sua assimilação da linguística na psicanálise. Lacan não deixa de aproximar a ficção da verdade, seja em momentos iniciais de seu ensino[25], seja em momentos mais avançados[26]. Entretanto, e isso fica claro na pena dos dois psicanalistas, a verdade se constituirá não somente como um centro causal, mas também enquanto um operador clínico, pois a própria localização de um déficit de verdade enquanto causa de

XXXVIII

sofrimento coloca, reciprocamente, a sua recuperação enquanto um sinal de avanço do tratamento[27]. Por outro lado, esse déficit também deve ser compreendido no âmbito individual, de maneira que tanto o recalque quanto seu levantamento – assim como operações articuladas a esses processos, como interpretação ou construções – orbitariam em torno da questão da verdade. Não é à toa que Lacan afirmará que uma análise consiste num movimento dialético que gravita em torno da verdade[28].

Tal consideração condensa um movimento central, e que se fará presente nos diversos tratamentos que Lacan dará à questão da verdade: trata-se de um processo dialético. Algo que indica uma leitura de Freud já habitada pela influência da dialética hegeliana, acessada pelo psicanalista via o ensino de Alexandre Kojève. Como indica Silveira Sales[29], o modo como Kojève apresenta a verdade a localiza enquanto manifestação de um erro, uma vez que ela tem seu efeito na oposição ao que estava estabelecido. Como coloca a autora, "a verdade é o próprio descompasso entre realidade e discurso. É, portanto, de outro ângulo, a verdade da impossibilidade da verdade porque nada da 'realidade' terá lugar na linguagem"[30]. Vê-se, desse modo, como a verdade responde, concomitantemente, enquanto nomeação de uma impossibilidade assim como efeito de um processo. A verdade é um efeito ao presentificar o descompasso entre realidade e discurso, ao mesmo tempo que é a nomeação da impossibilidade desse descompasso.

Essa localização da verdade na dialética, usualmente apresentada como um movimento que inclui o saber enquanto alvo da negação, indica, portanto, que a verdade se constitui como algo que se presentifica em determinado momento e que inaugura um novo desenvolvimento. Ou, também, como aquilo que ficaria escrito enquanto ausência para além do enunciado do saber: no corpo, nos arquivos, nas tradições e nos vestígios[31]. E isso inclui também as chamadas formações do inconsciente: chistes, sonhos, atos falhos, todos enquanto precipitadores de verdades.

Por outro lado, a verdade também já vinha sendo articulada ao sucesso de uma interpretação do analista, o que significa que uma interpretação produziria um efeito de inversão, de inauguração de uma novidade a partir da negação de uma narrativa cristalizada (saber). É assim que ele se refere aos avanços no caso Dora: inversões dialéticas que produzem novos desenvolvimentos da verdade,

INTRODUÇÃO A VERDADE E SUAS QUESTÕES   XXXIX

não devendo nada à análise hegeliana[32]. A verdade como algo que introduz uma novidade: esse parece ser um traço que se mantém em diversas proposições sobre o tema. É, sem dúvida, uma concepção com grande acento clínico: a verdade como aquilo que se apresenta enquanto disrupção, crítica ao saber previamente constituído – produzindo, assim, efeitos terapêuticos.

Entretanto, esse efeito seria momentâneo, e aquilo que teria se apresentado como novidade em relação ao saber constituído se estabilizaria enquanto outra forma de saber, deslocando então a verdade para outro lugar. É uma construção amplamente compatível com diversas formas de apresentação do desejo; e, de fato, Lacan articula a questão da verdade ao desejo inconsciente (*Wunsch*). Nesse sentido, vê-se que a especificidade que o termo "verdade" assume em psicanálise diz respeito a sua localização clínica. A verdade carrega uma relação íntima com uma negatividade, explicitada nos dois impossíveis que ela positiva: o da realização do desejo e o da completude e adequação da linguagem. Vê-se que, de um lado, ela responde a questões estritamente clínicas; de outro, pode colocar questões mais gerais em relação a outros saberes.

Vale apenas apontar que, posteriormente, Lacan recuperará o caráter causal da verdade dando grande ênfase a essa questão, apresentada não somente como causa do sofrimento psíquico, mas enquanto elemento causal relevante para toda produção de saber[33]. Mais especificamente, ele apresentará como a verdade, entendida enquanto essa impossibilidade de convergência entre discurso e realidade, seria um elemento ao mesmo tempo indispensável por seu caráter causal e rejeitado ou silenciado na produção e na comunicação dos saberes.

Podemos explorar, portanto, alguns pontos dessa primeira visada sobre a questão da verdade na psicanálise. Em primeiro lugar, como indicado por Silva Junior[34], ela é localizada como um centro causal na psicopatologia freudiana. Além disso, também é compreendida enquanto um operador clínico, articulada às manifestações do inconsciente, ao recalque e seu levantamento. Em Lacan, ela assume, de maneira definitiva, uma amplitude maior em relação à noção de verdade histórica, sendo localizada enquanto descompasso entre discurso e realidade. Esse entendimento insere-se num modo dialético de compreensão, em que a verdade tomará a forma de negação do saber. Trata-se, como indicado, da verdade como o efeito momentâneo de uma negação, assim como a nomeação de um processo dialético que revelaria a impossibilidade de coincidência entre discurso e realidade, ou então entre objeto e desejo. Essa apresentação inicial nos basta, ao menos por ora, para justificar a consideração da verdade no pensamento lacaniano para os objetivos de nossa pesquisa.

Podemos indicar, de saída, alguns desdobramentos dessa questão. O primeiro diz respeito às possibilidades de adequação dos fenômenos clínicos – e que, portanto, apresentam um funcionamento particular em relação à verdade enquanto racionalidade e objeto – ao que era considerado como a linguagem científica vigente: "e a mim mesmo ainda impressiona singularmente que as histórias clínicas que escrevo possam ser lidas como novelas e, por assim dizer, careçam do cunho austero da cientificidade. Devo me consolar com o fato de que evidentemente a responsabilidade por tal efeito deve ser atribuída à natureza da matéria, e não à minha predileção"[35].

De modo mais enfático, as tentativas de explicação e comunicação sobre o inconsciente sempre consistiram num grande esforço – muitas vezes ingrato –, uma vez que haveria sempre uma limitação entre a experiência e a comunicação. Essa limitação talvez fosse contornada pela apresentação de casos, uma vez que esses poderiam oferecer parâmetros de trabalho mais apropriados do que a comunicação científica nos moldes da física e da química do final do século XIX[36]. Trata-se, no limite, de algo relacionado ao que apontamos como elementos que possibilitam a consideração de um estilo de raciocínio particular, o que também apresentaria, portanto, a questão sobre os modos de teorizar e comunicar saber produzido. Se há uma tensão entre saber e verdade, a produção de conhecimento deve ser questionada sobre qual o lugar da verdade em seus processos, e quais os efeitos das possibilidades de tratamento da verdade.

LACAN E HACKING

Se retomarmos o que apresentamos – ainda que rapidamente – sobre a veracidade, em Hacking, enquanto um modo de enunciação do verdadeiro, vê-se que está contida nessa ideia

INTRODUÇÃO A VERDADE E SUAS QUESTÕES   XLI

uma impossibilidade de enunciação completa da verdade. Haveria, inevitavelmente, um resto, que seria um elemento central na consideração da variabilidade do conhecimento. Ainda em Hacking, a separação entre verdade e conhecimento pode ser tomada como um traço mais radical, uma vez que não haveria um garantidor externo sobre a verdade das diferentes possibilidades de enunciação do verdadeiro. Algo que, por sua vez, fica ainda mais complexo com a consideração dos efeitos do conhecimento sobre as possibilidades de experiência dos indivíduos.

A psicanálise daria uma segunda volta nessa questão. Isso porque não se trata somente de um tensionamento entre verdade e conhecimento entendido de forma geral, mas desse tensionamento em relação a um tipo de objeto que já carrega, em si, um caráter refratário à possibilidade de ser conhecido. É o que tentamos apresentar como a particularidade da verdade na psicanálise, a partir de sua dupla inscrição enquanto impossibilidade.

O inconsciente não pode ser resumido àquilo que escaparia à consciência, de modo que não se reduz a uma questão ontológica nem epistemológica. As impossibilidades que podem ser a ele articuladas instauram uma dimensão de falta constitutiva – como vimos no início de nossa apresentação, a partir das considerações de Silva Junior[37]. Em linhas gerais, o que pretendemos apresentar como possibilidade de consideração de que a psicanálise habite um estilo de raciocínio particular diz respeito à centralidade dessa falta, à negatividade enquanto um fundamento, em relação ao qual a verdade é um termo central. Se Hacking aponta o caráter ético presente na discussão sobre os efeitos retroativos do discurso científico nos indivíduos, a psicanálise parece levar essa discussão às últimas consequências na localização de figuras da falta enquanto fundamento (ou a ausência de fundamento) epistemológico e ontológico, centralizando assim a questão da ética como problema privilegiado.

Desse modo, podemos localizar com maior clareza a pertinência da psicanálise na discussão sobre a produção de conhecimento sobre sofrimento. Trata-se de um mergulho vertical numa concepção de verdade que gravita em torno de fundamentos negativos, como falta, impossibilidade etc. Trata-se, assim, de um diálogo que se dá a partir de um tipo específico de experiência clínica, de modo que a abordagem de Hacking sobre estilos de raciocínio será de grande auxílio na delineação dos limites dessa conversa, uma vez que ela exige trânsito com outras tradições. Esse modo de inserção da psicanálise no debate contribuirá não somente para a discussão sobre sofrimento, mas também ajudará a organizar algumas questões antigas sobre psicanálise e ciência, por delinear as diferenças na constituição da racionalidade e dos objetos, assim como de suas estratégias de sustentação.

Desse modo, traçaremos um percurso que, a partir da questão da verdade, visitará diferentes aspectos da produção de conhecimento. Desde um debate mais geral sobre a variabilidade e o valor da produção científica, passando aos seus efeitos ontológicos, na obra de Hacking; junto a um excurso específico sobre a verdade na psicanálise lacaniana, a partir do qual o diálogo com Hacking será retomado; finalmente, alguns problemas acerca da produção de conhecimento sobre sofrimento serão abordados, com o intuito de pensarmos em outros caminhos possíveis. Reafirmamos, sempre, que se trata de um caminho comprometido com a defesa do conhecimento científico e com a necessidade de reconhecer os efeitos da sua produção. Um caminho que buscará produzir pontos de abertura, de modo que a reflexão sobre o sofrimento possa servir como um meio de invenção de novas formas, e não de adequação a normas impostas.

1 A Ciência Entre Verdade e Veracidade

Uma maneira de se pensar a relação entre verdade e conhecimento consiste em tomar os dois termos não numa relação de adaptação ou compatibilidade, mas sim de tensionamento. Isso significa que, para além de momentos em que conhecimento e verdade apresentam algum tipo de unidade que faz parecer a existência de um encaixe perfeito, um olhar atento aos processos históricos e às linhas de força atuantes na produção de conhecimento indica a necessidade de uma mirada mais ampla. Um tipo de pensamento que ganha força na segunda metade do século XIX, e no qual nos situaremos tendo a obra de Ian Hacking como referência.

O tensionamento entre verdade e conhecimento pode ser imputado ao diagnóstico de que haveria uma lacuna entre a teorização e o mundo em si, de modo que questões como necessidade e variabilidade são tratadas enquanto possibilidades de enunciação do verdadeiro, mas nunca numa relação direta com a verdade. Trata-se de um pensamento que se ergue em torno de uma posição crítica a uma teoria da verdade que defenda a adequação ou a correspondência entre o conhecimento e o mundo.

Entretanto, isso não produz uma capitulação frente ao valor do conhecimento, ao contrário: há um inegável esforço na defesa da ciência para além de uma teoria da adequação. A escolha por Hacking como referência reside justamente no fato de permitir diálogos com diferentes posições em filosofia da ciência, desde um extremo realista a um extremo construtivista, sustentando uma via híbrida para se pensar o valor do conhecimento. Nesse sentido, partiremos de uma discussão inicial sobre a questão da verdade, para então entrarmos em detalhes sobre três temas centrais ao filósofo: primeiramente, seu realismo de entidades, seguido de suas considerações sobre estilos de raciocínio e, por fim, uma abordagem crítica da ideia de construção social do conhecimento. A discussão sobre a verdade confrontará a crítica a aplicações de teorias da verdade à prática científica, apresentando a separação entre verdade e veracidade.

A QUESTÃO DA VERDADE DA FILOSOFIA DA CIÊNCIA

Há inúmeras maneiras de se perguntar sobre a questão da verdade, o que consequentemente produz diversos caminhos para tentar responder a ela. Algo inventariado com habilidade por Richard Kirkham[1], mas que se afasta radicalmente do caminho tomado neste livro. De fato, tomar Hacking como referência não deixa de ser uma escolha curiosa: em diversos momentos, o filósofo afirma seu desinteresse por discussões sobre a natureza da verdade, restringindo-a a perguntas mais específicas: por exemplo, quando assevera que não estaria interessado em questões sobre a verdade, mas em modalidades de verdade e falsidade[2]. Ou quando reafirma sua evasiva por "palavras-elevadores": que levariam o debate filosófico para um "outro nível" – o que não lhe interessava particularmente por se distanciar de uma discussão mais concreta das práticas científicas e seus efeitos[3]. Esses desvios, além de demasiado breves, eram marcados por um esforço notavelmente diminuto em apresentar seus motivos.

A partir de alguns textos publicados entre 2002 e 2012, além de seus cursos oferecidos no Collège de France entre 2002 e 2006, Hacking parece se preocupar mais em expor suas motivações para evadir-se de discussões desse tipo. Não se trata de um resguardo sobre questões metafísicas, uma vez que ele mesmo afirma, em 1983, que seu interesse principal na postulação de seu realismo

A CIÊNCIA ENTRE VERDADE E VERACIDADE

de entidades é *metafísico*[4]. Tampouco seria correto afirmar que se afasta de discussões epistemológicas, engajamento mais que presente em seus livros sobre pensamento estatístico e probabilístico que marcaram boa parte de sua carreira[5], assim como em praticamente todos seus livros. O curioso é, portanto, a existência de algo que o autor parece sempre abordar, embora negue; algo que não explicita a sua presença em grande parte de seus escritos, mas parece estar lá. Talvez o fato de o próprio autor afirmar que não tratará diretamente dessa questão implique que, ao mesmo tempo, não consiga descartá-la. E isso faz parte desse movimento de presença e ausência, mas também liga-se justamente à questão da verdade.

É possível argumentar que Hacking estaria o tempo todo falando sobre isso. Afinal, seja no estudo rigoroso da emergência de um novo estilo de raciocínio, seja em reflexões sobre a invenção de pessoas, seja na crítica sóbria à ideia de construção social do conhecimento científico, a questão da verdade estaria sempre rondando. É um apontamento absolutamente pertinente, o que não diminui a novidade de como esse questionamento é abordado a partir dos anos 2000: tomada de maneira franca posteriormente, suas elaborações produzem um efeito clarificador em relação a seus escritos anteriores, ajudando a organizar boa parte do projeto do autor. Ou, se nos permitirmos uma verve especulativa, talvez tal abordagem mais categórica tenha sido possível após o trabalho realizado anteriormente. Iniciar nossa reflexão por esse momento nos interessa independentemente do motivo, pois já apresenta alguns pressupostos presentes no trabalho que seguirá.

Verdade e Veracidade

Pode-se pensar que há alguns modos tradicionais de encaminhamento da questão da verdade que se consolidaram na tradição filosófica ocidental. Entre eles, o mais célebre na articulação com o pensamento científico é a noção de "verdade por adequação" (ou correspondência), a qual reúne pensadores como Aristóteles, Descartes e Kant. Uma vertente que afirma, em linhas gerais, que o verdadeiro é aquilo que corresponde ao que realmente é, podendo apresentar certas modificações em relação a seus objetos, como indica Hacking[6]: em Descartes, o que pode ser verdadeiro são *ideias*; em Kant, *julgamentos*; na filosofia mais recente, enunciados, frases e proposições. Mantém-se, entretanto, que o caráter verdadeiro diz respeito à adequação ou à correspondência entre essas categorias e o mundo.

Entretanto, a verdade não se limitaria a essa concepção na história do pensamento ocidental. Há outra categoria especialmente interessante para se pensar a ciência, e que curiosamente pode ser encontrada na *Bíblia*, mobilizada pelas palavras *emet* (verdade) ou *emuná* (confiança), que diriam respeito a ideias de estabilidade: "Essa verdade não diz respeito a enunciados, julgamentos ou proposições. Ela fala de constância, de segurança, de confiabilidade."[7] Essa conjunção entre a verdade como adequação e como constância é retomada também em momentos posteriores, em que a questão da verdade é abordada de modo franco. Talvez o principal motivo dessa consideração mais direta sobre a questão da verdade, inclusive apontada pelo autor, seja a publicação de um livro chamado *Truth and Truthfulness* (Verdade e Veracidade), de Bernard Williams. Embora a questão da estabilidade seja central em trabalhos anteriores de Hacking, parece que Williams lhe oferece palavras que faltavam. Nessa linha, retoma uma ideia de atemporalidade frequentemente referida à ideia de verdade, indicando que haveria um caráter a-histórico a ser considerado: "Aristóteles ensinava que 'dizer do ser que ele é, e do não ser que ele não é, é o verdadeiro' [...]. Essa definição está fora do tempo, fora da história. Ela atravessa todo discurso informativo. Se o conceito da verdade teve um início, é na emergência da própria linguagem – sem dúvida um acontecimento na história do gênero humano, talvez mesmo o começo de nossa espécie."[8]

Ele afirma o mesmo sobre o célebre enunciado de Tarski sobre a brancura da neve: a neve é branca se, e somente se, a neve for branca. Segundo Hacking, trata-se de enunciados puramente formais. É importante notar que ele reconhece que essa ideia de uma verdade sem história e sem conteúdo seria uma convenção proposta por tradições filosóficas bem definidas e contrapostas por outros pensadores, como, por exemplo, Hegel ou Foucault. E aí explicita sua escolha por não entrar em um debate sobre a natureza da verdade: isso tornaria mais complexas certas discussões que poderiam ser mais simples. Ponto em que retoma a sugestão que ouvira de ninguém menos que John Langshaw

Austin sobre evitar palavras com ares importantes, uma vez que a grande maioria dos problemas prescindiria delas e dos problemas que carregam (Hacking nomeará, como indicado anteriormente, esses termos como "palavras elevadores").

Entretanto, o autor apresenta também outra questão relacionada à escolha de não discutir a natureza da verdade. Não se trata de um desvio com o intuito de fugir de uma discussão demasiadamente densa – o que, inclusive, não condiz com a obra do autor, que sempre se debruçou sobre temas de alta complexidade –, nem de evitar problemas que só seriam relevantes em discussões muito sofisticadas. Como ele afirma nesse momento – e, curiosamente, esse parece ser o único momento em que estabelece isso com clareza –, o fato de ele evitar o termo "verdade" enquanto algo atemporal diz respeito a um problema contido na aplicação de teorias da verdade às ciências, apontando uma ideia de circularidade: "Os aristotélicos de hoje afirmam que é verdadeiro o que dizemos, quando está de acordo ou em *correspondência* com o que é o caso. Eles já foram contestados várias vezes de que seria impossível determinar 'o que é o caso' ou 'os fatos' sem recorrer precisamente à proposição que é julgada adequada com o estado de coisas. Há, portanto, uma circularidade em uma tal teoria da verdade."[9]

Hacking afirma ainda, mesmo que rapidamente, que a teoria de Austin também não funcionaria para as ciências uma vez que o caráter pragmático não seria suficiente para sustentar os processos de produção de conhecimento científico. E, em relação à teoria semântica da verdade proposta por Tarski, frequentemente conjurada em posições evidencialistas, seria necessário considerar que o próprio Tarski aponta que o critério de verdadeiro é determinado por cada ciência particular. Ou seja, não é correto simplesmente tomar a concepção tarskiana de verdade e aplicá-la diretamente à afirmação de uma observação enquanto uma evidência – como faz, por exemplo, Edward Erwin[10] ao comentar o padrão de evidência empírica que deveria ser buscado para a validação da psicanálise. O que se estabelece é, na melhor das hipóteses, uma circularidade segundo a qual é evidente aquilo que afirmamos ser evidente de maneira unívoca; porém, a passagem da proposição lógica do "se e somente se" para a evidência empírica continua sem fundamentação.

Isso fica mais claro considerando-se que os problemas encontrados na aplicação de teorias da verdade por adequação ou da teoria semântica de Tarski ao conhecimento científico seriam exemplos de um problema maior, que diz respeito à relação entre o conhecimento e suas aplicações sobre os objetos[11]. Afinal, nada impede que uma teoria seja coerente e estabeleça relações lógicas consistentes sem que isso signifique que seja aplicável aos objetos visados. Um impasse apresentado por Paul Benacerraf, que indicaria a disjunção entre as teorias que explicam o conhecimento e as que explicam a existência dos seus objetos, também entendida como teoria das verdades matemáticas[12]. A questão seria, então, que embora o pensamento matemático fosse capaz de produzir provas sobre sua coerência, ele não seria capaz de fazer a articulação entre essa demonstração e a verdade de seus objetos. Por outro lado, aqueles capazes de provar a existência de seus objetos falhariam em demonstrar a coerência do pensamento.

Algo similar, indica Hacking, ao que se passa dentro de um laboratório: a passagem da teoria aos fatos não responde a uma teoria geral e atemporal, mas a critérios locais e históricos. Critérios que estariam ligados às possibilidades de definição de parâmetros para o verdadeiro e o falso, para a objetividade, e que se ligam à estabilidade das ciências. Ideia condensada, três anos depois, no termo "veracidade". Um termo, segundo ele, menos conhecido dos filósofos – que estariam mais acostumados com a "verdade" –, mas que instrumentaliza a discussão sobre a verdade de maneira a pensar eventos específicos. Ao fazer isso, nesse momento, declara inclusive a especificidade de sua localização na filosofia da ciência: "Porque nossas pesquisas filosóficas são ligadas a uma história das ciências. É uma longa história, e por causa disso muito diferente das histórias das ciências que encontramos hoje em dia, mas é, ainda assim, uma história. E eu retomo, do meu jeito, a convenção admitida por todos os grandes lógicos, de Aristóteles a Alfred Tarski: a verdade não tem história, nem de curta nem de longa duração."[13]

Ao retomar, assim, a ideia da verdade enquanto algo puramente formal, o autor afirma que há algo de não formal nisso tudo, que reside no fato de que a verdade se liga àquilo que "se diz". A questão da formalização da verdade – remetida a Aristóteles e Tarski – seria limitada pelo fato de que qualquer verdade

A CIÊNCIA ENTRE VERDADE E VERACIDADE 7

precisa ser enunciada. A pureza da verdade, seu caráter atemporal e neutro, se perderia no momento de sua enunciação, pois, se a verdade não tem história, o dizer tem. A verdade, ao ser dita, demanda que alguém a diga, e é nesse ato de enunciação que se passaria à veracidade, a qual liga-se ao ato de dizer o verdadeiro, o que inclui dois aspectos: é necessário que aquele que diz o verdadeiro forneça informações exatas (conformes à realidade), e que seja sincero. Trata-se, portanto, de uma questão ligada ao conteúdo e outra à intenção da enunciação.

Entretanto, limitar-se a uma definição que insista na exatidão dos conteúdos e na sinceridade da enunciação também recoloca uma circularidade similar à apontada anteriormente. Isso demanda que a veracidade, enquanto conceito, seja historicizada. Ou seja, não deve ser entendida como um acontecimento atemporal e a-histórico, mas como fruto de diversos fatores que se conjugam e se tensionam no percurso da história. Além do mais, não haveria um único modo de enunciação. Há, portanto, possibilidades diferentes de se dizer o verdadeiro: "a verdade não tem história, mas isso que nós dizemos, isso que nós podemos dizer, isso tem uma história"[14]. Desse modo, em linhas bem gerais, vemos que a resposta de Hacking à impossibilidade de garantia da relação entre as coisas e as teorias – por sempre serem, em alguma medida, circulares – é a partir da historicização. Como uma sutura que seria produzida de modo contextual a partir de procedimentos locais que serviriam como um acordo pontual sobre aquilo que deve, ou não, ser considerado verdadeiro. A grande questão é, nesse sentido, sustentar que esse acordo não tira o valor do conhecimento. Tal resposta deve incluir uma postulação da robustez do conhecimento que escape a uma concepção ingênua de representação.

Realismo de Entidades e Crítica da Representação

Embora publicado somente em 1983, *Representar e Intervir* é um compilado de cursos introdutórios que Hacking vinha oferecendo na Universidade de Stanford havia alguns anos. Isso implica duas considerações: primeiramente, o caráter generalista de parte de seu conteúdo, em que o autor, ao comentar diversas tradições em filosofia da ciência, localiza seu pensamento; e, em segundo lugar, o caráter embrionário de estilos de raciocínio, ideia que aparece poucas vezes no livro. Hacking afirma ter sido em uma conferência de Alistair Cameron Crombie, em 1978, que ele entrou em contato com a noção de estilo articulada ao pensamento científico pela primeira vez[15], muito embora seus trabalhos anteriores já carregassem ideias compatíveis. Isso pode ser visto, por exemplo, na influência de Foucault, que já pode ser reconhecida em *The Emergence of Probability* (A Emergência da Probabilidade).

Se a ideia da historicidade do pensamento já estava presente em seu reconhecimento de que antes do século XIX não haveria nada muito próximo do pensamento probabilístico, a instrumentalização dessa ideia a partir do termo "estilo" ganha corpo no final da década de 1970. Em *Representar e Intervir*, o que vemos são somente alguns momentos isolados em que o autor emprega esse termo, muito embora um de seus principais artigos sobre o tema, chamado "Language, Truth and Reason" (Linguagem, Verdade e Razão), tenha sido publicado antes do livro. É notória, entretanto, a pequena influência que esse artigo, depois republicado em *Ontologia Histórica*, exerce na linha argumentativa. São textos absolutamente compatíveis, mas com caminhos bastante diferentes.

Representar e Intervir gira em torno da crítica à representação realizada a partir da defesa da experimentação. Ele evita discussões sobre a determinação de parâmetros de verdade-e-falsidade, fornecendo uma descrição mais geral das ciências, mobilizando o pensamento de grandes autores em linhas mais gerais. Mesmo com um maior cuidado didático, o livro não deixa de explicitar o posicionamento de Hacking dentro de um debate bastante específico no campo da filosofia da ciência, muito embora com consequências amplas. Trata-se da discussão sobre a existência ou não de entidades invisíveis; e se, consequentemente, elas seriam entidades puramente teóricas, ou não.

Debate que se insere na disputa iniciada com a publicação de *A Estrutura das Revoluções Científicas*, por Thomas Kuhn, popularizada como *science wars* (guerras da ciência). Essa disputa, polarizada entre realistas e nominalistas, teria surgido pelo fato de essa obra de Kuhn ser a primeira publicação – de alguém não distante da prática científica e também com certa visibilidade no mundo anglo-saxão – a afirmar o lugar da contingencialidade

A CIÊNCIA ENTRE VERDADE E VERACIDADE

na atividade científica. Indicaria, assim, que a ciência seria atravessada por outras questões que não somente problemas epistemológicos. Hacking aponta que considerações como essa já tinham sido feitas por autores como Gaston Bachelard e Ludwik Fleck, embora não tenham ganhado a popularidade que Kuhn obteve. Essa disputa, que curiosamente parece estar longe de ser resolvida, é abordada pelo filósofo canadense a partir da questão da realidade de entidades invisíveis; posteriormente, ele retorna a essa ampla discussão (com pesar, segundo ele) em *The Social Construction of What?*, em "How Inevitable are the Results of Successful Science?" (O Quão Inevitáveis São os Resultados de uma Ciência de Sucesso?) e no artigo que apresentamos há pouco[16].

O grande mérito da obra consiste na defesa da historicidade do conhecimento científico sem, entretanto, considerar essa historicidade enquanto um elemento que deslegitimaria ou tiraria valor das ciências. Retomando o que apresentamos anteriormente, é possível reconhecer uma discussão sobre a verdade, a qual não dependeria, segundo Hacking, de uma capacidade de representação total ou de relações de adequação absoluta entre teorias e objetos.

Ao abordar a questão da existência de entidades invisíveis, Hacking defende uma posição aparentemente intermediária: por um lado, recusa qualquer ideia de adequação total entre linguagem e mundo; por outro, também recusa um idealismo extremo, no qual as teorias teriam absoluta independência em relação ao real. Entretanto, essa posição aparentemente conciliadora revela-se radical em relação a alguns pontos. Trata-se, afinal, de uma consideração crítica sobre a noção de representação, apontada como algo sempre problemático. Isso se liga ao problema apresentado anteriormente, pois a representação poderia ser entendida justamente como a "passagem" entre a teoria e as coisas. Além disso, também critica o realismo teórico, que defenderia a adequação entre enunciados teóricos e as coisas em si (já que também demandam uma adequação que necessita da representação). Assim, a questão da verdade mostra-se central, sendo trabalhada, num primeiro momento, a partir da proposição da indissociabilidade entre representação e intervenção.

Intervenção

A linha central de argumentação postula que noções de verdade e realidade não devem ser tão ligadas à questão da representação, como acontece em correlações imediatas entre evidência e fato, mas sim pensadas a partir dos efeitos da intervenção. Mais que isso, qualquer representação teria um aspecto de intervenção, já que não se trata da simples observação e de constatar como as coisas realmente são, e sim de uma produção. Desse modo, o *realismo de entidades* tem como traço característico a proposição de que é possível inferir a existência de entidades teóricas a partir dos efeitos produzidos em intervenções: se é possível fazer uso de uma entidade para produzir algo novo, então pode-se afirmar a existência dessa entidade. O trabalho experimental ganha, portanto, centralidade na postulação da existência de entidades não observáveis, levando a uma subversão em que a intervenção diz mais sobre a verdade de algo do que a própria teoria:

> Diz-se que a ciência tem dois objetivos: teoria e experimento. As teorias tentam dizer como o mundo é. Os experimentos e a tecnologia subsequente mudam o mundo. Nós representamos e nós intervimos. Nós representamos de modo a intervir e intervimos de modo a representar. A maior parte do debate a respeito do realismo científico na atualidade se dá em termos de teoria, representação e verdade. As discussões são esclarecedoras, mas não são decisivas. Isso se deve principalmente ao fato de estarem infectadas com metafísica intratável. Suspeito que não possa haver argumento final a favor ou contra o realismo no nível da representação. Mas quando nós voltamos da representação para a intervenção, quando bombardeamos gotas de nióbio com pósitrons, o antirrealismo esmorece. [...] Na filosofia, o árbitro final não é como pensamos, mas o que fazemos.[17]

Em relação a isso, Hacking declara que está mais interessado na questão da existência das entidades do que num questionamento sobre estratégias de estabelecimento de verdade-e-falsidade. Passa boa parte da introdução do livro à edição brasileira argumentando sobre essa questão[18]. Algo distinto do que fez em boa parte de sua obra, explicitando seu interesse, nesse momento, em questões metafísicas em detrimento de discussões epistemológicas. Esse é um ponto sensível, pois parte das críticas que recebeu entende seu trabalho como uma proposta de diferenciação epistemológica.

A CIÊNCIA ENTRE VERDADE E VERACIDADE

Por um lado, há os que fazem uma leitura nominalista, afirmando que haveria uma defesa subjacente de ideias de inferência à melhor explicação[19]. Por outro, o autor também toma sua distância de alguns de seus defensores, como Mauricio Suárez[20], que compreende as afirmações de Hacking sobre a manipulação de entidades como se somente uma simples manipulação (que não necessariamente cause efeitos) fosse suficiente para afirmar a existência da entidade, além de também imputar à manipulação (simples) algum tipo de valor causal. Hacking relembra que não fala somente de manipulação, num sentido geral, mas especificamente de manipulações constantes e metódicas que criam novos fenômenos. Além disso, afasta-se da inferência causal, principalmente se tomada enquanto um tipo de garantia.

Com isso, o filósofo circunscreve uma separação entre duas dimensões distintas relacionadas à verdade, de uma maneira compatível com o problema indicado em seu artigo de 2002. A verdade aqui é entendida como algo ligado à existência das entidades, e não à correção das teorias, lembrando que o problema apontado seria justamente na articulação desses dois elementos. Pensando no caso da depressão, rapidamente apresentado no início desse capítulo, pode-se pensar que ela existe mesmo que as teorias que tentam explicá-la estejam erradas. Isso pode inclusive modificar o que entendemos que a depressão é, mas não coloca sua existência em xeque.

É necessário considerar também que o realismo de entidades de Hacking apresenta uma segunda questão de grande interesse para a filosofia da ciência: a partir da defesa de que se pode inferir a existência das entidades, mas não necessariamente a adequação do conhecimento produzido sobre elas, ele sugere que o principal motor da ciência seria a experimentação. Não apenas por sua aplicabilidade enquanto validação, mas em especial pela potencialidade dos experimentos de produzir e estabelecer fatos novos.

Nesse sentido, a permanente insuficiência do conhecimento estabelecido que enfraquece uma posição ligada a um realismo teórico é combinada com a ideia de existência autônoma do real, em que as coisas existem para além daquilo que se diz ou se conhece delas. Isso se reconheceria nos momentos em que esse real entraria em conflito com as teorias estabelecidas. Mais que isso, numa herança marcadamente kuhniana, os experimentos seriam instantes privilegiados para o reconhecimento de crises, para a produção de fatos novos que não estavam previstos na teoria, apresentando assim uma potência disruptiva capaz de demandar reorganizações epistemológicas.

Há, portanto, contido na crítica à representação, o reconhecimento de uma dupla atuação do real: ao mesmo tempo que o autor não deixa de reconhecer certa estabilidade presente nas teorias em voga, também aponta para o caráter disruptivo, ou seja, para o mundo enquanto aquilo que se presentifica como diferente do esperado. Esse tipo de posicionamento permite retomar, novamente, algumas considerações sobre a verdade: por um lado, a oposição entre verdade e veracidade indica que os modos possíveis de enunciação do verdadeiro sempre deixam algo de fora, e que isso pode ser um elemento desestabilizador das teorias[21]. Os experimentos teriam uma função de tensionamento entre a verdade e a veracidade: colocariam em atuação as enunciações sobre o verdadeiro de modo tanto a confirmar sua pertinência quanto a reconhecer suas falhas ou incompletudes. Isso não significa que a verdade seria totalmente capturada ou estabilizada, ao contrário: ela poderia desestabilizar tanto enunciados pontuais quanto modelos de veracidade (enquanto possibilidades gerais constituídas de enunciação do verdadeiro).

Realismo

É possível afirmar que, no pensamento científico, teorias podem sempre ser questionadas e provadas erradas, ou mesmo que se tenha como pressuposto uma incompatibilidade originária entre a teoria e a verdade em seu caráter atemporal e absoluto. Contudo, isso não resulta necessariamente numa posição antirrealista. Se a discussão pode ser apresentada como a oposição entre a defesa de que as teorias científicas correspondem às coisas em si, do lado dos realistas, e a afirmação de que não há relação alguma entre os enunciados e as coisas, do lado dos antirrealistas, a análise de Hacking indica que há diversas posições intermediárias que devem ser consideradas.

O realismo, tomado de forma geral, advoga por uma relação de correspondência entre teorias e entidades, estados e processos.

A verdade aparece, então, como um qualitativo que diz respeito à adequação, colocando-se em oposição à falsidade. Porém, o ponto principal é que essa adequação não diz respeito somente aos enunciados formais que devem ser logicamente coerentes, mas também à passagem literal daquilo que é proposto ao estado das coisas. É justamente nesse ponto que se opõe ao antirrealismo, nisso em que o último afirmaria que tudo aquilo que é descrito e operado nos enunciados enquanto entidades teóricas não pode ter sua verdade comprovada:

Alguns antirrealistas mantêm essa posição de relutância porque acreditam que as teorias são ferramentas intelectuais que não podem ser entendidas como relatos literais de como o mundo é. Outros dizem que as teorias devem ser tomadas literalmente, não havendo outra maneira de levá-las em conta, argumentando, entretanto, que, por mais que nos utilizemos das teorias, não teremos jamais razões suficientes para acreditar que elas estão certas. Ambos os tipos de antirrealistas concordarão em não incluir entidades teóricas entre os tipos de coisas que realmente existem no mundo: turbinas sim, mas fótons não.[22]

Deve-se atentar para o final dessa citação, pois indica uma especificidade da discussão apresentada. Trata-se, sobretudo, de uma disputa acerca de entidades teóricas, ou seja, entidades não observáveis, porém que desempenham papel efetivo na práxis científica. Na ocasião da escrita do livro, a discussão sobre a existência de elétrons se enquadrava perfeitamente nessa querela, uma vez que era, ainda, somente uma "entidade teórica", sem possibilidade de observação direta. Nesse ponto, encontra-se talvez uma das questões que, surpreendentemente, continuam a gozar de grande atualidade, já que uma das vertentes mais presentes do antirrealismo defende que só se deve considerar aquilo que pode ser observado diretamente. Para Hacking, a questão da observação – ou, mais especificamente, do que pode ser observado – é bastante importante, já que se liga diretamente ao modo como relações causais são entendidas por correntes antirrealistas, uma vez que as causas nunca seriam observáveis, indicando uma clara distância de seu realismo de entidades.

Se, por um lado, a postulação de que as teorias podem chegar à verdade das coisas como elas realmente são pode parecer um tanto ingênua; por outro, uma postura absolutamente antirrealista que defende a consideração apenas daquilo que pode ser observado parece partilhar de um problema bastante próximo da primeira, nisso em que a observação é apresentada como um modo efetivo de acesso às coisas em si, e que poderia prescindir de hipóteses causais.

Hacking, como afirmado há pouco, se define como um realista de entidades, ou como um defensor do realismo experimental. Tal afirmação pressupõe a divisão entre realismo de teorias, em que "a questão é se elas são verdadeiras, ou se são verdadeiras-ou-falsas, ou se são candidatas a verdades, ou se almejam à verdade"; e o realismo de entidades, em que "a questão é se elas existem ou não"[23]. Segundo o autor, é possível ser um realista de teorias sem ser um de entidades, ou seja, defender que as teorias são verdadeiras sem, no entanto, afirmar a existência das entidades teóricas. Por outro lado, o realismo de entidades pode funcionar sem a crença na literalidade das teorias, afirmando que se pode postular a existência de algo sem necessariamente poder descrever isso correta ou completamente[24].

O realismo de entidades não tem como base a explicação que se pode, ou não, oferecer sobre um fenômeno ou sobre a entidade; ele se sustenta na capacidade de produção de efeitos a partir da intervenção numa entidade. Desse modo, uma entidade teórica só será satisfatória se for uma entidade existente, o que implica que há algo satisfatoriamente utilizado em uma teoria e, para tanto, é necessário que se possa produzir efeitos a partir dessa teoria. Tal caminho se desenvolve na inseparabilidade entre representação e intervenção, que desembocará no interesse de Hacking por aquilo que pode ser chamado de "realidade": algo não estável ou transcendente, mas um fruto de constante *renegociação*. Essa consideração é importante uma vez que, como afirmou o próprio autor, teorias antirrealistas estariam ganhando importância nas últimas décadas. A mais famosa delas, conhecida como positivismo.

Segundo Hacking, o positivismo pode ser entendido a partir da premissa de que "nada pode ser conhecido como real, exceto o que pode ser observado"[25]. Trata-se, novamente, de uma afirmação muito próxima daquela que tem sido mobilizada pela psiquiatria biológica em sua fundamentação[26]. Vale dizer que, ao fazer isso, o autor reúne sob o nome de "positivismo" tradições que não necessariamente se nomearam dessa maneira, como o empirismo de Hume ou o empirismo construtivo de Bas van Fraassen. Sua justificativa é que haveria o compartilhamento, em todas essas disciplinas, de seis pressupostos que definem esse modo de pensamento[27]: ênfase na verificação, privilégio da observação, recusa da causalidade, desprezo por explicações, de entidades teóricas e da metafísica[28].

Nosso interesse se debruça, nesse momento, sobre um traço positivista que, além de parecer gozar de grande notoriedade na produção científica atual, se insere no centro da preocupação que temos circunscrito como central: o sobrevalorizar da observação empírica relacionada a outros modos de explicar, experimentar e validar. Nesse sentido, Hacking comenta a obra de Bas van Fraassen, que apresentaria uma versão mais atual e ponderada em relação aos pontos recém-apresentados. Entretanto, ainda assim o problema apontado por ele sobre a passagem da teoria aos fatos (ou às coisas) continuaria sendo um problema:

O entusiasmo positivista pela verificabilidade foi conectado com a significação apenas por pouco tempo, na época do positivismo lógico. Podemos dizer, de forma genérica, que ele representou um desejo por uma ciência positiva, por um conhecimento passível de ser estabelecido como verdadeiro e cujos fatos pudessem ser determinados com precisão. O empirismo construtivo de van Frassen compartilha desse entusiasmo.[29]

O autor aponta que persistiria, ainda que de modo mais sofisticado, uma tentativa de resolução epistemológica para a passagem das teorias à verdade, se voltarmos aos termos empregados em "'Vrai', les Valeurs et les sciences". Ao que responde a partir de dois pontos: o primeiro diz respeito à linguagem; o segundo, à intervenção.

A Questão da Linguagem

A linguagem é uma questão perene para os estudos sobre a ciência. A própria possibilidade de significação do mundo é algo que demanda um tratamento conceitual para que se possa pensar na relação entre teoria e coisa. Nessa seara, é possível assumir diversas posições, desde a negação da importância dessas questões ao sobrevalorizar observação, até defesas que flertam com um relativismo vertiginoso. Hacking indica sua simpatia por projetos nominalistas; porém, com diversas ressalvas. De maneira curiosa, seus comentários sobre o tema são muito mais detalhados do que seus posicionamentos, como pode ser visto em *Por Que a Linguagem Interessa à Filosofia?* Nessa obra, o autor faz um inventário de grandes pensadores que tomaram a linguagem como objeto filosófico; é um livro rigoroso, no qual, entretanto, o próprio Hacking pouco se posiciona.

O ponto mais interessante à nossa discussão refere-se à incomensurabilidade: termo popularizado por Kuhn na filosofia da ciência em seu emprego relacionado à impossibilidade de articulação entre elementos de teorias diferentes, mas que consiste numa questão filosófica mais ampla sobre a possibilidade de compreensão ou de tradução de uma ideia[30]. Se um termo só assume seu sentido dentro de uma rede estabelecida de significações, as tentativas de compreensão seriam sempre falhas, já que retirariam os termos de seu contexto. Hacking mobiliza rapidamente (em *Representar e Intervir*) alguns filósofos que se debruçaram sobre essa questão, como Donald Davidson e Dudley Shapere, mas se ocupa realmente da questão da incomensurabilidade de significação a partir da obra de Hilary Putnam.

Em um de seus ensaios, Putnam aborda a questão do significado de maneira bastante direta, a partir do questionamento de se elementos com o mesmo nome corresponderiam às mesmas entidades em teorias diferentes[31]. A resposta de Putnam, em linhas gerais, é que o significado é a reunião de diferentes elementos: desde funções sintáticas e semânticas, suas referências originais ou naturais (se existirem) e suas extensões e estereótipos, que abarcam os sentidos contextuais relacionados às palavras. Isso resulta, portanto, num entendimento de linguagem que não se baseia em uma ideia de correspondência entre coisa e significado, mas numa relação definida socialmente – que não deixa, porém, de ter algum tipo de ligação com a referência.

Essa é, ao menos, a explicação que Hacking considera mais útil a seu realismo de entidades. Explicita essa posição ao comentar outros textos de Putnam, escritos em um momento posterior, em que o filósofo teria sofrido uma virada nominalista mais radical, defendendo um "realismo interno"[32]. Para Hacking, entretanto, o grande problema com o desenvolvimento que radicaliza

A CIÊNCIA ENTRE VERDADE E VERACIDADE 17

o nominalismo de Putnam é que ele acabaria se constituindo como um sistema de pensamento que não poderia ser interpelado por eventos exteriores: "Putnam se tornou um conservador. Para ele, não há formas de sair de nosso esquema conceitual."[33]

Vemos, portanto, que o modo como Hacking mobiliza a linguagem em suas discussões define algo que responde a relações sociais, mas que não deixa de ser interpelado por elementos externos aos sistemas estabelecidos. Algo não muito distante de como se refere à questão da realidade: à qual, também inspirado na obra de Putnam, ele se refere como algo sempre em renegociação. Explicita, desse modo, o que alguns comentadores nomeiam como um "realismo modesto"[34]: algo que foge ao idealismo e ao antirrealismo, já que sempre insiste em interpelações não redutíveis à linguagem, ao mesmo tempo que recusa propostas de adequação total entre teorias e verdade.

Intervenção e Causalidade

O segundo ponto apresentado anteriormente inclui a problemática da intervenção no modo de compreender o procedimento científico. Como indicado, correntes positivistas defendem a ideia de observação como algo independente das teorias em jogo. Muitas críticas foram feitas a esse argumento, defendendo, em geral, a impossibilidade de uma observação neutra. Ao contrário, as observações seriam carregadas de teoria, e isso colocaria em xeque o privilégio da observação. Hacking, entretanto, não concorda.

Isso não significa que ele discorde de que a observação seja influenciada por teorias. Esse é, de partida, seu ponto de distanciamento com o positivismo, e demonstra sua discordância dessa separação na maior parte dos casos. Segundo ele, a ciência funcionaria, na maior parte das vezes, de modo que as observações não são pré- ou a-teóricas. Porém, mesmo nos casos em que há essa articulação, isso não significa que a observação se reduza à teoria. Há distinções possíveis de serem feitas por mais que as duas se articulem. E isso não modificaria o valor da observação, uma vez que essa relação não evita que observações produzam pontos de instabilidade em teorias. Algo semelhante à sua crítica ao nominalismo interno de Putnam: Hacking sempre ressalta o valor disruptivo daquilo que pode desestabilizar um sistema de pensamento estabelecido.

Sua questão não é, portanto, com uma das ideias presentes na crítica da observação que defenderia que a contaminação teórica tornaria a observação praticamente estéril. Isso não procede, segundo o filósofo. Entretanto, a observação deve ser entendida não como uma atividade privilegiada, mas como um procedimento, uma habilidade necessária a qualquer tipo de experimentação, a qual – essa, sim, um processo privilegiado na produção científica – não pode ser entendida como uma modalidade de produção de conhecimento a partir de reproduções dos fenômenos reais.

A distinção entre a experimentação e a reprodução da realidade se dá em diversos níveis, que vão desde a produção de instrumentos que permitem um tipo de observação particular até a criação de eventos que nunca teriam existido: "Para trazermos um exemplo mais recente, até os anos 1960 não existiam nem masers nem lasers no universo – talvez existissem um ou dois, já que se tem sugerido que certos fenômenos cosmológicos constituem exemplos de maser. De qualquer forma, hoje já existem dezenas de milhares de lasers, muitos dos quais podem ser encontrados a apenas poucas milhas de mim."[35]

Esse exemplo é explicativo no que diz respeito à criação de fenômenos. Os experimentos, mesmo que tentem reproduzir fenômenos encontrados cotidianamente, fazem-no de uma maneira específica. Mesmo quando experimentos são replicados, isso é feito a partir de alguma modificação metodológica, seja no método de mensuração, seja no de observação, no de controle etc. Todos esses casos são exemplares de como há uma intervenção ativa na produção de conhecimento científico. Mesmo em ciências não experimentais, a intervenção não poderia ser descartada, já que a própria linguagem modifica (ainda que não completamente) a ideia que temos sobre os objetos. Esse é, portanto, o cerne da crítica de Hacking aos extremos de posições realistas ou antirrealistas, a qual passa por uma crítica da ideia de representação que inclui, necessariamente, a consideração da intervenção. Isso faz com que, retomando seus artigos dos anos 2000, o autor defenda que a veracidade seja articulada à causalidade. Pois é a partir dos efeitos produzidos que seria possível inferir a existência de entidades, assim como produzir algum tipo de conhecimento produtivo: "Nós nos convencemos completamente da realidade dos elétrons quando regularmente tentamos – e frequentemente conseguimos – construir novos tipos de artefatos que utilizam diversas propriedades causais dos elétrons para interferir em outras partes mais hipotéticas da natureza."[36]

Trata-se, nesse sentido, de uma aposta na intervenção como modo de produção de explicações causais. A afirmação da existência é, desse modo, um subproduto, já que só é possível ter como causa aquilo que existe. O interesse principal seria então a potencialidade causal, a possibilidade de produzir transformações. A pertinência de modelos de veracidade, nesse sentido, se daria por sua capacidade transformativa. De modo que é possível considerar que o eixo central do realismo de entidades é a possibilidade de enunciação do verdadeiro a partir do reconhecimento dos efeitos que se pode causar.

Trata-se de um posicionamento crítico à ideia de que o valor de um conhecimento se articule à possibilidade de observação direta de suas entidades ou da representação. Ao contrário, sua ênfase se dirige ao fazer científico enquanto um processo a partir do qual se pode recolher o potencial causal de entidades, as quais devem ter sua existência afirmada justamente por serem localizadas enquanto causa de algo. Trata-se de uma compreensão que coloca problemas a uma defesa ingênua de compreensões biologicistas como se, por poderem ser localizadas ou observadas no corpo, fornecessem uma verdade última – como é afirmado, diversas vezes, em relação à depressão. Não é à toa que Hacking evita a palavra "evidência", uma vez que esse termo tenderia a ser compreendido num pensamento estático, em que a observação direta de entidades seria mais valorizada que seus efeitos. O que Hacking afirma, portanto, é a realidade dos efeitos. Essa é uma leitura possível de uma das últimas colocações do autor sobre o assunto: "Penso que meu ataque ao antirrealismo científico é análogo ao assalto que Marx empreendeu sobre o idealismo de sua época. Em ambos os movimentos, diz-se que o principal não é que entendemos o mundo, mas sim que o modificamos."[37]

Como sabemos, entretanto, essa afirmação se insere num projeto mais amplo, que não se define somente por uma defesa do experimento, mas por uma proposta de compreensão do valor do conhecimento a partir da identificação de seus traços necessários e de suas contingências. Seguimos, portanto, com seus estilos de raciocínio.

ESTILOS DE RACIOCÍNIO

Como foi apresentado até agora, vê-se que há um grande esforço de Ian Hacking em resolver uma questão pungente no final do século XX: a existência, ou não, de entidades teóricas não observáveis. Embora parte dos exemplos mobilizados pelo autor não sejam mais relevantes para a discussão – avanços tecnológicos tornaram possível a observação de elétrons, por exemplo –, isso não significa que ela tenha perdido sua vitalidade. Ao contrário, casos talvez ainda mais complexos possam se beneficiar das considerações do filósofo sobre seu realismo de entidades, como discussões sobre a necessidade ou não de localizar marcadores cerebrais para a aceitação de teorias sobre transtornos mentais. Essa discussão pode ser encontrada na rápida apresentação sobre o debate acerca da depressão, no início deste capítulo. Entretanto, não se limita a esse caso, uma vez que há uma tendência de investimento massivo em pesquisas que visam ao "localizacionismo" cerebral enquanto objetivo primeiro, como bem descrito por Nikolas Rose[38]. Não entraremos a fundo nesse debate, pois ainda há outros instrumentos conceituais que precisamos estabelecer para fazê-lo de maneira satisfatória.

Por ora, vale registrar que recolhemos dois caminhos traçados por Hacking: por um lado, a recusa de uma teoria geral da verdade baseada na compreensão de que a verdade só é acessível em suas formas historicizadas e parciais, nomeadas de veracidade; por outro, a defesa do valor do conhecimento científico calcada na possibilidade de produção de efeitos a partir na intervenção em entidades – o que, consequentemente, provaria a existência delas próprias. Trata-se, portanto, de um posicionamento geral sobre a historicidade do conhecimento, e uma proposta específica que versa tanto sobre a verdade da existência de entidades, quanto sobre o valor da experimentação, focando-se nos efeitos das intervenções em detrimento de uma ideia ingênua de observação. As páginas a seguir aprofundarão o primeiro ponto, ligado ao caráter histórico das formas da verdade.

Publicado inicialmente em 1982, "Linguagem, Verdade e Razão", insere-se numa linha de filosofia da ciência que enxergava com certa preocupação o crescimento de tendências relativistas[39]. Vale lembrar que um dos livros de maior impacto nesse debate, *Vida de Laboratório*, de Bruno Latour e Steve Woolgar, havia sido publicado em 1979. Embora Hacking não deixe de reconhecer seus méritos, como o faz em *The Social Construction of What?*, ele também indica que, se a querela nomeada como *science wars* teria sido iniciada pela publicação de *A Estrutura das Revoluções Científicas*, de Thomas Kuhn, seria *Vida de Laboratório* o responsável por jogar gasolina em um debate até então comedido. Além disso, a proeminente escola de Edimburgo, capitaneada por Barry Barnes e David Bloor, estabelecia a sociologia da ciência enquanto um campo relevante, ocupado por autores de diferentes graus de radicalidade. Na coletânea em que o texto em questão foi publicado originalmente, foram reunidos artigos de diversos autores com diferentes posicionamentos em relação ao relativismo científico, e o de Hacking teria sido considerado o segundo mais relativista, ficando atrás somente do capítulo escrito por Barnes e Bloor.

Como o próprio título indica, é um momento em que o autor se debruça sobre a questão da verdade (assim como todo o livro em que se insere), embora, como apontado anteriormente, faça isso para deslocar a discussão para o sintagma verdade-e-falsidade. É também o primeiro momento em que Hacking, a partir de uma palestra de Alistair Crombie vista em 1978, emprega o termo "estilo" para falar sobre modos de raciocínio. O autor australiano viria a publicar sua obra gigantesca mais de uma década depois, nomeada *Styles of Scientific Thinking in the European Tradition* (Estilos de Pensamento Científico na Tradição Europeia). Além dele, pode-se reconhecer também forte influência de Foucault – já presente em seu livro sobre a emergência do pensamento probabilístico, de 1975 –, além do impactante *Contra o Método*, de Paul Feyerabend. Há, entretanto, uma distância marcada em relação a Crombie, já de saída, e que diz respeito ao fato de o termo "estilo" ser, originalmente, articulado a *pensamento* e não a raciocínio: "Prefiro falar de estilos de 'raciocínio' (científico), e não de estilos de 'pensamento', como faz Crombie. O motivo, em parte, é que pensamento está muito na cabeça para o meu gosto. [...] A última palavra no título de seu livro é 'artes'; no meu seria 'artesão'."[40]

Essa mudança serve mais como uma marca pontual em relação a Crombie, mas de grande importância para o pensamento de Hacking. Mais que isso, funciona como um ponto de distanciamento em relação a Koyré, professor de Crombie, a quem Hacking imputa uma concepção de ciência demasiadamente racionalista, mesmo que não deixe de reconhecer sua importância e influência em seu próprio pensamento. Isso já dá indícios de seu entendimento da prática científica como algo que excede significativamente a soma das mentes dos cientistas. Segundo ele, o próprio pensamento é constituído a partir de diversas possibilidades socialmente estabelecidas, o que deve ser considerado ao se abordar a questão da veracidade de uma ideia. Não é à toa que, em artigo que revisita essa publicação trinta anos depois, ele afirma ainda continuar implicado com seu projeto dos estilos, embora não ache mais pertinente chamar de estilos de raciocínio: "'estilos de pensamento e fazer científico' é um título melhor; os estilos podem também ser chamados de gêneros, ou modos de descobrir"[41]. Vê-se, inclusive, como a questão da produção continua central para o autor: não se trata somente de pensar, mas de fazer coisas.

A própria possibilidade de uma proposição ser "disponível como candidata a ser verdadeira-ou-falsa depende de termos modos de raciocinar a respeito dela"[42]. Isso significa que um estilo de raciocínio não é um modo de definir possibilidades de se avaliar a verdade ou a falsidade de uma questão, mas que as próprias possibilidades de enunciação de uma questão, assim como os parâmetros de verdade e falsidade, são produzidas dentro de um estilo específico. Isso não quer dizer que não exista verdade ou falsidade, tampouco leva a um relativismo completo. Apenas que os modos de avaliação de verdade e falsidade são solidários às possibilidades de construção das próprias proposições:

Minha preocupação é com verdade-ou-falsidade. Considere a máxima de Hamlet, de que nada é bom ou mau, é o pensamento que assim o torna. Se transferirmos isso para a verdade e a falsidade, há uma ambiguidade entre (a) nada que é verdadeiro é verdadeiro, e nada que é falso é falso, é o

A CIÊNCIA ENTRE VERDADE E VERACIDADE 23

pensamento que assim o torna, e (b) nada é verdadeiro-ou-falso, é o pensamento que assim o torna. É (b) que me preocupa. Minha preocupação relativista é, para repetir, que o sentido de uma proposição *p*, o modo como ela aponta para a verdade ou a falsidade, depende do estilo de raciocínio apropriado a *p*. Portanto, não podemos criticar esse estilo de raciocínio como um modo de se chegar a *p* ou a não-*p*, porque *p* simplesmente é aquela proposição cujo valor de verdade é determinado dessa forma.[43]

Com isso, Hacking propõe uma diferença entre relativismo e subjetivismo: pensar que podemos tornar algo verdadeiro ou falso a partir de nosso pensamento seria um modo de subjetivismo, enquanto o relativismo seria o reconhecimento de que há candidatos à verdade e à falsidade intrínsecos ao modo de pensar. O que também pode servir como um reorganizador para questões perenes, como incomensurabilidade ou esquemas conceituais: ao invés de serem vistos como problemas em relação à verdade, deveriam ser tomados enquanto questões relativas à verdade e à falsidade. O ponto principal é que não haveria a possibilidade de consideração da verdade de algo independentemente do estilo de raciocínio em que se apresenta: as proposições só existem dentro de estilos e, portanto, em parâmetros de verdade e falsidade. Duas décadas depois o autor nomeará esse movimento a partir da tensão entre verdade e veracidade, de modo que esta última responderia às possibilidades particulares de enunciação da verdade, sendo, portanto, uma circunscrição de uma verdade atemporal em formas históricas de verdade e falsidade.

Os Estilos e as Ciências

Nesse sentido, a palavra "estilo" se mostra útil por indicar algo que não se limita ao campo da epistemologia, sendo, inclusive, emprestada da estética. Apresenta, ademais, grande amplitude, podendo ser empregada em diferentes graus. O próprio Crombie, para além de postular seis estilos "principais"[44], indicava a existência de estilos intermediários.

Curiosamente, Hacking se refere a esses seis estilos principais de maneira rígida, pelo menos em boa parte de sua obra. Algo que se faz presente, por exemplo, ao negar a proposta de John Forrester[45] sobre a existência de um estilo de pensamento de casos, no qual a psicanálise poderia ser incluída. O que parece mais surpreendente em relação a esse posicionamento é o fato de que o modo como o próprio Hacking desenvolve a ideia de estilos de raciocínio não parece comportar tamanha rigidez.

De fato, em seu retorno ao tema em 2012, ele afirma que teria errado ao tentar circunscrever os estilos a essa lista e alguns derivados. Ao comentar algumas apropriações de autores que empregaram suas ideias para definir "outros" estilos, incluindo a defesa de Arnold Davidson sobre a psiquiatria enquanto um estilo de raciocínio, afirma: "Ele [Arnold Davidson] e muitos outros estavam certos; e eu, errado. Claro que a expressão [estilos de raciocínio] pode ser aplicada a um batalhão de, bem, estilos de raciocínio, e foi estúpido tentar patentear isso e restringir a membros de uma lista."[46]

Segundo Hacking, há algo semelhante entre a noção de estilo de raciocínio e, por exemplo, questões de tradução ou a própria noção de paradigma kuhniano. Seriam noções que funcionam muito bem quando aparecem problemas de continuidade e compreensão: "A tradução é difícil quando se chega a âmbitos de possibilidades totalmente novos que não fazem sentido para os estilos preferidos de raciocínio de outra cultura."[47] O "totalmente" dessa passagem é central, pois indica o caráter de uma noção de difícil circunscrição: parece óbvia em casos limites, mas dificilmente se estabelece o ponto de viragem. Lembremos, por exemplo, das diversas críticas recebidas por Kuhn em relação à falta de definição de sua noção de paradigma, e também de certo desinteresse por parte do autor em produzir uma noção mais precisa[48]. Hacking toma uma posição similar em relação à noção de estilo, abrindo mão de uma exegese do termo e apenas aferindo o emprego por outros autores contemporâneos.

Por outro lado, é preciso notar que há diferenças importantes entre a noção de estilos de raciocínio e a de paradigma. A primeira é muito mais abrangente, comportando uma transversalidade entre diversas ciências, enquanto a ideia de paradigma se restringe a uma parte de uma ciência específica. Além disso, Kuhn insiste na ideia de ruptura entre diferentes paradigmas, ou ao menos no tanto que eles indicam que o conhecimento científico não é cumulativo. Hacking concorda com essa ideia, embora aponte que isso não seria correto em relação aos estilos:

A CIÊNCIA ENTRE VERDADE E VERACIDADE

O *conhecimento* é menos cumulativo do que se pensava. Como afirmou Pierre Duhem, há um século, as *explicações* dos fenômenos estão sempre sujeitas a revisões radicais. Mas há outras coisas que se acumulam. Segundo Duhem, as classificações científicas são mais estáveis que as explicações. [...] Há uma *acumulação* de estilos, mas os paradigmas, segundo Kuhn, substituem-se uns aos outros; eles não se acumulam.[49]

Vemos, com isso, que um traço dos estilos de raciocínio é seu caráter cumulativo. Eles não precisam ser uma ruptura em relação ao que os precede para introduzir novidades. Por outro lado, teorias ou ciências específicas não são sinônimos de estilos de raciocínio: elas se estabelecem em um estilo, ou em mais de um. Assim como a diferença em relação à noção de paradigma indica, a questão da amplitude se faz necessária para a localização entre estilos e disciplinas específicas. De fato, a relação entre um estilo e uma ciência específica não é somente de amplitude, mas de função: o estilo cria uma estrutura para as possibilidades de pensamento, a qual comporta diferentes expressões. Do mesmo modo como uma ciência específica é uma estrutura menor e que comporta diferentes paradigmas. Também deve-se notar que estilos podem ser combinados em projetos de pesquisa, assim como a combinação de estilos pode levar a um novo.

Pode ser que um problema produzido dentro de uma disciplina seja o gatilho para o início de um processo que levaria a um estilo de raciocínio, mas isso não significa que o estilo ficaria restrito à disciplina em questão. As possibilidades contidas numa disciplina dependem, portanto, de haver um estilo de raciocínio no qual a disciplina existe, estabelecendo o caráter histórico dos modos de pensamento. E, como afirmado, um dos traços desse estabelecimento é a definição das possibilidades de proposições e dos parâmetros de verdade e falsidade:

Elas não seriam possibilidades, candidatas a verdade ou falsidade, a menos que esse estilo existisse. A existência do estilo surge dos eventos históricos. Portanto, embora quais proposições são verdadeiras possa depender dos dados, o fato de que são candidatas a serem verdadeiras é uma consequência de um evento histórico. Inversamente, a racionalidade de um estilo de raciocínio como um modo de ter a ver com a verdade de uma classe de proposições não parece estar aberta a uma crítica independente, porque o próprio sentido do que pode ser estabelecido por esse estilo depende do próprio estilo.[50]

Ao determinar as possíveis verdades e falsidades também se delimita outra questão, cara ao pensamento científico: a objetividade. A qual, segundo o autor, liga-se diretamente à de verdade, uma vez que indicaria nada menos do que modos estabelecidos de se chegar à verdade das coisas. Com a emergência de um novo estilo de raciocínio, campos de possibilidades se abrem. Hacking faz diversas referências ao emprego da palavra "continente" por Althusser para se referir a isso. O melhor exemplo, talvez um dos poucos consensos no campo da filosofia da ciência, é a cristalização de um estilo de raciocínio por Galileu: não se trata de aplicação de ideias anteriores a outros objetos, ou de ideias novas sobre objetos antigos; mas, sim, o estabelecimento de outro modo de raciocínio, definindo novas possibilidades de objeto e de verdades e falsidades. É o que é nomeado como "experimentação sistemática"[51].

Além disso, o termo "cristalização" não deve ser ignorado: ele aponta para o entendimento de que, embora seja Galileu que tenha empregado diversos instrumentos de maneira inovadora, não se trata de uma invenção completamente dele, mas da cristalização de inovações que vinham sendo feitas há tempos. Esse termo foi alvo de debate na publicação de seu *The Emergence of Probability*, em que Hacking defende a ideia de que antes do século XVII não havia pensamento probabilístico na Europa. Isso não quer dizer que suas bases ainda não tivessem sido inventadas, mas que diversos elementos necessários para o pensamento probabilístico ainda não haviam sido combinados do modo como o conhecemos. Uma vez que foram, cristalizou-se esse modo de pensamento.

Um estilo emerge, enquanto algo restrito, a partir de interações locais e pequenas. Com o tempo, ganha amplitude e se estabelece como norma. Passa a ser o modo certo de raciocinar dentro de um campo. Haveria, para Hacking, uma frequente inversão sobre a questão da objetividade: ela não seria um *a priori*, mas sim algo constituído no próprio estilo de raciocínio. Mais que isso, um estilo seria responsável pela introdução de diversos elementos, como: "objetos; evidências; orações, novos modos de ser um candidato a verdade ou falsidade; leis, ou pelo menos modalidades; possibilidades"[52].

Métodos de Raciocínio e Objetos

Desse modo, nos aproximamos da definição de um estilo de raciocínio. Algo que não antecede as novidades que introduz, mas que se constitui conforme as novidades vão aparecendo e se autossustentando. Um estilo de raciocínio se reconhece, portanto, pela introdução de novidades: define novos objetos e métodos de raciocínio[53]. Os outros elementos podem ser vistos como desdobramentos dessas duas categorias mais gerais, uma mais diretamente relacionada a questões ontológicas; outra, a questões epistemológicas. O modo como pensamos restringe as possibilidades de abordagem dos objetos, assim como os modos possíveis de abordagem definem como se pode pensar sobre os objetos. O que, por sua vez, retorna à questão das possibilidades de enunciação da verdade, ou da veracidade: "Os objetos precisam de métodos de raciocínio para que seja possível dizer a verdade sobre eles. Inversamente, um método de raciocínio sem um tipo de objeto novo é estéril e não distinguirá jamais um estilo de pensamento."[54]

Vemos, portanto, que a questão da verdade e falsidade ganha destaque enquanto um modo contingente de se produzir conhecimento. O autor é categórico ao afirmar que novos objetos, novas orações, novas leis, são invenções corriqueiras que acontecem a todo momento. Entretanto, o que define um estilo seria uma novidade em relação à verdade e à falsidade. Para isso, ele usa o termo "positivo" num sentido bastante amplo, referindo-se à possibilidade de que certos elementos possam ganhar um valor positivo em relação à verdade. Esse valor é determinado historicamente, e não possui qualquer elemento exterior ao estilo para sua sustentação. Em linhas gerais, isso indica que embora dentro de um estilo específico seja possível distinguir verdades e falsidades, não há uma teoria geral que unifique as diferentes formas de se fazer isso. Ademais, a própria ideia de correspondência estaria sempre subordinada a um estilo específico, a partir do qual seria possível comprovar que uma teoria corresponde a um fato. Por exemplo, não é possível comprovar a veracidade de uma ideia como "30% de pacientes deprimidos melhoram quando tomam remédio" fora de um estilo probabilístico ou estatístico, assim como pensar estatisticamente não pode demonstrar a correspondência de uma ideia a um caso particular.

Se uma oração só pode ser considerada verdadeira dentro de um estilo de raciocínio, isso significa que os estilos são padrões de objetividade, já que definem os parâmetros que delimitam as possibilidades de diferenciação entre verdadeiro e falso. O que, por outro lado, significa que a verdade assim produzida é restringida pelas possibilidades contidas em tal estilo. O modo de pensar a verdade é algo possibilitado pelo modo de pensar, o qual, por sua vez, não é único. É a partir daí que Hacking afirmará que os estilos são autoautenticadores, de modo que os caminhos construídos e possibilitados segundo cada estilo para que se chegue à verdade ou à falsidade constituem o que chamamos de objetividade. Algo que, segundo o filósofo, não deixa de produzir uma estranha sensação de circularidade.

Autorreferência

Sua preocupação é com o construcionismo. Ele dedica um livro inteiro a esse tema, e abordaremos alguns pontos em detalhes mais à frente. Por ora, cabe indicar a diferenciação proposta: segundo o autor, construcionistas acreditariam que é possível produzir fatos de acordo com aquilo que se quer provar; o estilo de raciocínio, não, pois não se trata de construir fatos, mas de avaliar candidatos à verdade e à falsidade que já estavam estabelecidos, embora a definição de verdade e falsidade seja histórica. Porém, isso é radicalmente distinto de uma ideia de que se possa construir fatos a partir do que se pretende demonstrar.

Nesse ponto, retornamos à questão da verdade enquanto constância. A estabilidade é uma qualidade central no pensamento científico, já que demonstra que teorias são sólidas e pertinentes tanto em relação aos problemas práticos a elas concernentes, quanto ao pensamento de outros cientistas que poderiam prová-las erradas. Kuhn dedicou-se, não por acaso, à questão das crises, e da caracterização da ciência normal como algo que se desenvolve numa estabilidade quase plena, enquanto a ciência revolucionária seria aquela que responde à instabilidade de suas construções. A instabilidade, na maioria das vezes, é causada por problemas que as teorias ou os paradigmas existentes não são capazes de resolver. Um estilo de raciocínio deveria ser, por definição, mais estável que um paradigma ou que teorias específicas. Ademais, a estabilidade de um estilo de raciocínio adviria tanto de sua empregabilidade (seja prática ou teórica) quanto do fato de que, para que seja refutado, seus parâmetros de verdade e falsidade devem ser criticados. Nesse ponto, a autorreferência mostra uma faceta interessante:

A aparente circularidade nos estilos autoautenticadores deve ser bem-vinda. Ela ajuda a explicar por que, embora os estilos possam evoluir ou serem abandonados, eles são curiosamente imunes a qualquer coisa parecida com uma refutação. Não há qualquer padrão mais elevado a que eles respondam diretamente. O que é notável nos estilos é que são estáveis, duradouros, cumulativos a longo prazo. Além do mais, em um período de tempo mais curto, o conhecimento que adquirimos usando-os é moderadamente estável. São nossos conhecimentos que estão sujeitos à revolução, à mutação e a vários tipos de esquecimento; é o conteúdo do que descobrimos, não como descobrimos, que é refutado. É aqui que está a fonte de um certo tipo de estabilidade.[55]

Vemos, assim, que Hacking localiza sua proposição sobre os estilos de raciocínio como: por um lado, um traço constante na história da ciência (a ciência sempre é feita a partir de estilos de raciocínio); e, por outro, uma estabilização contingente, histórica e autoautenticadora de modos de enunciação da verdade. Contingente e histórica porque respondem a eventos históricos, ou seja, poderiam ser (e são) diferentes dependendo de como emergem, e não há nenhuma regra geral que defina essa emergência. Autoautenticadora porque não há um elemento externo que valide sua veracidade. Temos, nesse sentido, uma descrição bastante precisa daquilo que ele chama de veracidade.

Em 2012, ele retoma essa questão para se debruçar um pouco sobre os debates suscitados. Segundo o autor, a autoautenticação funcionaria como um antídoto a projetos que buscam as fundações únicas do conhecimento, como a epistemologia costumava (e às vezes continua) a fazer, ou que o lógico procuraria em relação aos fundamentos da razão. Os estilos não têm fundação, eles são justamente o modo de raciocínio nas ciências:

Dizer que esses estilos de pensar e fazer são autoautenticadores é dizer que eles são autônomos: eles não respondem a algum outro, superior, ou mais profundo, padrão de verdade e razão além deles mesmos. Repetindo:

sem fundação. O estilo não responde a critérios externos de verdade independentes dele mesmo.[56]

Além disso, haveria técnicas de estabilização: modos de acomodação e adaptação de um estilo de raciocínio a partir dos problemas que lhe são colocados. Hacking aborda essa questão em alguns artigos, notadamente um sobre estatística[57] e um outro sobre laboratório[58]. Mas as técnicas de estabilização são potencialmente infinitas, partilhando apenas o fato de que são necessárias à sobrevivência de um estilo. São, de fato, o que permite que um estilo se adapte para responder aos problemas que encontra. Porém, novamente, não há nenhuma possibilidade de generalização sobre o que faz com que um estilo consiga ou não se adaptar. Em linhas gerais, pode-se concluir que, uma vez que não há um critério externo que garanta a pertinência de um estilo, a única resposta possível para explicar a existência de um estilo é pragmática: um estilo existe e é usado porque funciona. Por isso, permanece. O porquê de considerarmos que funciona diz respeito a diversos elementos negociados. Seja porque eles aumentam o conhecimento sobre algo, seja porque eles nos agradam. Mas, em última instância, a única explicação é esta – porque não há, de fato, última instância: "Não há critério externo, do tipo demandado por teorias da verdade por correspondência. Mas ainda há padrões, padrões pragmáticos."[59]

Estilos e História

Nesse ponto, podemos reconhecer o motivo pelo qual Hacking é considerado um dos grandes expoentes dos *science studies* (estudos de ciência), que teriam suplantado uma tradição de filosofia da ciência com forte tendência epistemológica e fundacionista, incluindo a história como campo incontornável para a compreensão da atividade científica. Afinal, o supracitado argumento pragmático não deixa de ser um recurso a um pensamento histórico: somente consideramos os estilos que foram e são relevantes na história. Não há razão epistemológica ou metodológica que explique, pois não há critério externo para sua sustentação.

Em *As Políticas da Razão*, Isabelle Stengers critica a proposição de Popper sobre a falseabilidade enquanto um elemento

A CIÊNCIA ENTRE VERDADE E VERACIDADE 31

de epistemologia (ou metodologia) normativo por um caminho bastante compatível com o pensamento de Hacking. Segundo a autora, em linhas gerais, uma vez que os próprios critérios de falseabilidade (ou de verdade e falsidade) são contextuais, a falseabilidade não seria capaz de definir aquilo que deveria ser considerado, ou não, científico; mas sim reconhecer aquilo que *foi* assim considerado, ou não. Ela afirma, nesse sentido, que se trata de um operador de história da ciência, e não de filosofia. É evidente que um apontamento desse tipo à obra de Popper é absolutamente diferente do que em relação à obra de Hacking, especialmente por seu reconhecimento do lugar da história nos estudos sobre ciência. Inclusive em "Estilos para Historiadores e para Filósofos", de *Ontologia Histórica*, trata dessa questão diretamente, indicando seus pontos de comprometimento com o pensamento histórico, e os lugares em que utiliza a obra de historiadores para outra finalidade: fazer filosofia.

Entretanto, como vemos, ao final de sua argumentação filosófica sobre os estilos de raciocínio – publicada vinte anos depois de "Estilo Para Historiadores e Para Filósofos" e trinta anos depois de seu primeiro artigo sobre estilos de raciocínio ("Linguagem, Verdade e Razão") – a história retorna. E o faz com um certo disfarce de filosofia pragmática, o que é necessário para mobilizar noções de acordo e negociação sempre retomadas pelo autor, mas não esconde seu peso historiográfico. O que, repetimos, não é um problema para o autor, ao contrário. Hacking defende o valor da ciência não apesar, mas a partir de sua falta de critério externo que garanta sua verdade. O fato de que o que se produz são modos locais de enunciação do verdadeiro não diminui seu valor.

É o que pode ser visto, por exemplo, com sua afirmação de que a "autojustificação, longe de implicar um tipo de subjetivismo, é fundadora da objetividade e da reprodutibilidade científicas"[60], de modo que nesse jogo de negociação pragmático o objetivo seria *aquilo* que se estabiliza. Indica, inclusive, que as técnicas de estabilização variam completamente entre si – o que faz sentido, já que aquilo que elas estabilizam também é notadamente diferente. Essas análises apontam, entretanto, que algumas técnicas são mais efetivas do que outras. Mais que isso, a estabilidade é proposta pelo autor como uma das características centrais de um estilo: "Cada estilo persiste à sua maneira peculiar e individual, porque controlou e direcionou suas próprias técnicas de autoestabiliza-ção. É isso o que constitui algo como um estilo de raciocínio."[61]

Vemos, portanto, que junto à produção de novidades em rela-ção aos parâmetros de verdade e falsidade e às possibilidades de construção de objetos, um estilo também é marcado pela capa-cidade que uma ciência tem de produzir técnicas. Não se trata de técnicas de aplicação de seu conhecimento para a resolução de problemas cotidianos, mas para a manutenção e produção de conhecimento. É o que o autor chama de "tecnologia filosófica: um estudo dos modos como os estilos de raciocínio proporcio-nam conhecimento estável e tornam-se não os descobridores de verdade objetiva, mas sim padrões de objetividade"[62]. Não por acaso, essa tecnologia filosófica completa a ressalva que o autor faz em relação à palavra "pensamento": não se trata de uma invenção abstrata nem da soma de ideias, mas de um processo que se inicia como algo relativamente corriqueiro, e que tem seu sucesso pautado não somente em sua capacidade de produção de conhecimento relevante, mas também em sua potencialidade reprodutiva e autoestabilizadora. Trata-se do estabelecimento de métodos de descoberta que excedem as mentes e funcionam por sua presença nos mais variados âmbitos das vidas das pessoas.

Contudo, o não reconhecimento da existência de um critério externo e a defesa da estabilidade e da autoautenticação de esti-los de raciocínio como traços constituintes da prática científica podem levar a diversas interpretações. A soma desses elementos parece incidir diretamente em tendências construcionistas e sub-jetivistas, as quais podem tanto colocar questões importantes e necessárias à prática científica e sua recepção na sociedade, como levar a certos tipos de negacionismo que entendem a ausência de critérios transcendentais de garantia do valor do conhecimento como motivo para desvalorização da prática científica, ou para uma relativização ingênua e irresponsável. Tal questão é central para este trabalho, como temos repetido, uma vez que nos parece essencial que a prática científica possa ser examinada sem que se caia em negacionismos ignorantes. Vejamos, então, o modo como Hacking encaminha essa questão.

CONSTRUÇÃO SOCIAL E O RELATIVISMO RADICAL

Segundo Hacking, a publicação de *The Social Construction of What?* teria sido motivada, especialmente, por certos comentários que consideravam seu livro sobre ciências da memória[63] como um belo exemplar de pensamento construcionista. Nada poderia estar mais errado. De fato, em diversos momentos do próprio livro, o filósofo apresenta seus distanciamentos em relação à ideia de construção social, mas ainda assim essa tendência de leitura persiste.

De um modo mais geral, essa sensação poderia advir de uma leitura demasiadamente rápida do caminho que o autor vinha percorrendo: lembremos que embora seu primeiro livro sobre a lógica da inferência estatística possa ser enquadrado como um estudo de verve mais racionalista dentro do campo da filosofia da ciência[64], suas publicações dos anos 1970 sobre pensamento probabilístico[65] e sobre linguagem[66] já apresentam forte influência do pensamento foucaultiano, aproximando a obra do filósofo de debates atravessados pelo campo da história. Esse movimento em direção à variabilidade do pensamento científico acentua-se nos anos 1980, como vemos tanto no fato de *Representar e Intervir* se ocupar mais em criticar realismos radicais do que nominalismos, e especialmente na publicação de "Language, Truth and Reason" (Linguagem, Verdade e Razão)[67], que discutimos em detalhe na seção anterior, em que Hacking se ocupa, explicitamente, em defender que a razão tem uma história. O início dos anos 1990, com a publicação de *The Taming of Chance* (A Domesticação do Acaso) e "'Style' for Historians and Philosophers" ("Estilo" Para Historiadores e Filósofos)[68], aprofundou o "projeto dos estilos"[69], localizando o autor como um crítico de projetos normativos e fundacionistas, embora também rejeitasse relativismos radicais como subjetivismo ou construcionismo social.

Nessa toada, não é de espantar que a publicação de um livro que discute detalhadamente o modo como transtornos mentais podem ser considerados efeitos retroativos de discursos sobre os indivíduos tenha sido assimilado enquanto uma peça de construcionismo social. Algumas de suas categorias como *nominalismo dinâmico, invenção de pessoas, alvos em movimento*, entre outras, se aproximam do vocabulário empregado por relativistas mais radicais. Nos ocuparemos da questão relativa aos transtornos mentais mais adiante, por ora faremos alguns apontamentos sobre sua crítica à ideia de construção social.

O Que se Constrói

A crítica que Hacking faz à ideia de construção social é bastante detalhada, incluindo um inventário pormenorizado das formas que a ideia de construção é apresentada. São organizadas a partir de seis possíveis níveis de posicionamento construcionista, de modo que a passagem de um para outro comportaria um ganho de radicalidade: histórico < irônico < reformista < desmascaramento < rebelde < revolucionário[70]. Se todos partem do reconhecimento de que haveria questões externas, variáveis e históricas presentes na produção de conhecimento e de formas de socialização, tanto o alcance que essa variabilidade teria como os efeitos que ela produz sobre o valor dos saberes estabelecidos mudariam de um para outro. Nesse sentido, um construcionismo histórico apontaria para o caráter contextual da produção de conhecimento, enquanto o revolucionário, na outra ponta, tomaria a contingencialidade dos saberes como motivo para descrédito e substituição por outros.

Não há discordância sobre o conhecimento e diversas outras atividades ligadas à sua produção serem determinados historicamente. Mais que isso, há também o reconhecimento do papel dos discursos na determinação das possibilidades de experiência dos indivíduos, como veremos à frente. Entretanto, isso não significa que o termo "construção" seja o mais apropriado, uma vez que ele carregaria um espectro de significação que indica uma capacidade de decisão e retificação daquilo que será produzido. Em linhas gerais, Hacking faz duas ressalvas. A primeira diz respeito à diferença entre diversos casos: há situações e objetos (ou tipos de objetos) mais suscetíveis à influência dos discursos produzidos, isso faz com que a questão da variância (ou da inevitabilidade) deva ser modulada. Segundo, mesmo em casos em que podemos considerar que a influência discursiva tem um papel importante, ainda assim a palavra "construção" não seria a mais adequada.

Em primeiro lugar, deve-se ter clareza sobre o que está em pauta. Se dizemos que algo é construído socialmente, o que é esse

A CIÊNCIA ENTRE VERDADE E VERACIDADE 35

algo? Pode ser um objeto, uma ideia, uma teoria, um fato etc. Esses elementos apresentam graus semânticos de diferentes níveis, de modo que uns se articulam a ideias mais imediatas, enquanto outros são resultantes de racionalizações complexas. O grau de contingência tenderia a crescer junto com a complexidade, de modo que faria mais sentido falar de construção em relação a teorias do que em relação a objetos. Por exemplo, ao retomar o trabalho de Andrew Pickering sobre os *quarks*[71], afirmando que, embora a ideia de *quarks* possa ser construída, eles próprios não o são. Pickering teria respondido, em uma carta em 1997, dizendo:

Eu nunca diria que *Construindo Quarks* é sobre "a ideia de quarks". Isso pode ser a sua opinião sobre construcionismo nas ciências naturais, mas não é a minha. Minha ideia é que se alguém nasce num mundo de uma maneira específica – sua matriz heterogênea – essa pessoa pode provocar certos fenômenos que podem ser interpretados como evidência para os quarks.[72]

Essa passagem nos interessa por indicar, com clareza, o posicionamento de Hacking em relação à questão. Ele não discorda de Pickering; muito ao contrário, afirma que, de fato, "se você viesse ao mundo de outra maneira, você poderia provocar outros fenômenos que poderiam ser interpretados como evidência para uma física de sucesso diferente (não formalmente incompatível, mas diferente)"[73]. Isso é absolutamente compatível com o que vimos até agora sobre sua ideia de estilos de raciocínio, algo apresentado quase vinte anos antes. Lembremos, afinal, que o autor afirma que a veracidade são possibilidades para a enunciação da verdade, de modo que há sempre uma contingencialidade presente na enunciação. Isso não significa, e Pickering também estaria de acordo, que qualquer coisa seja considerada verdadeira: os objetos resistem às classificações e às ideias e, nesse sentido, constrangem a "liberdade criativa". O principal ponto de distanciamento de Hacking, ao menos em relação a Pickering, reside no emprego da palavra construção. Para o filósofo canadense, empregá-la é um jeito ruim de avançar no debate, pois acaba achatando questões que deveriam ser sempre tomadas de modo mais detalhado.

O grande risco em se falar de construcionismo seria hipertrofiar a liberdade que se imagina na determinação daquilo que é ou não considerado um fato, ou então no alcance que o nominalismo teria na liberdade de determinação do modo como entendemos o mundo. A questão seria, para o filósofo, que em grande parte das discussões questões morais seriam demasiadamente infladas e obliterariam as resistências que o campo discursivo encontra. Ele não deixa de afirmar que, em casos de tipos interativos, a questão moral é central. Mas que, para além disso, haveria uma onda de normalização sob o nome de "construção social", que faria com que diversas discussões fossem reduzidas a discussões morais. Nesse sentido, como já indicado, o autor propõe a necessidade de uma delineação rigorosa daquilo que seria, ou não, construído. Tal questão é tão central que consiste, inclusive, no nome do livro. Trata-se, antes de qualquer coisa, de delimitar sobre *o que* se está falando, ao se falar de construção social.

O exemplo mais claro que ele mobiliza acerca da moralização da discussão sobre a produção de conhecimento é o que chama de desmascaramento. Esse tipo de abordagem construcionista partiria do pressuposto de que a explicitação dos atravessamentos políticos e morais presentes na produção de conhecimento teria um efeito direto sobre a qualidade do conhecimento estabelecido. Por exemplo, desmascarar interesses egoístas dos cientistas faria com que os resultados de suas pesquisas perdessem o valor. Tal ideia não faz sentido, em primeiro lugar porque não necessariamente os resultados se adequariam aos interesses iniciais, mas também porque os resultados têm seu valor para além dos interesses daqueles que os produzem. Desmascarar não significa refutar a veracidade, pois não mostra que os resultados estão errados, mas simplesmente que são atravessados por questões políticas e morais[74]. Algo, aliás, presente em qualquer processo de produção de conhecimento.

Esse caso pontual é interessante, pois indica um posicionamento mais geral de Hacking. Ele não nega as idiossincrasias da atividade científica, mas afirma que isso não esgota a questão. Haveria, nesse sentido, dois modos de abordagem: um que se ocupa da atividade científica em si; e, outro, da montagem de verdades no corpo de conhecimento. Embora ambas não respondam a nenhuma instância externa superior – nem sejam práticas internalistas que não respondem a questões externas à comunidade científica –, isso não justificaria a ideia de que os rumos da produção de conhecimento poderiam ser planejados de modo tão bem-sucedido que justificasse o emprego da palavra "construção".

A CIÊNCIA ENTRE VERDADE E VERACIDADE

Segundo Hacking, o modo mais interessante de lidar com a questão da variabilidade do conhecimento produzido (ou que poderia ser produzido) é a partir da consideração de três categorias: contingência, nominalismo e explanações de estabilidade.

Contingência, Nominalismo e Estabilidade

A primeira delas, contingência, concerne às possibilidades de desenvolvimento do pensamento científico uma vez que suas bases já estão estabelecidas. Trata-se de considerar a variabilidade de caminhos possíveis dentro dos estilos de raciocínio em voga, ou até mesmo a possibilidade de emergência e estabilização de um novo estilo de raciocínio. A simples afirmação de que o conhecimento poderia ter sido desenvolvido de outra forma, por outro caminho, e chegado a outros resultados é considerada absurda por boa parte dos cientistas. Mas a história não falha em demonstrar momentos em que isso aconteceu. Um exemplo mobilizado pelo autor é a impossibilidade de decisão entre três leis de gravitação diferentes, no século XVII[75]. A aceitação da lei de Newton, nesse caso, não teria se dado por questões epistemológicas ou experimentais, uma vez que as leis seriam equivalentes nesses sentidos. Mas somente uma delas teria sobrevivido. Isso leva a outra consideração: sobre diversos procedimentos que trabalhariam no sentido de uma equalização das teorias aceitas e do apagamento dos traços incompatíveis de outras teorias que teriam sido assimiladas. Isso daria uma impressão de maior uniformidade, mas que teria sido violentamente produzida. A contingência não somente existiria, como também seria apagada pelo próprio processo.

Hacking, entretanto, defende que é uma possibilidade que deve ser considerada, embora não a julgue assim tão relevante. Isso se dá pela consideração de dois elementos como centrais no funcionamento da ciência: a força da tradição estabelecida (conhecimentos, técnicas, equipamentos etc.) e a resistência dos objetos. A combinação desses elementos restringiria as possibilidades de variação, mas não significa que haveria somente um caminho.

O segundo ponto, nominalismo, é explorado com mais simpatia pelo autor. Esse ponto reúne diversos desenvolvimentos que já foram apresentados anteriormente, em especial sua crítica à representação e sua ideia de estilos de raciocínio como um processo histórico que define as possibilidades de criação de objetos e de verdades e falsidades. De maneira geral, pode-se afirmar que o pensamento de Hacking imputa, no presente debate, a tensão entre verdade e veracidade à questão do nominalismo: há modos estabelecidos que definem as possibilidades de pensamento e atuação. Eles se modificam de maneira dinâmica, se acumulam, mas esses fatos só são reconhecíveis quando se recorta um período longo.

A principal diferença entre o que Hacking chama de contingência e o que trabalha sob o nome de nominalismo diz respeito à dinâmica de modificação. Estilos de raciocínio, ou mesmo mudanças minimamente significativas na língua, só são possíveis em processos históricos. A modificação se dá em um período longo, num processo complexo. Entretanto, uma modificação dessas poderia levar o conhecimento a lugares completamente diferentes. Lembremos de como ele afirma que estilos de raciocínio começam como questões corriqueiras e vão se estabilizando aos poucos. O modo como ele apresenta a questão da contingência diz respeito a decisões pontuais, caminhos simultâneos que podem ser seguidos, ou seja, questões subordinadas a essas estruturas mais gerais. O que leva, por sua vez, à *estabilidade*.

A maneira como a questão da estabilidade tem sua relevância para o debate sobre construção social diz respeito, especificamente, às explanações de estabilidade. O ponto crucial, nesse sentido, é se a estabilidade do conhecimento científico é explicada de modo interno ou externo ao campo da ciência. A estabilidade é traço essencial de um estilo de raciocínio, e sua explicação é pragmática: o estilo serve. Entretanto, essa discussão não é sobre estilos de raciocínio, mas sobre ciências específicas e suas teorias. Mas levar em conta a serventia não deixa de ser interessante. Isso não significa que seus usos possam ser previstos, tampouco que defina se o tal valor de uso advirá de dentro ou de fora da comunidade científica. Hacking usa como exemplo, desde *Representar e Intervir*, a ideia de que o sucesso da ciência pode ser medido por seu reconhecimento dentro da própria comunidade, como proporia Imre Lakatos com sua ideia de programas de pesquisa cumulativos[76]. Esse critério seria, segundo o canadense, um substituto para a verdade enquanto referência de sucesso.

A CIÊNCIA ENTRE VERDADE E VERACIDADE 39

Por sua vez, Bruno Latour e Isabelle Stengers apresentam uma visão externalista: acreditam que boa parte das instabilidades – assim como a própria estabilidade – responde, ao final, a questões externas à comunidade científica. Em contraste, afirma Stengers, autores como Thomas Kuhn, ou mesmo Gaston Bachelard, seriam internalistas de um modo diferente de Lakatos: por mais que defendessem um caráter não cumulativo do conhecimento, entendiam a disrupção como um efeito do funcionamento interno da comunidade[77]. Hacking adota uma postura parecida com a que é assumida em relação à contingência: não nega que haja atravessamentos externos na definição da estabilidade; entretanto, não crê que isso seja tão relevante. Vemos, desse modo, que a postura crítica do autor em relação à construção social se dá por uma espécie de respeito à resistência: seja ela resistência do mundo ou das coisas, seja ela resistência das formas estabelecidas de pensar e fazer.

Há sempre a possibilidade de disrupção, o que estabelece uma espécie de ponte entre a ideia de resistência dos objetos (a qual ele empresta de Pickering, devemos lembrar) e sua defesa da experimentação. A experimentação pode ser entendida, nesse sentido, como algo tão importante por ser o melhor jeito de vencer o estabelecido. O estabelecido, por sua vez, seria fruto de certa inércia, mas também de um encaixe bem-sucedido entre a teoria e o mundo (um encaixe robusto, para empregar outra expressão de Pickering). Entretanto, Hacking é categórico ao afirmar que, embora esse encaixe possa ser perene, ou até mesmo inexorável (como se espera de leis científicas), isso não significa que seja o único possível. Nesse sentido, a crítica a essas teorias consideradas imutáveis não se daria pelo fato de serem falsas, mas de serem somente uma das opções.

Variabilidade

Essa questão é melhor desenvolvida por ele em um artigo chamado "How Inevitable are the Results of Successful Science?" Como bem explicita o título, a questão é se ciências de sucesso, sobre objetos ou temas minimamente similares, chegariam a resultados iguais. Para responder a isso, as três categorias até aqui apresentadas são reduzidas a duas: a questão da estabilidade é remetida à palavra sucesso (recorrendo-se a Lakatos), enquanto o que é trabalhado sob o nome de nominalismo é incluído na categoria "contingência". Hacking coloca a questão de maneira bastante interessante, recuperando a argumentação de Evelyn Fox-Keller – em seu *Reflexions on Gender and Science* (Reflexões Sobre Gênero e Ciência) – sobre a reprodução de uma linguagem militar nas ciências, baseada em uma lógica de senhor e escravo. A partir disso, Hacking se pergunta: chegaríamos a resultados similares, se utilizássemos outras palavras para falar sobre biologia?

Sua argumentação gira em torno de uma noção central, a pergunta. Segundo ele, as perguntas só fazem sentido dentro de seus contextos, ideia essa que aproxima o filósofo da ideia de contingência. Uma pergunta que faz sentido, nesse contexto, é uma pergunta *viva*. Algo, como vimos, compatível com seu trabalho sobre estilos de raciocínio. Entretanto, uma vez que uma pergunta viva é feita, e que há modos possíveis de respondê-la, então a contingencialidade diminui drasticamente: "aspectos do mundo determinam o que a resposta é, mesmo que somente pessoas numa sociedade científica encontrem a resposta"[78]. O grande valor desse artigo é sua capacidade de concisão: o filósofo consegue definir com clareza aquilo que imputa à contingência e o que é necessário. Pode-se afirmar, de modo sintético: as perguntas são contingentes; as respostas, necessárias.

Mas o caráter necessário das respostas existe dentro de um sistema que articula, primeiramente, a contingência das perguntas que define as possibilidades de resposta; junto a isso, a contingência daquilo que faz com que tipos específicos de resultados sejam considerados resultados de sucesso; e, finalmente, o caráter restritivo do real. Ou seja, as respostas são necessárias dentro de um sistema contingente e autoautenticador, mas são necessárias uma vez colocadas as restrições que advêm tanto do pensamento (histórico) quando do real (indiferente). Isso indica, entretanto, que não são únicas: "Os resultados de ciências de sucesso não são inevitáveis; nós poderíamos ter ciências de igual sucesso com resultados diferentes (mas não incompatíveis)."[79] Isso aponta que, embora não sejam inevitáveis, não é possível sustentar qualquer resposta, ou mesmo construir fatos a seu bel-prazer. Há algo que resiste à possibilidade de relativização completa do conhecimento. Retomando o jogo entre verdade e veracidade, seria possível afirmar que há algo da veracidade que remete à verdade, e historicizando as enunciações sobre o verdadeiro, mas ao mesmo tempo contendo algum tipo de permanência.

A partir dessa apresentação de alguns debates centrais sobre a produção de conhecimento, será possível abordar a questão da verdade relacionando-a ao sofrimento. Para tanto, a tensão estabelecida entre a ideia de verdade atemporal e a noção de veracidade enquanto possibilidades de enunciação do verdadeiro consiste em um bom organizador, podendo situar os movimentos entre, de um lado, o reconhecimento da variabilidade e da contingência do conhecimento e, do outro, na afirmação do valor do conhecimento e das restrições à sua produção.

A noção de estilos de raciocínio indica a necessidade de reconhecer o caráter histórico do conhecimento, o qual diz respeito às possibilidades de estruturação do pensamento e dos objetos abordados. Isso se encaixa em um entendimento que reúne intervenção e representação, indicando um modo de apreender a linguagem que considera a significação como algo que escapa a uma ideia de adequação, demandando compreender fatores sociais envolvidos para definir os sentidos partilhados. Por outro lado, a indissociabilidade entre representação e intervenção localiza o experimento enquanto um fator privilegiado da prática científica, nisso que ela pode produzir efeitos disruptivos e introduzir novidades. A ênfase dada aos efeitos será aprofundada no próximo capítulo, em que os efeitos ontológicos serão pensados de maneira específica na classificação de objetos que responderiam à própria classificação, levando a uma abordagem direta de fenômenos ligados ao sofrimento.

2 Ontologia Histórica e Patologias Transientes

Abordamos, no capítulo anterior, alguns debates concernentes ao modo como se pode pensar a relação entre verdade e ciência. Como vimos, não se trata de visar a uma relação de adequação total entre elas, mas sim de pensar como a ciência é capaz de produzir conhecimentos valiosos mesmo lidando um uma grande carga de variabilidade. Desse modo, compreender tal relação a partir da historicização da verdade enquanto termo médio de negociações sociais e interações com o real permite alguns avanços. Entretanto, não esgota a questão da presença do sujeito, a qual pode ser desdobrada em dois problemas: primeiro, se haveria algum tipo de consideração de subjetividade presente na transição das proposições formais para suas possibilidades de aplicação, momento em que o sujeito passaria a ser o "enunciador do verdadeiro"; segundo, quais seriam os efeitos dessa própria produção de conhecimento sobre a subjetividade.

A primeira questão pode ser encaminhada dentro da proposição dos estilos de raciocínio. Lembremos que tomar a "objetividade" enquanto técnicas de estabilização e de definição das possibilidades de chegar ao verdadeiro inclui uma dimensão sempre presente de negociação, assim como uma ideia de efetividade que não responde a um critério epistemológico ou metodológico com qualquer tipo de garantia. Isso quer dizer, em linhas gerais, que as próprias técnicas de objetivação não excluiriam a subjetividade completamente, mas teriam, ao menos, um efeito de estabilização, evitando oscilações muito grandes na produção de conhecimento. Isso se localiza, portanto, em sua consideração sobre a contingencialidade do saber, a qual, reafirmamos, deve sempre ser tomada em sua interação com o real enquanto algo restritivo em relação à plasticidade teórica.

O segundo problema colocado inaugura, porém, um novo capítulo. De fato, pensar sobre os efeitos da produção de conhecimento sobre a subjetividade não deixa de se inserir numa discussão bastante antiga sobre a separação entre ciências naturais e ciências sociais.

Uma das possibilidades de encaminhamento dessa discussão é considerar a questão da verdade a partir da especificidade do objeto ao qual ela se articula. Tal proposta se justifica por algumas razões: primeiramente, como aponta Foucault em seu *As Palavras e as Coisas*, é a partir da tomada do sujeito (humano) como objeto da produção de conhecimento que se inaugura um campo de problemáticas na ciência, por haver uma espécie de espelhamento. Essas problemáticas – que de alguma maneira introduzem a discussão sobre a ética e a política do conhecimento – terão papel central nos embates presentes até hoje na epistemologia e na filosofia da ciência. Nesse sentido, vê-se como certas particularidades de um objeto demandariam uma reorganização epistemológica, incidindo diretamente em formulações e modificações na estrutura do modo de pensar que pretenda dar conta desse tipo de objeto. Nisso se incluiria, no limite, modificações na escolha e no emprego de determinadas noções de verdade. Por outro lado, o próprio fato de haver diferenças de objetos que estabelecem a necessidade de consideração de regimes de verdade com funcionamentos distintos implica um efeito retroativo: a necessidade de consideração das especificidades do objeto retroage sobre uma concepção geral da verdade, uma vez que a aplicabilidade de seus parâmetros responde às características do objeto concernido. Algo contido na reciprocidade indicada por Hacking sobre formas de verdade e falsidade e as possibilidades de consideração de objetos.

Essas são algumas questões iniciais desse debate, o qual ganhou notória complexidade na história da epistemologia e da filosofia da ciência. Apresentamos, inicialmente, a questão desse modo tão amplo com o intuito de localizar o debate que iremos desenvolver. A questão do objeto tem se mostrado uma problemática de resolução complexa, especialmente quando as tentativas insistem em algum tipo de categorização definitiva que seja ao mesmo tempo ampla, rigorosa e precisa, como usualmente se apresentam propostas de divisão radical entre ciências naturais e ciências humanas. Entretanto, importantes avanços foram realizados, entre os quais daremos destaque ao modo como Hacking encaminhou o debate sobre problemas relacionados à psicopatologia e a categorizações de modos de experiência dos indivíduos em diferentes contextos, a partir de seus estudos sobre psicopatologias transientes. Por outro lado, não podemos esquecer as problematizações realizadas pela psicanálise em relação a isso, especialmente sobre o potencial reificador presente na psicologia, o qual Lacan retoma, em "A Ciência e a Verdade"[1], em sua referência a Canguilhem[2].

Vê-se assim que, para além de questões epistemológicas e ontológicas em jogo nessa discussão, há também um atravessamento ético incontornável, uma vez que ela incide diretamente na definição daquilo que se entende poder ou dever ser alvo de intervenção de outros.

VERDADE, EVIDÊNCIA E OBJETOS BIOLÓGICOS

A discussão que atravessamos aqui ancora seu interesse na afirmação de que diversos posicionamentos que, a princípio, se reconhecem como escolhas puramente epistemológicas produzem, de forma intencional ou não, consequências ontológicas, éticas e políticas. Mais que isso, vê-se que a defesa de certos tipos de tratamento da verdade parece mais atrapalhar do que contribuir para a abordagem de alguns problemas, algo patente na psiquiatria biológica que insiste numa racionalidade altamente problemática e ineficaz em relação às questões que tenta resolver[3]. O caso da psiquiatria demonstra uma série de equívocos que têm sido produzidos num movimento contemporâneo que advoga pelo embasamento em "evidências" de práticas clínicas, mas que toma justamente o termo de modo ingênuo ou simplista.

É importante relembrar que, se o modo como se mobiliza a ideia de evidência pode ser criticado por sua ingenuidade, isso não se dá pela negação da importância desse termo na filosofia da ciência, muito pelo contrário: o problema se encontra na autonomização dessa ideia, na localização das "evidências" como algum tipo de garantia da verdade de um enunciado, seja qual for, mas que – pela mobilização de um termo que carregaria uma bagagem imaginária menor do que "verdade" – reforçaria uma ideia de independência, de autonomia em relação àquele que a enuncia. Não são poucas as discussões sobre o que seria uma evidência, sobre tipos diferentes de evidências, evidências *em si*, secundárias etc. A questão da evidência não deixa de suscitar reflexões metafísicas, sobretudo pelo fato de evidências serem, elas mesmas, produzidas dentro de uma racionalidade, e não encontradas, o que as faz não tão evidentes assim. Seu emprego contemporâneo, entretanto, parece produzir esta suposição: como se, para além de tudo aquilo que pode ser discutido, houvesse o que pode simplesmente ser constatado. Como vemos explicitamente em Erwin[4] e podemos deduzir de Insel[5], ao localizar as evidências empíricas indiscutivelmente como o melhor tipo de evidência, um empirismo ingênuo se faz presente; pois, mesmo que o termo seja seriamente debatido e tratado rigorosamente, seu emprego desconsidera boa parte desse trabalho e simplesmente reproduz uma ideologia positivista, segundo a qual deve-se acreditar somente naquilo que pode ser visto[6].

Nesse sentido, o emprego do termo "evidência" parece oferecer duas modalidades de flexibilização e autonomização em relação a essas questões "desviantes": 1. as evidências remetem a algo muito mais imediato, indiscutível – algo que pode ser simplesmente visto; esvaziando, assim, parte do peso que carrega o termo "verdade"; 2. a insistência com o emprego do termo "evidência" em práticas clínicas pode ter como efeito a obliteração de um horizonte ético calcado na alteridade, normalizando e naturalizando padrões morais a partir de uma suposta base epistêmica – como se não houvesse, de fato, uma discussão ética relevante. Assim, basear práticas clínicas nesse horizonte, como se evidências fossem algo que simplesmente é encontrado, tem um duplo efeito de apagamento das dimensões ética e política, além da desconsideração do caráter performativo do conhecimento sobre os modos de experiência.

ONTOLOGIA HISTÓRICA E PATOLOGIAS TRANSIENTES 47

Retomando a fala de Insel apresentada na introdução, o que se vê não é somente um monismo reducionista que afirma que a causalidade de transtornos mentais deve ser atribuída prioritariamente ao funcionamento orgânico, mas também a localização desse monismo dentro de um modo de pensamento que evita debates que aumentem a complexidade das questões. Inclusive o modo como afirma isso, defendendo exames laboratoriais como padrão ideal, indica a maneira como uma discussão complexa é esmagada no recurso à observação. Tal estabelecimento de padrões de veracidade tem efeito direto no tipo de conhecimento que será produzido e, consequentemente, nos diagnósticos e terapêuticas informados por esse conhecimento. Inclusive, o esvaziamento ético e político dessas questões terá efeitos que devem ser entendidos não somente no corpo teórico que será construído, mas nos efeitos que essas ideias terão sobre as formas de experiência dos sujeitos.

Nesse ponto, retornamos à questão do objeto, a qual se insere no centro da discussão até agora realizada. Para além da definição de um raciocínio positivista como modelo padrão de racionalidade, esse movimento aqui exemplificado pela declaração de Insel indica ainda outro ponto que deve ser considerado: a equalização de questões relativas a objetos distintos. Quando afirma que pacientes merecem mais e que a psiquiatria deveria funcionar como outras áreas da medicina – como a cardiologia –, ele não somente está generalizando a racionalidade localizacionista, mas também propondo uma indiferenciação de objetos tratados (e construídos) de maneiras distintas.

Isso que é nomeado como organicismo, biologicismo, ou que há pouco foi chamado de "monismo reducionista", indica a desconsideração radical dos efeitos da linguagem sobre os objetos – efeitos que não se dão da mesma maneira em todos os objetos (ou sujeitos). Essa pretensão de depurar aquilo que haveria de orgânico no funcionamento psíquico talvez explicite uma ânsia de agir efetivamente sobre bases mais estáveis, ou de menor complexidade. Pode indicar, por outro lado, um modo de lidar com um antigo desconforto sobre algo que Freud aponta como a ferida narcísica de o Eu[7] não ser mais o senhor de sua própria casa[8], de modo que o estabelecimento e a possibilidade de manipulação orgânica do psíquico trariam algum conforto; ou

simplesmente uma alternativa cujas conclusões respaldem terapêuticas de maior potencial de comercialização e rentabilidade
por grandes corporações. Seja qual for a motivação (ou combinação de motivações), fato é que essa discussão se insere numa
problemática há muito trabalhada pela filosofia da ciência, que
trata das diferenças entre os objetos.

Alguns Apontamentos Acerca das Discussões
Sobre as Diferenças de Objetos

Alguns parágrafos atrás afirmamos haver problemas nas tentativas de categorização definitiva das diferenças entre objetos que
anseiem ser amplas, rigorosas e precisas. É preciso sublinhar que
utilizamos os termos "rigorosa" e "precisa" inspirados no uso
que Gilles-Gaston Granger faz em *Pensée formale et sciences de
l'homme* (Pensamento Formal e Ciências do Homem), no qual
precisão e rigor seriam mobilizados em situações, a princípio,
contraditórias entre si. Ele afirma, por exemplo, que o rigor se articularia à formalização matemática, demonstrando a qualidade de
uma estabilidade generalizável; por outro lado, a precisão estaria
ligada à consideração detalhada das particularidades – presente,
por exemplo, num relato histórico. Dessa forma, a proposta apresentada pelo autor considera que quanto mais rigorosa é uma
sentença, menos precisa ela seria, pois o distanciamento dos
detalhes seria decorrente do processo de formalização.

No entanto, sentenças altamente precisas apresentariam grandes dificuldades para serem formalizadas, e em consequência,
qualquer tipo de generalização feito a partir delas seria pouco
rigoroso. É desse modo que Granger propõe, no limite, a matemática como ponto extremo da formalização e do rigor, e a história
como exemplo de precisão. Ele propõe, assim, a separação entre
ciências formais e empíricas, o que diz respeito a suas possibilidades de formalização. A formalização é, de fato, localizada
como característica central do pensamento científico. Por um
lado, por ser o que possibilita a expansão da capacidade de desenvolvimento e atuação de uma teoria, a partir da generalização
rigorosa de suas ideias centrais. Por outro, por ser responsável
pelo caráter público da ciência, uma vez que a replicabilidade dos

processos de produção de conhecimento – possível a partir da redução axiomática e a consequente aplicação em outros objetos ou situações – libertaria o conhecimento produzido de suas condições originárias de produção. O conhecimento poderia ser, assim, não somente reproduzido, mas também negado por outros pesquisadores[9].

Vê-se, entretanto, que mesmo que a formalização seja considerada um traço central da prática científica, isso não significa nem que Granger apresente um modelo epistemológico ou metodológico normativo para uma definição geral do que é ciência, nem que desconsidere as diferenças de objetos (como se pode ver, inclusive, no próprio título de seu livro de 1960). Em relação à diferença entre objetos, ele destaca a necessidade de considerar a complexificação existente ao se tratar de alguns casos em que a linguagem teria um papel ativo, já que dificilmente seria possível transformar fatos humanos em objetos por carregarem significações que interagem com a pesquisa que estaria sendo realizada.

Assim, essas práticas deveriam trabalhar com uma ideia de representação, e não de redução a esquemas abstratos. Algo compatível, por exemplo, na comunicação do conhecimento via casos clínicos. Em relação a uma metodologia normativa, Granger afirma não acreditar na utilidade de tal empreitada, especificando seu esforço enquanto definição de uma visão e de uma linguagem para a ciência[10]. A linguagem, como vemos, relaciona-se com a formalização e a linguagem matemática. A visão, não separável da linguagem, consiste em um projeto de produção de conhecimento com o maior desinteresse possível por questões externas. Se ele não propõe que a ciência seja, de fato, autônoma em relação àquilo que excede seu campo, tampouco deixa de defender que essa autonomia seja um horizonte.

Embora nosso comentário sobre o entendimento de Granger sobre essa questão seja secundário, mobilizado a título de contextualização do debate que iremos realizar, é importante notar que a afirmação direta do não estabelecimento de uma metodologia normativa[11] pode ser compreendida como um posicionamento em relação à obra de Karl Popper, que se notabilizou: por sua defesa de uma epistemologia normativa capaz de definir parâmetros para definição da prática científica sem fazer diferenciação entre diferentes tipos de ciências; e também por sua proposição do princípio da falseabilidade[12]. O posicionamento em relação a Popper nos interessa não somente por este ser invocado constantemente por sua crítica realizada em relação à psicanálise, mas especialmente por ter sido um dos atores de uma discussão acalorada sobre as diferenças dos objetos.

Em linhas muito gerais, em relação às críticas dirigidas à psicanálise, vale apenas apontar que, para além de certa fragilidade advinda de uma leitura restrita do campo, suas críticas foram respondidas, em seus próprios termos, por Adolf Grünbaum[13], o qual demonstrou, de maneira sólida, como não se sustenta a afirmação de que a psicanálise não poderia ser provada errada[14]. Se tal crítica goza de inesperada sobrevida, isso parece mais ligado à persistência de dificuldades com a psicanálise – muitas vezes não muito bem definidas – do que com seu valor epistemológico em si[15].

A ascendência da falseabilidade a condição essencial da prática científica suscitou uma discussão intensa, não por se contestar a importância da possibilidade de contradição de teorias dentro do pensamento científico, mas por sua generalização enquanto traço prescritivo. Se diversos autores se posicionaram criticamente em relação à unicidade da prática científica proposta por Popper, entre os quais se incluem aqueles até então citados[16], há um autor específico com quem travou uma troca ativa de ideias, e que parece ter tido efeito particular sobre o filósofo vienense. Trata-se de Friedrich von Hayek, um dos fundadores do pensamento neoliberal, que além de vasta produção sobre economia também se dedicou a diversos outros temas como psicologia, direito e filosofia da ciência.

Hayek apresentava suas diferenças insistindo na diferença entre objetos. Tal insistência se mostrava relevante, uma vez que Popper defendia um monismo científico, ou seja, uma série de entendimentos – que o aproximavam, muitas vezes, do positivismo, embora algumas diferenças continuassem intransponíveis[17] – que deveriam ser igualmente válidos tanto para ciências naturais como para ciências sociais. Criticando a ideia de Popper, Hayek apresenta a proposta de separação entre aquilo que ele nomeou como fenômenos de regularidades simples (também chamados de estruturas essencialmente simples) e fenômenos de regularidades complexas, ou estruturas essencialmente

ONTOLOGIA HISTÓRICA E PATOLOGIAS TRANSIENTES

complexas[18]. Essa distinção, apresentada em seu texto "Scientism and the Study of Society" (Cientismo e o Estudo da Sociedade), parte da constatação da dificuldade da matematização de fatos sociais, assim como da impossibilidade de observação de todas as variáveis envolvidas[19]. Desse modo, a instabilidade criada pela complexidade e a irredutibilidade dos fenômenos à matematização impossibilitaria a produção de explicações e previsões suficientemente rigorosas.

Como argumenta Fernandez, é notória a influência do pensamento de Hayek sobre Popper, de modo que em *Conjecturas e Refutações* pode-se reconhecer a aceitação de critérios e expectativas distintas entre ciências humanas e naturais[20]. Isso seria um dos motivos para a sustentação da falseabilidade como critério central no estabelecimento de uma epistemologia normativa para a ciência, o que não deixa de trazer problemas. Para além daqueles indicados anteriormente, a falseabilidade como critério normativo torna-se problemática numa compreensão histórica dos parâmetros de veracidade que sustentam um modo de produção de conhecimento, como visto com Hacking[21].

De qualquer maneira, esses breves parágrafos tinham como objetivo apresentar o modo como o debate sobre as diferenças entre objetos foi e continua a ser relevante na epistemologia e na filosofia da ciência. Juntamente com a problemática relacionada à psiquiatria contemporânea, a qual se aproxima também de questões relevantes para a psicanálise, acreditamos que essa discussão mostre sua pertinência, uma vez que parece haver um tensionamento sobre o fato de que a especificidade do objeto coloque questões incontornáveis ao conhecimento que será produzido.

O Sujeito e o Objeto Entre a Psicanálise e a Filosofia da Ciência

Embora a questão do objeto tenha ocupado a filosofia da ciência e a epistemologia de modo incontornável em suas histórias recentes (e talvez nem tão recentes assim), isso não significa que a questão esteja resolvida. Mesmo que pensadores que poderiam ser reconhecidos por sua inflexibilidade em relação ao tema tenham mudado suas posições – o caso de Popper, como acabamos de indicar –, fica claro que a simples consideração de que diferentes objetos demandam diferentes construções epistemológicas é uma afirmação que corre o risco de esquecimento devido a sua generalidade. De fato, esse enunciado – que poderia ser considerado uma máxima epistemológica – só ganha relevância quando goza de alguma materialidade. Ou seja, esse recurso se faz pertinente apenas em situações que demandam um tipo de construção epistemológica diferente daquele em voga localmente.

Se tomamos o debate entre Popper e Hayek como exemplo, é possível imaginar que a diferença entre a física e a economia seria tão gritante que não haveria maior complicação na aplicação dessa ideia, uma vez aceita por ambos. Entretanto, se nos embrenhamos um pouco pela obra de Hayek a ponto de encontrar certas bases psicológicas de suas teorias econômicas[22], a diferenciação clara e cristalina entre objetos de fenômenos simples e complexos parece ficar um pouco turva, com fronteiras borradas. Vale lembrar que projetos que ambicionam a compreensão do funcionamento cerebral como o primeiro passo de uma longa caminhada – ou, melhor dizendo, como o primeiro tijolo de um muro alto – não são novidade. A esse primeiro tijolo muitos outros seriam adicionados, sustentados por um entendimento de conhecimento absolutamente adequado àquilo que é conhecido como monismo científico de Popper, mas com ênfases realistas ainda mais radicais. É o caso, por exemplo, de Roy Bhaskar em seu *A Realist Theory of Science* (Uma Teoria Realista da Ciência), em que propõe o estabelecimento de uma compreensão realista da cognição como base de um realismo científico forte.

Para Bhaskar, a psicologia seria um campo de especial interesse por ser o ponto de intersecção entre aquilo que até então era passível de teorização realista e o que não era. Segundo ele, a partir de uma compreensão suficientemente sólida da cognição, eventos até então refratários a padrões de objetividade realistas poderiam ser a eles adequados. Seria possível, assim, estabelecer as bases cognitivas da representação e produzir um conhecimento realista a partir delas. Consistia, portanto, numa espécie de Cabo da Boa Esperança: algo que, se ultrapassado, abriria um vasto campo de possibilidades. Hayek, ao contrário, encontrou, inicialmente na psicologia, um argumento para a diferenciação metodológica, insistindo na impossibilidade de se conhecer uma

ONTOLOGIA HISTÓRICA E PATOLOGIAS TRANSIENTES

estrutura tão ou mais complexa que aquela mesma empregada no ato de conhecer. Seja de um lado ou do outro, fato é que a questão do objeto ganha complexidade não somente pela epistemologia que pode dela ser depreendida, mas por conta de a classificação dos objetos em si não permitir posicionamentos tão categóricos. Lembremos, como indicado algumas páginas atrás, que projetos de mapeamento cerebral para um tratamento mais "adequado" a transtornos mentais são a grande aposta atual da psiquiatria[23], embora seu discurso renovador indique também que pouco se avançou desde as proposições de Bhaskar[24] – para tomar um exemplo recente, é claro, já que essa ambição pode ser reconhecida com assustadora similitude em séculos anteriores.

Fato é que, independentemente do tipo de discussão que pode ser estabelecido quando os objetos são mais decididamente sociais ou naturais, esta que aqui propomos se constrói justamente em um ponto de debate, de estranhamento e de disputa sobre a natureza do objeto. Lacan, em seu seminário sobre as psicoses, dedica algumas sessões à natureza da causalidade de transtornos psicóticos, defendendo a consideração da linguagem em oposição a tradições biológicas ou psicogênicas[25]. Algo também encontrado em suas "Formulações sobre a Causalidade Psíquica"[26]. Nos anos seguintes, sua discussão vai ganhando complexidade conforme a questão do objeto (ou dos objetos) vai acentuando seu caráter negativo.

Hacking, por outro lado, toma debates relacionados à psicopatologia e à classificação de indivíduos para discutir diferenças na relação entre categorização e objetos, ocupando-se de doenças transientes (neuroses, em sua definição), mas também fazendo comentários sobre doenças não transientes (como a esquizofrenia, segundo ele). Também nele o tensionamento entre sujeito e objeto pode ser depreendido, embora de modo radicalmente diferente de Lacan. Ambos os autores realizam avanços importantes nesse campo, especialmente por não se prenderem às discussões até então estabelecidas e proporem novos termos para o debate.

Se Hacking se notabilizou com obras sobre temas "duros" como probabilidade e estatística[27], dedicando-se mais avidamente à discussão sobre psicopatologia e diferenças de objetos a partir dos anos 1990, é sabido que seu interesse sobre esses temas é bastante anterior a isso – por sua leitura de Foucault se fazer presente em momentos "iniciais" de sua obra, mas também por ter publicado textos esparsos como "Inventando Pessoas", que posteriormente seria compilado em *Ontologia Histórica*.

Como veremos a seguir, Hacking propõe um deslocamento do debate tradicional sobre a natureza dos objetos assimilando, como traço central, a linguagem como operador: há tipos interativos e indiferentes, e a diferença entre eles é a interação entre o objeto específico e a categorização em jogo. Esse percurso possibilita um encaminhamento próprio para a separação entre biológico e cultural, que é na maior parte das vezes contornada sem tirar vitalidade da discussão. Mais que isso, essa proposição – que, em sua última forma, leva o nome de "nominalismo dinâmico"[28] – indica um regime de verdade diferenciado, em que a definição dos modos de conhecer estabelecem relação direta com modos de experiência ontológica, de como os indivíduos experienciam a si mesmos. Trata-se, portanto, de uma afirmação forte em relação à questão da verdade.

Por outro lado, como indicado rapidamente em relação ao tratamento que Lacan dá à questão da psicose, vê-se que a centralidade da linguagem é um ponto em comum entre os autores, embora seja desenvolvida de modos diferentes. A relação do sujeito com a linguagem – seja ela de pertencimento, de habitação, ou indubitavelmente de inseparabilidade – ocupará todo o ensino de Lacan, sendo um ponto incontornável para um tratamento rigoroso dos encaminhamentos que ele e seus sucessores dão para a questão da verdade. De fato, o psicanalista francês se ocupará muito mais da teorização dos efeitos da linguagem do que o filósofo canadense, este último mais dedicado a estudos históricos e suas discussões filosóficas subjacentes.

Influências

Antes de iniciarmos a apreciação do debate propriamente dito, há uma última questão que nos parece digna de nota, por talvez contribuir para uma localização nos pontos de aproximação e distanciamento entre essas duas formas de pensamento com que estamos trabalhando. Trata-se das influências epistemológicas de Lacan e Hacking. Sabe-se que Lacan fazia recurso a inúmeros

ONTOLOGIA HISTÓRICA E PATOLOGIAS TRANSIENTES

autores, muitas vezes de maneira explícita, outras de modo mais discreto. Se é possível notar a influência de grandes nomes da filosofia e da epistemologia em sua obra, como Hegel e Heidegger[29], é a um filósofo e historiador da ciência francês de origem russa que Lacan credita boa parte de suas ideias sobre os debates mais especificamente epistemológicos: Alexandre Koyré. Tal referência é explícita, entre outros lugares, em "A Ciência e a Verdade"[30], sendo possível afirmar que Koyré teve grande importância no entendimento lacaniano sobre a emergência da ciência moderna e o seu sujeito, algo trabalhado pelo autor em diversos livros[31].

Entretanto, a influência de Koyré evidentemente não se limita ao pensamento de Lacan, de modo que uma das marcas de seu trabalho, referida como um enfrentamento de um positivismo historiográfico, teria aberto a possibilidade de se pensar a história e a filosofia da ciência de maneira distinta daquela até então em voga[32]. Seus reflexos também são inequívocos na obra de Thomas Kuhn – inclusive o próprio autor reconhece a relevância de Koyré em sua formação, apontando-o como fundador de uma nova historiografia da ciência –, e também pode ser reconhecida, embora com algumas restrições, nos escritos de Paul Feyerabend[33].

Seguindo uma linha genealógica bastante generalista, seria possível incluir Ian Hacking nessa sucessão, uma vez que o autor não nega as influências de Kuhn e Feyerabend em sua obra. Nesse sentido, um campo amplo nomeado como "filosofia histórica da ciência" seria um guarda-chuva que conteria os três autores, e poderia dar algumas pistas dos pontos de proximidade entre Hacking e Lacan. De fato, ambos apresentam diferenças centrais com o pensamento positivista – algo que poderia, sem grandes problemas, ser creditado aos estudos de Koyré, que se interessa pelas sutilezas e influências "externas" presentes na história da ciência, tanto quanto nas questões com maior peso epistemológico.

Entretanto, mesmo que esse tipo de filosofia da ciência que carrega a historiografia em lugar privilegiado possa ser creditado ao pensamento de Koyré, é preciso considerar que essa tradição[34] contempla diversos autores que apresentam maneiras distintas de trabalhar nessa intersecção. Nesse sentido, ganham força as diferenças que Hacking afirma em relação a Kuhn e Feyerabend, em especial por afirmar um interesse em questões mais corriqueiras, de menor impacto ou centralidade do que uma "revolução científica", propondo um pensamento mais focado nas sutilezas do que nas generalizações[35]. Hacking, nesse aspecto, se preocuparia menos com as teorias científicas e mais com a ciência como algo presente na cultura.

Assume, assim, uma proximidade maior com Alistair Cameron Crombie, autor cujo interesse na ideia de "estilos de raciocínios científicos"[36] mostra maior cuidado com esse tipo de minúcia. Algo que, entretanto, propicia relacionar novamente Hacking e o pensamento de Koyré, que foi professor de Crombie. Entretanto, deve-se lembrar que Crombie protagonizou um acalorado embate com Koyré acerca da emergência da ciência moderna, ao defender que não haveria uma ruptura tão radical entre esta e a ciência medieval, enquanto Koyré considerava que o privilégio da teorização sobre a experimentação seria um traço claro de separação[37].

Não obstante, a influência em Hacking da obra de Michel Foucault também parece ter aprofundado esse tipo de pensamento, indicando mais um elemento que localiza diferenças entre ele e Lacan. Tal influência pode ser constatada já em 1975, tanto em *The Emergence of Probability* (A Emergência da Probabilidade) quanto em *Por Que a Linguagem Interessa à Filosofia?*, tomando corpo a partir dos anos 1990, quando o autor se debruça sobre um campo mais próximo ao de Foucault. O realce dispensado ao modo como as ciências se constituem e se desenvolvem – não em linhas gerais, mas em seus pormenores – pode ser reconhecido nessas duas grandes influências. Nesse sentido, mesmo sendo possível reconhecer sua proximidade de Koyré em relação às diferenças com a historiografia positivista e a uma tradição de fazer filosofia da ciência de modo indissociável da história, ele apresenta pontos de discordância importantes, embora relevantes somente num enquadramento mais específico.

É inegável que há diferenças entre Lacan e Hacking; algo esperado, uma vez que os dois se propõem a realizar tipos de teorização radicalmente diferentes. Não são raras as vezes em que Lacan afirma a diferença entre a psicanálise e a filosofia, inclusive opondo os dois campos em diversos momentos, em especial em seu seminário sobre "o avesso da psicanálise"[38]. Não é evidente que aquilo que Lacan nomeia enquanto filosofia seria exatamente a mesma coisa da qual se ocupa Hacking, e tampouco nos cabe seguir essa discussão neste momento, pois consistiria num claro desvio. Mas deve-se frisar que o objetivo dos dois autores, ao construírem seus pensamentos, é diferente.

Vale lembrar que, embora tenha se ocupado de temas do campo da psicopatologia, Hacking não relata qualquer experiência clínica. Por outro lado, e aqui destacamos essa retomada histórica, as diferenças entre os autores não advêm somente de seus objetivos ou engajamentos práticos. Há uma grade conceitual por eles partilhada, dentro da qual cada um demonstra maior proximidade com tradições diferentes e conflitantes. Isso deve ser levado em conta, juntamente com os direcionamentos relacionados àquilo a que se visa em suas atividades intelectuais. Não se trata, certamente, de séries independentes; entretanto, é necessário sempre reforçar esses aspectos a fim de evitar uma compreensão que hipertrofie as intenções em detrimento da história, nisso que esta indica tanto as influências quanto as possibilidades para a constituição de um pensamento.

INVENTANDO PESSOAS

Mesmo que tenha demonstrado seu interesse em momentos bastante anteriores, é no final da década de 1990 e início dos anos 2000 que Hacking realiza seu trabalho mais detido sobre os ditos "tipos interativos". É uma produção que apresenta algum tipo de progressão, de modo que questões apresentadas em livros anteriores são retomadas naqueles que vêm depois, ganhando maior consistência e profundidade conceitual. Desse modo, se os dois primeiros livros dedicados a esse tipo de consideração – *Múltipla Personalidade e as Ciências da Memória* e *Mad Travelers* (Viajantes Loucos) – funcionam como dois grandes "estudos de caso", seus temas são revisitados numa postura mais analítica em *The Social Construction of What?* (A Construção Social do Quê?) e *Ontologia Histórica*.

Hacking inicia o livro que encerra essa série de publicações, *Ontologia Histórica*, retomando sua afirmação de uma distinção entre ciências sociais e ciências naturais. Isso é sustentado pela defesa de que as ciências sociais se caracterizam pelo fato de haver um efeito retroativo do saber produzido sobre o objeto, enquanto os objetos das ciências naturais seriam mais estáveis. Entretanto, mais que somente uma diferenciação entre tipos de fenômenos, o autor propõe a noção de ontologia histórica como o organizador central dos diferentes conceitos mobilizados nessa discussão, de modo que funcionaria como uma espécie de definição geral de sua tese sobre a relação entre conhecimento e experiência.

Essa relação entre a diferenciação – entre tipos de fenômenos (sociais e naturais) e o estatuto referido às ideias decorrentes dessa própria diferenciação – circunscreve a tensão inicial à qual a discussão posterior nunca deixa de responder. Entretanto, fica claro que a discussão ultrapassa essa tensão inicial, uma vez que diversos pontos centrais a essa diferenciação ganham autonomia ao demonstrarem um interesse de desdobramento que vai além da mera distinção entre tipos. Algo que teria começado como uma reflexão inserida na tradição de discussões sobre unicidade metodológica e epistemológica ganha, assim, a envergadura de um estudo específico e rigoroso sobre a inseparabilidade entre epistemologia e ontologia: "Mas no caso dos fenômenos sociais, podemos gerar tipos de pessoas e tipos de ações na medida em que imaginamos novas classificações e categorias. Minha afirmação é que 'inventamos pessoas' em um sentido mais forte do que 'inventamos' o mundo."[39]

Isso não significa, como apresentado anteriormente, que os modos como se entendem os objetos naturais não apresentem uma grade epistêmica – para recuperar um termo foucaultiano bastante presente na obra de Hacking. Ele reconhece, por exemplo, a pertinência das proposições de Kuhn, defendendo inclusive sua classificação como um "nominalismo revolucionário". O que está em jogo aí é uma oposição a uma ideia de nominalismo estrito, que se ligaria à pretensão de que a nomeação dos objetos teria efeitos de criação de objetos muito mais amplos do que aqueles relacionados ao modo de "acesso", em que a nomeação interfere na possibilidade como o fenômeno é abordado. Em relação a objetos de ciências naturais, portanto, o nominalismo estaria presente no fato de que sempre há um ponto de partida histórico e contingente para a produção do conhecimento; em outras palavras, não existe "ponto zero" epistemológico, como

ONTOLOGIA HISTÓRICA E PATOLOGIAS TRANSIENTES 59

apresentado em *The Social Construction of What?* Desse modo, uma revolução científica poderia inclusive transformar as categorias de classificação e nomeação do mundo – trazendo efeitos extremamente abrangentes e profundos –, mas isso não significaria uma mudança do mundo em si, ainda que, para Hacking, o mundo em si não seja nunca acessível. É a isso que ele chama "nominalismo revolucionário", e que traz consigo a ideia de que, subjacente à historicização dessas dimensões, "as possibilidades para a verdade, e portanto, do que pode ser descoberto, e dos métodos de verificação, são elas mesmas moldadas no tempo"[40].

Essa discussão, que tem como base as ciências naturais e que passa tanto pelos Programas de Epistemologia Histórica, como o dirigido por Lorraine Daston no Instituto Max Planck, quanto pela ideia de criação de fenômenos, desenvolvida por Hacking em *Representar e Intervir*, tem a função de circunscrever a especificidade da discussão sobre objetos das ciências sociais. Trata-se, portanto, de uma preparação que primeiramente estabelece a historicidade e a contingência das bases de produção de qualquer tipo de conhecimento, para então se debruçar sobre uma segunda dobra de abertura, que diz respeito a objetos que interagem com a linguagem. Para tanto, parte da tríade foucaultiana de conhecimento, poder e ética, para defender a historicização dos modos como nos constituímos enquanto objetos de conhecimento, sujeitos de poder e agentes morais.

Deve-se notar que não se trata de uma questão nova. Para além de *Ontologia Histórica* ser um compilado de textos escritos entre 1973 e 1999, essa discussão específica sobre a "invenção de pessoas" é apresentada aqui como uma espécie de produto de discussões realizadas em outros livros e artigos, publicados entre 1975 e 1998. A estabilização dessa discussão no sintagma "ontologia histórica" diz respeito a uma compreensão de que condições de possibilidades de formas distintas de experiência são definidas historicamente: "A ontologia histórica não diz respeito tanto à formação do caráter quanto ao espaço de possibilidades para a formação do caráter que cerca uma pessoa, e cria os potenciais para a 'experiência individual.'"[41].

Vemos, portanto, o caráter abrangente da proposta, que não diz respeito a fatos singulares, mas a um "espaço de possibilidades" e criação de "potenciais"[42]. Trata-se de um cuidado dirigido a demandas de precisão ou inevitabilidade, como se esse tipo de proposta pudesse produzir previsões certeiras ou categorias com alto grau de especificidade. Não é o caso, uma vez que se trata, isso sim, da formação de uma estrutura ampla que pode se realizar de maneiras diferentes, cuja multiplicidade não é antecipada e não traz prejuízo à ideia proposta.

Um bom exemplo disso é a noção de trauma. Se inicialmente o que se nomeava sob esse significante eram questões físicas e fisiológicas, em determinado momento ele se fixou na linguagem comum como um definidor de "feridas psíquicas". Como Hacking aponta em *Múltipla Personalidade e as Ciências da Memória*, a noção de trauma ganha essa posição antes de Freud – diferentemente do que com frequência se acredita –, e sua evolução no decorrer do tempo aponta para o modo como a importância que vai ganhando produz efeitos sobre a subjetividade.

Hacking retoma em *Ontologia Histórica* a diretriz presente no Manual Diagnóstico Estatístico (DSM), desde os anos 1980, de abolição do termo "neurose", que estaria então sendo assimilado por outros quadros diagnósticos, em especial o de transtorno pós-traumático. Referindo-se ao livro *The Harmony of Illusions* (A Harmonia das Ilusões), de Allan Young, aponta como esse deslocamento da neurose para o transtorno pós-traumático produz o entendimento de que os sintomas são desencadeados por eventos externos, e não por uma questão estrutural. Isso não seria um problema, já que "em nenhuma vida humana adulta há ausência de acontecimentos que podem agora ser contados como 'traumáticos' – relatados, contados, vivenciados, como traumáticos"[43].

Hacking aponta, assim, que se podem reconhecer os efeitos produzidos pela nomeação do trauma como um traço distintivo dos indivíduos nas três categorias apontadas: no reconhecimento das pessoas enquanto traumatizadas; nas instâncias de poder que passam a ter o trauma como uma questão a ser tratada (desde cursos de capacitação até tribunais etc.)[44]; e na assimilação moral em que o trauma aparece enquanto um evento não só explicativo para ações inadequadas, mas também que fornece um tipo de absolvição: "O trauma não fornece apenas um novo senso de quem são os outros, e porque algumas pessoas podem ser assim, como também produz um novo senso de *self*, de quem se é e porque se é como se é."[45]

ONTOLOGIA HISTÓRICA E PATOLOGIAS TRANSIENTES

Outro exemplo também é mobilizado, o qual apresenta mais claramente o caráter constitutivo dessa nomeação. Trata-se da noção de desenvolvimento infantil, que, segundo o filósofo, passou a ser – ao menos nos últimos 150 anos – uma das categorias de entendimento da infância. Assim que um bebê nasce, ou mesmo antes de isso acontecer, já se faz presente uma discursividade em que certas características serão, a todo tempo, comparadas com um padrão de normalidade, e a relação do indivíduo com esse padrão será um traço distintivo de sua constituição. Como assevera o autor, "nossa ideia do que uma criança é tem sido moldada por uma teoria científica do desenvolvimento. Ela molda todo o nosso corpo de práticas de criação de crianças hoje, e, por sua vez, molda nosso conceito de criança"[46]. Tal discursividade não molda somente as crianças, mas também os pais, e todo seu entorno, que passa então a ser determinado a partir de conhecimentos sobre o mundo infantil. Além disso, não se deve limitar esse entorno somente às "ideias"; coisas triviais – como brinquedos, jogos etc. – também são produzidas dentro dessa discursividade, basta notar que qualquer produto direcionado a uma criança traz junto algum tipo de consideração sobre o momento do desenvolvimento em que ele é apropriado.

Hacking afirma que seu interesse sobre esse tópico pode ser desdobrado em três pontos: "gostaria de saber se seria possível haver uma teoria geral de inventar pessoas, ou se cada exemplo é tão peculiar que exige sua própria história não generalizável; e quero saber como essa ideia de 'inventar pessoas' afeta nossa ideia do que é ser um indivíduo"[47].

O modo de responder a essas questões, ainda que incompleto segundo o próprio autor, passa pela retomada da distinção entre nominalismo e realismo, porém em seus extremos: seu objetivo é delinear o que define enquanto nominalismo dinâmico, de modo que – ao mesmo tempo que não considera proveito algum em aplicar o realismo de entidades a objetos sociais – recusa o nominalismo estático, o qual defende que as categorias criadas para classificação não interagem com seus objetos.

A ideia de nominalismo dinâmico mostra-se solidária à consideração de que as ações humanas não podem ser dissociadas de seu caráter descritivo. Porém, não se limita a isso: se, por um lado, tem-se que a intencionalidade depende da descrição; por outro, deve-se considerar que o conjunto de possibilidades de ação – limitado, portanto, pelas possibilidades de descrição – também diz respeito às possibilidades de identificação, de modo que há um ponto de encontro entre modos de agir e modos de ser. Assim, Hacking responde à terceira questão que coloca, sobre como o nominalismo dinâmico afeta a ideia do que é ser um indivíduo: ser um indivíduo é ser algo possível em um determinado momento histórico. O que, por sua vez, sustenta sua consideração dessa discussão como uma discussão ontológica. Como afirma,

De fato, acaba que "ontologia" é perfeito, pois estamos interessados em dois tipos de entidades: por um lado, universais um tanto aristotélicos – trauma ou desenvolvimento infantil – e, por outro, as particularidades que se encaixam neles – essa dor psíquica ou aquela criança em desenvolvimento. O universal não é intemporal, mas histórico, e ele e seus casos particulares, as crianças ou as vítimas de traumas, são formados e alterados na medida em que o universal emerge. Tenho chamado esse processo de nominalismo dinâmico, porque ele conecta fortemente o que passa a existir com a dinâmica histórica de nomear e o uso posterior do nome.[48]

Quanto às duas primeiras questões, se haveria uma teoria geral ou se os exemplos são tão particulares que demandam uma história particular, sua resposta desarma, ao menos em parte, a oposição entre elas. Por um lado, existe algo de particular em cada um dos casos, de modo que o autor afirma que não há uma história geral. Isso não impede, contudo, a possibilidade de uma teoria geral, que se basearia justamente no próprio nominalismo dinâmico. Nesse sentido, adiciona um funcionamento parcial, que aparece nos casos, mas não sempre do mesmo modo. Trata-se de dois vetores, em que um produz a rotulação e outro a tensiona. Desse modo, Hacking estabelece sua teoria sobre a "invenção de pessoas", apresentando um funcionamento linguístico retroativo e dialético, que faz com que a nomeação crie e modifique tipos de seres e atos humanos, os quais, por sua vez, modificam as possibilidades de nomeação.

Tipos Interativos e Retroação

Segundo Hacking, é necessário fazer uma definição precisa daquilo sobre o que se refere ao falar sobre o nominalismo dinâmico. Não se trata simplesmente de pessoas que mudam seus comportamentos a partir da interação com outras pessoas ou de eventos significativos, tampouco de escolhas intencionais que podem ser tomadas, ou não. Não se trata de uma categoria psicológica com o intuito de explicar o comportamento humano, mas de uma discussão em filosofia da ciência que visa a refletir sobre os efeitos da produção de conhecimento sobre certos objetos. Mais especificamente, ele não está se referindo somente a certos objetos, mas à relação estabelecida entre certos tipos de objetos e certos tipos de conhecimento, ou de categorizações.

De fato, o termo "tipo" é escolhido na diferenciação entre tipos indiferentes e tipos interativos. Uma palavra emprestada de Goodman[49] e seu paradoxo sobre a cor de esmeraldas: há quem diga que esmeraldas são verdes; outros, que são azuis. Poderiam ser consideradas *verduis* (*grue*, em inglês, junção de *green*, "verdes", com *blue*, "azuis"), caso essa palavra estivesse firmada na cultura. O que se depreende disso é que, ao invés de considerarmos que a palavra verde (ou o verdor) seja algo intrínseco ao objeto ou à experiência, ela responde ao hábito de usar a palavra verde. Logo, Goodman sugere que a construção de um objeto é indissociável de sua classificação, de modo que é realizada a partir de acordos preestabelecidos.

Essa assertiva deve ser entendida no âmbito do ato de classificação, que reúne categoria e objeto de modo indissociável. Um tipo pode então ser considerado um tipo de *classificação*, entendido enquanto uma ação que reúne linguagem e objeto. Há tipos cuja classificação não coloca questões relacionadas à performatividade da linguagem; isso não significa que exista uma relação direta entre enunciado e mundo, algo que já foi indicado em diversos momentos sobre a própria ideia de nominalismo "geral" presente no pensamento de Hacking. Entretanto, tipos indiferentes demonstram uma passividade em relação àquilo que está sendo categorizado, ou seja, a categoria em si não muda as possibilidades de existência do objeto e, portanto, não modifica o próprio processo de categorização. Ressaltamos que isso não indica uma ideia estanque ou um realismo teórico em relação às categorias, mas um entendimento sobre os efeitos que a ação de definir categorias causa no próprio processo de categorização. As categorias criadas para se falar de uma rocha, por exemplo, não modificam as possibilidades de existência daquilo que é categorizado. Afirmar que a rocha é composta de carbono não modifica sua estrutura molecular. Isso não significa que não há outras categorias possíveis, ou mesmo outros modos de categorização. Trata-se, simplesmente, do fato de que afirmar uma determinada categoria não modifica a própria categorização.

Por outro lado, há os tipos interativos, esses casos em que a classificação modifica os elementos mobilizados em seu próprio processo. É preciso ter cuidado ao compreender que não se está falando de mudanças gerais que um discurso pode produzir sobre um objeto, mas de mudanças específicas ligadas àquilo mobilizado na categoria em particular. Trata-se, desse modo, de algo mais específico do que uma diferenciação entre objetos, uma vez que alguns deles reagem à linguagem e outros não. Essa diferenciação é importante porque mesmo objetos que reagem à linguagem não o fazem da mesma maneira em todos os casos. Um discurso sobre a depressão, por exemplo, pode ter um efeito retroativo sobre a própria categorização de depressão – modificando as possibilidades de sintomas depressivos serem formas legítimas de sofrimento, ou a própria experiência que indivíduos têm com seu sofrer –, enquanto um discurso sobre um braço quebrado não apresenta tal efeito. Isso não quer dizer que o que se diz sobre um braço quebrado não modifique os indivíduos que o escutam, mas que não modifica o fato de o braço estar quebrado ou não. De modo simplista: a categorização de um braço como quebrado pode trazer efeitos (pode, inclusive, causar sintomas depressivos no sujeito cujo braço está quebrado), mas não se trata de um tipo interativo, uma vez que não modifica o objeto da categorização em si (o braço quebrado).

Tal definição é importante, especialmente por ser um modo pelo qual Hacking propõe seu argumento sem entrar numa discussão sobre os objetos em si. Ele não está discutindo se estamos falando sobre o mesmo objeto quando falamos sobre depressão ou sobre ortopedia, tampouco sobre as definições gerais e necessárias dos objetos (ou sujeitos) que são atravessados pela linguagem. Ele está falando sobre casos específicos em que o processo de categorização reúne um discurso que modifica seu próprio objeto, de maneira que é a própria categoria, nisso que reúne discurso e objeto, que deve ser compreendida enquanto um tipo interativo. Por exemplo:

Quero focar não nas crianças, mas na classificação: esses *tipos* de crianças – agitados, hiperativos, com déficit de atenção. Eles são *tipos interativos*.

ONTOLOGIA HISTÓRICA E PATOLOGIAS TRANSIENTES 65

Não quero dizer que crianças hiperativas, os indivíduos, são "interativas". Obviamente as crianças hiperativas, como quaisquer outras crianças, interagem com inúmeras pessoas e coisas de modos inumeráveis. "Interativo" é um conceito novo que se aplica não às pessoas, mas a classificações, a tipos, aos tipos que podem influenciar o que é classificado. E porque tipos podem interagir com o que é classificado, a própria classificação pode ser modificada ou substituída.[50]

Tal definição diz respeito à interação com os sentidos produzidos, e não simplesmente com ações. Afirma, por exemplo, que os *quarks* são indiferentes, pois não respondem à classificação; isso não quer dizer que sejam passivos. Da mesma maneira que o plutônio interage com outros elementos, mas não com a classificação. São elementos indiferentes ao sentido, e não à ação[51]. Os tipos interativos são aqueles que se modificam a partir dos sentidos produzidos na classificação, especificamente em relação àquilo que está sendo categorizado. E essa interação produz modalidades de retroação, que podem funcionar na confirmação e estabelecimento de formas de experiência que gozarão de forte presença e reconhecimento social, mas também podem produzir a inadequação de certas categorias que se tornam obsoletas como efeito da própria categorização.

Dessa maneira, os tipos interativos complexificam o próprio processo de categorização, criando o que o autor descreve como um efeito de *looping*, em que a classificação modifica seu objeto. Como apontado, isso pode ocorrer a ponto de tornar a categoria inadequada ao estado atual: "o que era sabido sobre pessoas de um tipo pode se tornar falso porque pessoas desse tipo mudaram em virtude de como foram classificadas, o que elas acreditam sobre elas mesmas, ou por causa de como elas foram tratadas assim como classificadas"[52].

Os efeitos de invenção e estabelecimento de formas de experiência são assim centrais na explicação da existência das psicopatologias transientes, existentes somente em um lugar e momento específico. Essa ideia, ampliada a um funcionamento geral em *Ontologia Histórica*, é mobilizada em *Múltipla Personalidade* sob o nome de "efeito feedback", numa tentativa de explicação de como eventos ligados à categorização científica produzem novas formas de ser.

Vê-se, dessa maneira, como os livros de Hacking vão dialogando e produzindo uma forma de abordagem dessas questões.

O que é apresentado em 1995 e 1998 como efeito *feedback* é nomeado em 1999 como *looping*, e ganha um peso conceitual maior em 2002, com o nominalismo dinâmico. Junto a essas categorias, Hacking também discorre brevemente sobre a interação entre tipos interativos e efeitos biológicos, nomeados como *biofeedback*, para dar destino a modificações discursivas que produzem efeitos no corpo. Tal funcionamento coloca uma questão complexa, uma vez que modificaria aquilo que o autor muitas vezes considera ser tipos indiferentes.

Nesse ponto, é necessário fazer uma leitura cuidadosa. Ao falar sobre tipos interativos, não se discorre sobre efeitos de linguagem nos indivíduos de maneira geral, mas especificamente sobre os efeitos de classificações sobre as possibilidades de existência e de determinação de subjetividades. E sobre a complexidade que essa retroação introduz na produção de conhecimento sobre esses tipos, afirmando que seria a única explicação de como certos nomes e coisas nomeadas poderiam se encaixar tão bem.

Esse modo de abordagem da questão desloca o debate tradicional sobre a diferenciação entre ciências naturais e sociais a partir da distinção entre objetos, colocando-o nos termos da consideração dos tipos de classificação. Ciências sociais (de objetos sociais) não necessariamente lidam com tipos interativos, ou não somente com tipos interativos; assim como determinados problemas podem ser entendidos como sendo compostos simultaneamente por tipos interativos e indiferentes – como a psicopatologia, segundo o autor. Ele afirma, por exemplo, que a depressão é um caso de uma doença biológica – o que considera então como um tipo indiferente –, mas que se expressa a partir de elementos culturais, sendo também um tipo interativo[53]. Ademais, apresenta efeitos de *biolooping*, uma vez que tratamentos comportamentais podem modificar níveis de serotonina: "ao viver desse jeito, adotando certos tipos de comportamento, uma certa condição química do cérebro, considerada como algo ligado à depressão, é aliviada. Nós temos uma dinâmica funcionando no nível da classificação e no nível do *biolooping*"[54].

Algo similar ao que ele afirma em relação ao autismo, comentando a tensão existente na oposição entre entendimentos biológicos e a consideração de outros fatores que deveriam ser levados em conta:

ONTOLOGIA HISTÓRICA E PATOLOGIAS TRANSIENTES 67

Aqui queremos dizer ambos, que autismo infantil é (é idêntico a) uma certa patologia biológica *P*, e então é um tipo "natural" ou um tipo indiferente. Ao mesmo tempo, queremos dizer que autismo infantil é um tipo interativo, interagindo com crianças autistas, evoluindo e mudando conforme as crianças mudam.[55]

Essa discussão nos é central, uma vez que condensa uma grande potencialidade das proposições de Hacking, mas também apresenta um equívoco de análise. Isso fica particularmente claro em relação à depressão, em que o autor parece não reconhecer o efeito retroativo que o próprio entendimento da depressão enquanto um objeto biológico – e, portanto, indiferente – pode causar. Isto é, quais são os efeitos de que um tipo interativo seja apresentado enquanto um tipo indiferente? Rapidamente, pode-se pensar em efeitos de poder decorrentes de se tomar características contingenciais enquanto necessárias. Aprofundaremos isso à frente.

Por outro lado, Hacking afirma sua discordância, nesse momento, tanto do construcionismo social quanto de designações rígidas para psicopatologias[56], indicando que essas questões seriam mais bem encaminhadas a partir de um modo de entendimento dinâmico, e não semântico. Ou seja, mesmo que sustente um privilégio em relação à causalidade biológica, ele não deixa de reconhecer a importância daquilo que também se mostra como interativo. Afirma, em linhas gerais, a necessidade de tomar os problemas indicados enquanto processos, em que classificação e experiência modificam-se mutuamente, e não em tentativas estanques de definição. Trata-se de um posicionamento que pode ser entendido como uma relação dialética entre verdade e saber, especialmente se tomarmos os efeitos ontológicos dos discursos do conhecimento enquanto efeitos de verdade sobre os indivíduos. A dinâmica da classificação deve ser tomada, assim, como elemento central, algo que pode ser melhor compreendido a partir de suas considerações sobre patologias transientes.

AS PATOLOGIAS TRANSIENTES

A centralidade que damos para a questão das patologias transientes na obra de Hacking justifica-se pelo valor organizador que esse debate apresenta no pensamento do autor. De fato, seu percurso teórico é decididamente marcado pela consideração de patologias que já gozaram de grande prevalência e importância, mas não necessariamente continuam a existir. Assim, a exploração das patologias transientes não é um desvio ou simplesmente um caso entre outros, mas constitui uma forma privilegiada de abordar aquilo que já havia sido indicado antes enquanto ponto de interesse. Esse ponto de interesse será posteriormente estabelecido como centro de gravidade de suas considerações acerca da produção de conhecimento sobre objetos sociais, demandando uma retomada de suas inspirações nominalistas.

Em linhas gerais, a afirmação de Hacking de um posicionamento nominalista responde a algo que já estava em seu campo de interesse há alguns anos, que diz respeito ao modo como se pode *inventar pessoas*[57]. É importante notar que o termo "invenção" não é estranho ao autor, nem a seus escritos sobre ciências naturais – campo em que a sua utilização talvez tenha causado maior estranhamento, inclusive. Hacking argumenta, em *Representar e Intervir*, que a prática científica inventa fenômenos, e não simplesmente reproduz aqueles que seriam encontrados no mundo natural. Inventaria, inclusive, fenômenos que nunca existiram, como *lasers* e *masers*[58]. Em relação à invenção de pessoas, o autor se refere ao fato de que a existência de seres humanos não pode ser separada dos modos como se pensa e se entende ela própria; portanto, ao se modificar a maneira como a questão da existência é trabalhada, modificam-se também os modos possíveis de experienciá-la.

Como vemos, essa proposição com clara influência foucaultiana indica um entrelaçamento entre epistemologia e ontologia, uma vez que o estabelecimento das condições de possibilidade do pensamento sobre a existência produz modos específicos de subjetivação. Assim, os modos de definir a verdade, ou os parâmetros de veracidade e falsidade, constituem uma primeira delimitação do campo de possibilidades que estabelece aquilo que será possível e aceito ser pensado, e aquilo que não terá legitimidade. Trata-se, portanto, de um primeiro ponto que indica a necessidade de que as noções de verdade sejam tomadas como mais que uma afirmação estritamente epistemológica.

A partir da ideia de invenção de pessoas, Hacking propõe uma trama conceitual que visa a embasar seu pensamento. É nessa trama que entra seu nominalismo dinâmico (ou realismo dialético), conceito empregado para indicar o efeito retroativo do discurso sobre o indivíduo. Para tanto, ele precisa também estabelecer outros termos, como tipos interativos, efeitos de *looping* e *feedback*, numa constelação conceitual que dá corpo a sua ontologia histórica. Como indicado, esses conceitos ganham corpo no decorrer de seus livros, num movimento de escrita que apresenta um claro cuidado não somente conceitual, mas também estético. Em relação a esse aspecto, é curioso notar como, tanto em *Múltipla Personalidade* quanto em *Mad Travelers*, o autor assume uma escrita muito mais narrativa – incluindo, no último, alguns experimentos formais.

Essa faceta de maior liberdade formal parece responder a um debate que ele estabelece desde 1975 em *Por Que a Linguagem Interessa à Filosofia*, quanto às relações entre incomensurabilidade e tradução (entendida não somente de uma língua para outra, mas também como adaptação de ideias para outro contexto) ganharia, em muitos casos, a forma de uma impossibilidade de compreensão de qualquer fenômeno fora de seu "mundo de origem". Quase trinta anos depois, em *Ontologia Histórica*, Hacking é claro ao afirmar que a incomensurabilidade deve ser limitada à impossibilidade de comparação direta entre fenômenos de diferentes grades conceituais, mas que isso não significa uma impossibilidade de compreensão. A compreensão, por sua vez, poderia ser produzida a partir da reconstituição do pensamento, algo que, entretanto, não seria tão fácil de ser colocado em prática. Nesse sentido, parece-nos que o cuidado histórico e narrativo, assim como as diferenças de estilo que podem ser encontradas nesses dois livros, inserem-se numa tentativa de reconstrução do pensamento de um momento determinado, algo necessário pela delimitação do próprio objeto:

Por uma "doença mental transiente" quero dizer uma doença que aparece em um momento, em um lugar, e depois desvanece. Ela pode se espalhar de lugar para lugar e reaparecer de tempos em tempos. Ela pode ser seletiva em relação a classe social ou gênero, preferindo mulheres pobres ou homens ricos. Não quero dizer que ela vem e vai nesse ou naquele paciente, mas que esse tipo de loucura existe somente em determinados momentos e lugares. A candidata mais famosa para uma doença mental transiente é a histeria, ou de qualquer maneira suas abundantes manifestações francesas no final do século xix.[59]

Se a proposição conceitual do autor diz respeito à afirmação de modos de existência que são possibilitados por saberes estabelecidos e disponíveis num momento determinado, então a reconstrução tanto desses saberes quanto, em particular, do sentido que eles apresentavam nesses momentos determinados não é apenas uma ilustração, mas ponto indispensável da demonstração argumentativa. Isso justifica essa peculiaridade desses dois livros, e também a necessidade de que parte deles seja recuperada em nosso trabalho.

A Centralidade do Conhecimento e os Nichos

Publicado em 1995, *Múltipla Personalidade e as Ciências da Memória* é o primeiro livro de Hacking dedicado a um exame profundo e detalhado sobre como o contexto social influencia – ou até mesmo constitui – o modo como os indivíduos se pensam e se experienciam. Nesse caso específico, o autor está preocupado em demonstrar como um transtorno mental de circunscrição bastante específica constitui-se enquanto um efeito de eventos anteriores, de modo que não somente o modo em voga de pensar sobre o que é um ser humano – sua normalidade e suas patologias – circunscreve os limites em que essas questões podem ser compreendidas, mas também modifica o modo de experienciar daqueles que habitam sob essa discursividade.

Assim, o livro tem como objetivo maior não somente a descrição e contextualização do Transtorno de Múltipla Personalidade ou do Transtorno Dissociativo de Identidade – segundo a nomeação atual –, mas o modo como as ciências da memória operam no estabelecimento de um novo modo de se pensar e experienciar a alma, nas palavras do autor. Essa ênfase está dada no título original do livro, *Rewriting the Soul: Multiple Personality and the Sciences of Memory* (Reescrevendo a Alma: Múltipla Personalidade e as Ciências da Memória), mas se perdeu na tradução para o português, com a supressão do início que indica a ideia de "reescrita da alma". Como argumenta o autor, a múltipla personalidade ilustra um fenômeno geral sobre memória, descrição, passado e alma. É preciso ver como ela se tornou "óbvia". Isso só pôde acontecer uma vez que "a memória tornou-se a maneira de conhecer a alma"[60].

ONTOLOGIA HISTÓRICA E PATOLOGIAS TRANSIENTES

Nesse aspecto, a múltipla personalidade é apresentada como um caso, um efeito dentre outros possíveis do estabelecimento de uma maneira específica de se pensar a alma. Assim, esse transtorno pode ser definido pela dissociação da psique em diferentes personalidades, sendo que há uma ruptura mnêmica entre as experiências vividas por cada uma delas, e que surge há poucas décadas e parece se restringir, geograficamente, aos Estados Unidos.

A tese central é sobre a localização da definição e conceituação sobre a memória como encaminhamento possível de questões que até certo momento (metade do século XIX) não puderam ser assimiladas pelo pensamento científico vigente, e tampouco pela discursividade mais ampla por ele produzida. A memória é descrita como um campo em que confluem inúmeras categorias, cognitivas, afetivas, místicas etc. Ao mesmo tempo, Hacking relaciona seu interesse com o caráter quase definitivo e inevitável como as afirmações sobre a memória se apresentam. Debruça-se sobre um caso determinado daquilo que nomeia como memória-pensamento (a múltipla personalidade) para discutir essa suposta inevitabilidade. Segundo ele, essa doença era ignorada há alguns anos, e na época em que o livro foi escrito gozaria de grande importância na América do Norte.

Mais que isso, há uma aposta bastante específica em relação ao caráter performativo do discurso sobre a memória e o estabelecimento da múltipla personalidade enquanto um transtorno: o traço fundamental dessa relação deve ser buscado nas explicações etiológicas sobre o transtorno, que teriam em seus fundamentos as definições daquilo que é entendido como um indivíduo: "A alma que construímos constantemente é construída de acordo com um modelo explanatório de como viemos a ser o que somos."[61]

Há, assim, uma confluência entre as teorias sobre causação, aquilo que é apresentado como inevitável e modos de subjetivação. Como continua o autor, "uma teoria aparentemente inocente sobre causação (que poderia, em termos de fato empírico, ser verdadeira ou falsa) torna-se formativa e regulatória"[62]. Em sua investigação, toma como referência a arqueologia foucaultiana, para demonstrar como ideias "novas" se tornam incontornáveis. A múltipla personalidade, na segunda metade do século XX, demonstra como essa inevitabilidade é construída, tanto por sua especificidade contextual quanto pela possibilidade de rastreamento de suas "origens", que podem ser reconhecidas em outro momento e local específicos: na França, entre 1874 e 1886. Há um destaque especial para como o conhecimento científico interfere na produção de sintomas e doenças. Sintomas cuja veracidade o autor não questiona, o que dá à sua construção um estatuto epistemológico forte: os saberes em circulação apresentam, desse modo, efeitos ontológicos verdadeiros.

A escolha por esse período do século XIX se dá por dois motivos. Primeiramente, porque houve uma onda de casos de multiplicidade na França entre 1874 e 1886. Antes disso, casos de dupla consciência ou outros tipos de dissociação eram relatados, mas não tinham a importância que tiveram a partir de 1875. O segundo motivo é o modo como esses casos passaram a ser pensados: a partir do diagnóstico de histeria, mas não só (algo relevante também para os casos de fuga, que serão tratados depois). Hacking busca um traço que possa dar mais consistência à elevação no número de casos, inclusive maior consistência aos próprios estudos sobre histeria. Segundo ele, os casos de dupla consciência encontrados na Inglaterra não eram relacionados à memória, isso parece ser uma novidade que aparece na França.

Embora relacionada à histeria, especialmente por Charcot, a multiplicidade causava algumas divergências diagnósticas. Janet a considerava como um caso especial de distúrbio bipolar, e houve também algumas associações com esquizofrenia. Entretanto, Hacking afirma que a versão mais aceita foi a articulação com a histeria, o que também explicaria seu desaparecimento em diversos lugares – algo relacionado ao declínio da importância da histeria nos debates psiquiátricos franceses[63]. O mesmo é afirmado em relação à fuga, a qual, por sua vez, se encontrava no meio de um debate entre epilepsia e histeria, sendo que a última teria sido a vencedora. Segundo o autor, as querelas diagnósticas desempenham um papel importante no estabelecimento de uma doença transiente, uma vez que possibilitam uma circulação social dos traços relacionados ao quadro.

Assim como a dupla personalidade, houve, no início do século XX, uma epidemia dessa doença caracterizada por três fatores: uma compulsão irresistível de viajar, realizada de modo

ONTOLOGIA HISTÓRICA E PATOLOGIAS TRANSIENTES

inteligível e aparentemente normal, e seguido por amnésia[64]. E, do mesmo modo que a dupla personalidade, ela desapareceu rapidamente. Se para alguns pesquisadores esses desaparecimentos são questões a serem respondidas, Hacking se interessa mais pelo fato de a dupla personalidade ter sobrevivido (transformada em múltipla personalidade), e poder ser encontrada atualmente nos Estados Unidos.

A presença do Transtorno de Múltipla Personalidade surpreende não somente por sua especificidade e forte presença na cultura, mas igualmente por sua fragilidade conceitual. Seu crescimento seria justamente correlato da retomada de sua presença na cultura, impulsionada pela publicação de romances e realização de filmagens sobre histórias de múltiplos. Vale dizer que, diferentemente dos quadros descritos no final do século XIX, não se trata mais de dupla personalidade, mas sim de um número muito superior, mais ou menos estável em torno de dezesseis diferentes personalidades. A publicação de romances e as filmagens tiveram importante papel na intensificação da prevalência do transtorno não por acaso, mas por uma confluência entre a relevância das causas apresentadas como responsáveis pelo desenvolvimento do quadro, e sua aceitação e mobilização em movimentos sociais que reúnem as pessoas afetadas e os responsáveis pelas terapêuticas.

Vê-se, nesse ponto, que junto à centralidade da ideia de causa na determinação de uma patologia há também a consideração de elementos culturais que estariam disponíveis para mobilização. Hacking faz uma descrição minuciosa disso em relação à múltipla personalidade, mas é somente em *Mad Travelers* que ele nomeará essa ideia de modo mais assertivo, recorrendo à ideia de nicho: "[a] concatenação de um número extraordinariamente grande de tipos de elementos diversos que, por um momento, fornecem uma casa estável para certos tipos de manifestação de doenças"[65].

A ideia de nicho traz consigo a multiplicidade de fatores necessários para a consideração da emergência de uma patologia. Isso é de especial importância, pois também localiza a centralidade que o autor imputa ao conhecimento científico, ao afirmar o papel destacado deste na determinação de possibilidades de experiência. Contudo, isso não significa uma relação direta e inevitável de causa e efeito, mas sim o estabelecimento de um campo de possibilidades. De fato, a própria escolha pela palavra "nicho", remetendo a nicho ecológico, traz consigo essa ideia, já que responde ao entendimento de que um nicho é aquilo que determina possibilidades de evolução sem, entretanto, inferir previsibilidade.

Mais especificamente, Hacking afirma que há quatro vetores que têm especial papel no estabelecimento de uma doença transiente:

1. uma grade diagnóstica, taxonômica; 2. estabelecer-se entre dois elementos da cultura contemporânea de modo polarizado: entre algo romântico e virtuoso, por um lado, e algo desvalorizado e quase criminoso, por outro; 3. visibilidade para que o transtorno seja reconhecível como um transtorno, o sofrimento seja entendido como algo do que se deve escapar; 4. apesar do sofrimento produzido, a doença deve também trazer algum tipo de alívio em relação à cultura na qual se insere[66].

Vê-se, portanto, que há um grande esforço em qualificar o nicho não somente como uma grade de potencialidades que sustenta diferentes expressões finais, mas também como algo que tem sua consistência para além de ser apenas um discurso, num sentido foucaultiano[67]. Hacking se interessa, desse modo, pelas instituições, movimentos sociais, agrupamentos etc. que fazem parte dessa constituição; e a partir disso tira, em *Mad Travelers*, algumas linhas gerais.

Como indicado anteriormente, a grade diagnóstica é algo importante para que a doença não somente habite a comunidade científica, mas também para que tenha seu alcance ampliado para além dos muros da produção de conhecimento. Para tanto, como já foi dito, querelas diagnósticas eram de grande auxílio, caso tanto da dupla personalidade como da fuga. A questão da polarização entre dois elementos culturais de valência oposta é uma ideia ausente em seu livro sobre múltipla personalidade, embora o autor teça alguns comentários sobre isso posteriormente. No caso da fuga, essa polarização é apontada por Hacking por sua inserção entre um imaginário de popularização e valorização do turismo, contrabalanceado pela criminalização da vadiagem. Os *fugueurs* se localizariam entre esses dois extremos: "O *fugueur* [...] era alguém das classes mais pobres, mas não miserável. Um trabalhador com remuneração baixa ou mesmo um comerciante, sempre urbano. Era também uma época em que o turismo se estava popularizando na Europa, com companhias como Thomas Cook and Son."[68]

Vê-se, então, como esses vetores se entrelaçam. Se os dois primeiros parecem estabelecer linhas mais gerais de determinação, os outros dizem respeito a questões mais particulares: o discurso científico depende também de um reconhecimento social do sofrimento, ao mesmo tempo que o próprio sofrimento e o caráter de "alívio" que a patologia traz respondem, diretamente, à especificidade do grupo em que ela se manifesta. Se o turismo ocupava um lugar privilegiado e sua popularização apresentava-se como uma alternativa aos limites da vida de um trabalhador – mas não exatamente de um trabalhador mal remunerado –, há um outro lado que se presentifica também como limite dessa alternativa, que é justamente a vadiagem. Para Hacking, sofrimento, reconhecimento, conhecimento e elementos culturais são parte de um mesmo novelo, em que não é possível separar totalmente um fio do outro.

MÚLTIPLA PERSONALIDADE

Esse entrelaçamento pode ser encontrado no caso da múltipla personalidade. O contexto cultural que acolheu e impulsionou de maneira tão ímpar esse transtorno pode ser pensado a partir de três pontos centrais que foram mobilizados: 1. a eleição do *abuso infantil* como um problema urgente e geral, cuja presença ampla e devastadora na sociedade deveria ser combatida por todos; 2. a tendência à medicalização dos processos terapêuticos e a posição ativa, por parte dos médicos, no estabelecimento de uma etiologia que preserve suas funções; 3. e, por último, o reconhecimento da memória, mais especificamente das memórias perdidas, como elemento etiológico central do transtorno em questão.

A centralidade do abuso infantil talvez seja o ponto de maior diferença em relação ao quadro do século anterior, uma vez que, para além de ocupar um lugar muito menos importante na etiologia (se é que ocupava qualquer lugar, muitas vezes), o abuso infantil seria, segundo Hacking, uma categoria inexistente entre 1874 e 1886 (ao menos nos termos atuais). É claro que algo semelhante ao que entendemos hoje como abuso acontecia, entretanto o valor repulsivo disso não era o mesmo.

Segundo o autor, o que se pode afirmar é que havia o reconhecimento da crueldade com crianças, o qual, entretanto, sofrerá modificações importantes em seu espectro. O primeiro ponto de modificação, e talvez um dos mais interessantes para pensar o atravessamento de questões políticas nesse tipo de processo, é que a crueldade com crianças em 1874 era compreendida como algo ligado à classe social, tendo maior prevalência nas classes mais baixas. Era, portanto, um efeito da pobreza, algo que é expressamente apagado no discurso contemporâneo estadunidense. Parte da potência da categoria de abuso infantil advém de sua universalidade, algo que não acomete privilegiadamente os mais pobres; e, logo, não deve ser compreendido enquanto uma questão social. Tal posicionamento era de grande interesse do governo americano, pois consistia no estabelecimento de um problema de interesse geral que não traria consequências para o funcionamento econômico, nem críticas à distribuição de renda e desigualdade[69]. Junto a isso, soma-se a inclusão da questão sexual na categoria de abuso, a qual não estava presente na ideia de crueldade. Isso teria acontecido por volta de 1971, contando com grande empenho de movimentos feministas[70].

A somatória dessas coisas teria criado um tipo de enorme impacto social, mobilizando diversos setores da sociedade estadunidense: vale lembrar que Nixon chegou a fazer um pronunciamento televisivo e a assinar uma ordem presidencial para o combate do abuso infantil, em 1974. Trata-se não somente do estabelecimento de um tipo, mas da delineação de uma forma de sofrimento que será apresentada enquanto adequada. Isso não retira, ressaltamos, o caráter de verdade do sofrimento; mostra, entretanto, como as formas de sofrer respondem a seu meio, sendo mobilizadas na delineação de debates e apresentando valência política. O descolamento da articulação com a pobreza mostra como há um direcionamento para um campo mais interessante às ideias dominantes da época.

Se não era ligado à pobreza e à diferença de classes, como então se pensava o abuso? Dois encaminhamentos se consolidaram. O primeiro consiste na aproximação entre o abuso infantil e o mal, de modo que crianças seriam abusadas por causa da maldade de certas pessoas. Junto com isso, em segundo lugar, a associação com a sexualidade, de modo que perversões e transtornos sexuais teriam grande parte nisso também.

ONTOLOGIA HISTÓRICA E PATOLOGIAS TRANSIENTES

Por último, uma grande diferença é o destino dado ao problema. Se a crueldade com crianças, mesmo que reconhecida, não parecia ser motivo de grandes intervenções no século XIX, o abuso infantil é entendido como algo inaceitável, o que implica o combate aos abusadores e o tratamento das vítimas. Esse tratamento é totalmente capturado pelo discurso médico – o qual evidentemente se reproduz em dispositivos que não precisam ser necessariamente ocupados por médicos, como grupos de suporte e outros tipos de organizações. Contudo, é o discurso médico, marcadamente de pediatras e psiquiatras, que dará sustentação à gravidade do abuso infantil, também apoiando a necessidade de tratamento como uma intervenção preventiva, ao sustentarem a ideia de que ser abusado na infância seria causa de um comportamento abusador na vida adulta[71]. Desse modo, a autoridade médica compõe e subscreve a centralidade do abuso infantil como o grande mal a ser combatido, dando respaldo à circunscrição de um problema de todos, mas que não teria causas sociais. O que pode ser visto, inclusive, como um movimento de captura da enunciação do verdadeiro: o discurso médico se apresenta como aquele capaz de dizer o que realmente está acontecendo, e a legitimidade a ele concedida produz efeitos.

A potência desse tipo pode ser vista no número de relatos de abuso nos EUA. Há um aumento de 7 mil (1967) para 1,1 milhão (1982). Isso teria acontecido, segundo o autor, pela presença cultural e por um alargamento na definição do abuso infantil, que passa a ser entendido como a causa de qualquer "desvio" que resulte em um desenvolvimento que não seja "ótimo"[72]. O discurso científico desempenhava um papel central nisso, especialmente a partir de falso conhecimento sobre a repetição de abuso (abusado quando criança, abusador quando adulto), o qual se fez presente desde o início. Todo esse processo, segundo Hacking, deve ser entendido a partir de sua ideia de interatividade do tipo, levando em consideração a possibilidade de ressignificação de experiências passadas a partir dos elementos atuais que são disponibilizados:

A consciência não é aumentada, mas mudada. Alguém agora vê a si mesmo como abusado quando criança, porque tem um novo conceito nesses termos para se entender. Esse é talvez a mais forte e mais desafiadora aplicação do dito de Goodman, de que mundos são constituídos por tipos. Abuso infantil é um novo tipo que mudou o passado de muitas pessoas, e assim mudou o próprio sentido de quem elas são e como elas se tornaram assim.[73]

Em relação ao Distúrbio de Múltipla Personalidade (DMP), a função da medicalização (entendida como discurso, não somente enquanto prática) é bastante clara, pois tem papel ativo nas tentativas de substanciação científica do quadro. Conforme o distúrbio vai ganhando popularidade, a ânsia pela verificação de seu embasamento científico é tão grande que diferentes tentativas são realizadas, embora nenhuma delas pareça conseguir resultados sólidos.

Tentativas de Validação

Segundo Hacking, uma doença pode ser conhecida por dois caminhos distintos: pela conjugação entre etiologia, semiologia e terapêutica, ou por medidas de sua presença e manifestação na população.

A conjugação entre etiologia, semiologia e terapêutica, no caso da multiplicidade, fez uso de teorias causais como ponto central de argumentação, relacionando tanto as classificações dos sintomas como a terapêutica com aquilo que era apresentado como grande evento etiológico: um trauma decorrente de um abuso infantil. O filósofo aponta uma certa ingenuidade no modo como eram tratados os relatos dos pacientes, muitas vezes tomados ao pé da letra como descrições objetivas. Apesar de, como aponta o autor, isso ser um tema de discussão e grande complexificação desde Freud, era ativamente ignorado pelos teóricos da multiplicidade. Como assevera, "o terapeuta mal pode resistir a tal evidência, porém é preocupante pensar que o processo de terapia e cura faça com que uma história se torne um fato"[74], de modo que a ausência de um trabalho metodológico e conceitual rigoroso para lidar com aquilo que fazia parte da terapêutica trazia grande fragilidade às hipóteses etiológicas depreendidas. Esses relatos, para Hacking, teriam valor enquanto uma explicação dos próprios pacientes sobre o que aconteceu com eles, mas pouco valor de generalização ou de explicação causal. Nesse sentido, afirma de modo categórico o autor: "a psiquiatria não descobriu

ONTOLOGIA HISTÓRICA E PATOLOGIAS TRANSIENTES

que os repetidos abusos infantis causam a múltipla personalidade. A psiquiatria forjou essa interligação, da mesma forma que um ferreiro transforma um metal derretido em aço temperado"[75].

Em relação às propostas de medidas, elas se focaram na hipótese apresentada por Frank Putnam de que a dissociação funcionaria numa espécie de *continuum*, o qual poderia ser aferido a partir da criação de um sistema de medida[76]. Foram produzidos muitos questionários, respondidos por uma gama enorme de pacientes. Porém, esses questionários eram calibrados não a partir de um padrão independente, mas de "uma rede de dispositivos de teste mutuamente consistentes e autoconfirmadores"[77]. Quer dizer, em vez de os questionários responderem a algum tipo de controle externo, eles eram validados por outros questionários autoadministrados, e por julgamentos de clínicos especializados. Respondiam então, em última instância, a opiniões presentes dentro de um movimento existente na própria psiquiatria, o qual incluía também seus pacientes.

Assim, foram produzidos resultados sobre a hipótese do *continuum*, embora Hacking defenda que, diferentemente do que afirmam os autores, ela não tenha sido testada. Segundo Hacking, esse caso demonstra problemas encontrados na comunidade científica, tanto em relação à autorreferência das escalas dissociativas quanto em relação ao próprio modo de funcionamento atual dos debates e publicações de artigos, uma vez que "o editor da revista e os que avaliam o artigo não procuram ver se a hipótese foi testada. Querem saber se foram usados os vários procedimentos estatísticos recomendados. Ninguém pergunta qual é o significado desses procedimentos"[78].

Contudo, é preciso realizar um esforço para não generalizar as críticas realizadas por Hacking como a defesa de um certo padrão normativo de cientificidade que deveria ser seguido. O autor é categórico ao se definir como um filósofo da ciência não normativo, sempre trabalhando com a ideia de que diferentes modos de produção de conhecimento podem ser considerados científicos, mesmo que não partilhem das mesmas bases epistemológicas ou metodológicas. No caso em questão, o canadense apresenta questionamentos fortes por considerar que há uma incoerência entre os estudos realizados e aquilo que eles dizem ser: eles são estruturados a partir de uma racionalidade, mas sua realização não respeita os pressupostos estabelecidos, por isso apresentam grande fragilidade. Isso não significa que Hacking defenda que a realização correta desses experimentos deva ser entendida como a única maneira de validação das teorias em jogo, mas somente que elas não validam aquilo que dizem validar.

Segundo o filósofo, a hipótese não precisava ser testada, pois o *continuum* já havia se tornado um fato. Isso implica que as medidas da múltipla personalidade, que a legitimam como distúrbio, seriam um resultado de um mau uso da estatística na psicologia. É necessário salientar, entretanto, que Hacking não apresenta qualquer intenção de deslegitimar a multiplicidade enquanto experiência, muito ao contrário. Se seu esforço é claramente direcionado ao questionamento dos moldes de explicação dos fenômenos estudados por médicos e psiquiatras, isso tem como objetivo a defesa de que, embora existente, o transtorno deva ser compreendido de maneira radicalmente diferente: como fruto de uma construção histórica, contextual.

Isso não impede que o conhecimento produza efeitos ontológicos, os quais não são ligados à correção das ideias, mas, sobretudo, à sua circulação e legitimidade. Esses efeitos de verdade ontológicos são causados por discursos e implementações do conhecimento, mas não apresentam consistência epistemológica – considerando as bases epistemológicas que os próprios estudos mobilizam. Isso indica que, mesmo não trabalhando com uma ideia de epistemologia normativa, é possível não somente sustentar que afirmações são falsas dentro de sistemas epistemológicos específicos (como é o caso), mas também que o fato de serem falsas não impede a produção de efeitos ontológicos. A causa não se articula à correção das ideias. A grande questão que se coloca, portanto, é como explicar que se tenha chegado a esse tipo de experiência.

Memória, Verdade e Causação

O transtorno de múltipla personalidade é tomado como um caso particular produzido por algo que teria acontecido um século antes, que seria o estabelecimento das ciências da memória como um campo de interesse científico e com grande potência de disseminação popular. A passagem entre esses dois momentos – entre os casos de dupla consciência (ou *dédoublement*) e os casos contemporâneos de multiplicidade – depende de uma série de fatores, especialmente para que a multiplicidade, em sua forma atual, tivesse o impacto que tem. Alguns deles foram examinados anteriormente, a partir da indicação: 1. do papel da localização do abuso infantil como problema urgente; 2. do modo como o discurso científico reforça a experiência e contribui para sua disseminação e legitimação. Há, entretanto, um terceiro elemento, justamente o que parece fazer a ponte entre os dois momentos históricos e que permite que os dois anteriores tenham sido mobilizados da maneira que foram, o qual diz respeito à centralidade da memória e do trauma infantil na etiologia do transtorno.

Essa característica de um termo que faz a ponte entre dois momentos fica clara na observação de que os teóricos e clínicos da multiplicidade têm os primeiros anos da obra de Freud num lugar importante de suas construções, ao mesmo tempo que conservam certo ressentimento em relação ao psicanalista. Isso pelo fato de as teorias da sedução e do trauma serem tomadas rigorosamente como elementos centrais na etiologia do transtorno, sendo mobilizadas como chaves incontornáveis para compreensão de sua causalidade. O ressentimento advém justamente do avanço da teoria psicanalítica em que Freud abandona tal centralidade. Passo imperdoável dado pelo psicanalista vienense, do ponto de vista daqueles que trabalham com a multiplicidade.

Entretanto, como aponta Hacking, o interesse por essa questão não se limita à sua capacidade explicativa, uma vez que – para além da pertinência dessas hipóteses para explicar o transtorno – sua mobilização revela algo anterior: uma matriz de pensamento sobre o sujeito que seria necessária para a produção de experiências desse tipo. Algo que seria, inclusive, anterior a Freud, embora tenha ganhado inigualável alcance a partir de sua obra.

Seria na segunda metade do século XIX que teorias sobre a memória, difundidas particularmente por Théodule-Armand Ribot, passaram a ser mais presentes na cultura. Isso produz, inclusive, a possibilidade de que o termo "trauma" pudesse ser aplicado a um campo até então estranho, o campo psíquico. A ideia de um evento disruptivo, que causa algum tipo de cisão, passa a ser aplicável a partir do momento em que a memória se torna um objeto científico. Segundo Hacking, há três práticas de ciência da memória do século XIX: a neurologia localizacionista, os estudos de rememoração e a psicodinâmica da memória. Essas práticas consistiam numa novidade de objeto, pois não se debruçavam sobre os conteúdos a serem lembrados, mas sobre *como* eles poderiam ser lembrados. Todas elas teriam como ponto de origem a definição de uma estrutura anterior, uma grade conceitual que permitiu que esse tipo de objeto fosse constituído. Algo que teria sido personificado nas figuras de Ribot e seus pares – os primeiros autores a abordar diretamente essas questões.

A evolução dos estudos da memória definiu os limites de como o indivíduo pode ser pensado. Ribot fala, por exemplo, de duas formas diferentes de se considerar o eu a partir de modos de funcionamento da memória[79]. Nessa consideração, os casos de dupla personalidade teriam centralidade a partir da ideia de que as pessoas seriam constituídas por mais de um eu, conectados pela memória. A dissociação seria uma patologia da memória, que produziria a fragmentação dessa unificação. Ribot, ao se debruçar sobre essas questões, teria sido o expoente desse novo campo, propondo uma teoria que abarcava não somente um entendimento específico da memória, mas também que permitia o pensamento sobre suas patologias e a inclusão do termo "trauma" nesse campo.

Isso não significa, afirma Hacking, que Ribot seja o teórico mais importante, ou que seja o precursor dos outros autores que vieram depois. Ele seria, entretanto, o primeiro teórico a ter enunciado, no campo científico, algo já presente no campo da cultura e estabelecido em outro degrau de discursividade. Ideia, inclusive, compatível com aquilo defendido por Jacques Rancière, ao apresentar como a noção de inconsciente já podia ser encontrada em manifestações artísticas mesmo antes da obra de Freud[80]. A ideia de Hacking é ainda mais contundente do que o argumento de Rancière, ao afirmar que haveria uma matriz conceitual que permitiria a delineação da memória enquanto um objeto científico, e que isso traria consequências incontornáveis para todos os campos que daí se originam:

Não estou dizendo que Ribot seja um precursor de Freud, do movimento múltiplo moderno ou de qualquer outra coisa. O que digo é que ele é a

ONTOLOGIA HISTÓRICA E PATOLOGIAS TRANSIENTES 83

primeira instância de um homem cujo conhecimento superficial é trabalhado sob as leis daquele conhecimento profundo "subterrâneo", que permanece sendo o mesmo conhecimento profundo dos dias de hoje. Um aspecto da sensibilidade moderna é fascinante, de tão implausível: a ideia de que o que esquecemos é o que forma nosso caráter, nossa personalidade, nossa alma.[81]

Hacking apresenta uma montagem em que a constituição de um objeto científico teria definido novas possibilidades de experiência a partir da expansão de um modo de racionalidade para um campo até então inexplorado (por esse modo). Um campo que definirá a memória enquanto um possível caminho para a descoberta de questões ligadas à verdade. Posteriormente, Freud teria reforçado essa centralidade da memória tanto ao localizá-la como elemento etiológico central (a ausência ou repressão de lembranças como causa de sintomas) quanto por ter reconhecido seu caráter terapêutico (a recuperação de conteúdos reprimidos como parte ativa de um processo de cura). Nesse ponto, o filósofo atribui não somente a Freud, mas também a Pierre Janet, um papel essencial no reconhecimento do caráter terapêutico do trabalho com memórias de traumas psicológicos para o tratamento da histeria. Isso não significa que lhes outorgue o papel de responsáveis pelo estabelecimento da centralidade da memória no debate público.

Conhecimento Profundo e Conhecimento Superficial

Se Hacking afirma que a articulação entre memória, verdade e trauma é uma herança de Freud e Janet – por terem sido os autores que teriam cimentado o alcance social dessa ideia –, isso não significa que estes sejam os mais importantes para pensar a multiplicidade, ou mesmo as influências mais centrais. Há, segundo o autor, uma relação direta entre as hipóteses etiológicas do distúrbio de múltipla personalidade e a obra desses autores (em especial, Freud); entretanto, ele afirma que mesmo a discussão de Freud e Janet é efeito do estabelecimento de outro tipo de discursividade, a qual daria sustentação não somente a hipóteses específicas, mas a algo mais amplo, e embasaria as ciências da memória como um todo. Como visto anteriormente, Hacking indica Ribot e seus pares como os principais nomes da emergência desse novo alcance do pensamento científico, nisso que eles teriam tido um papel fundamental na produção de enunciados que dariam materialidade a essa empreitada.

Esse novo tipo de pensar traria novidades, "novos tipos de verdades-ou-falsidades, novos tipos de fato, novos objetos de conhecimento"[82]. Trata-se, nesse sentido, de possíveis novos estilos de raciocínio. É o momento, aludido anteriormente, em que se realizaria a expansão do pensamento científico para um território até então não colonizado, aquele do domínio espiritual, que poderia então ser efetivado pelo conhecimento sobre a memória. Isso, segundo Hacking, consiste na modificação do que, a partir de Foucault, ele define como conhecimento profundo, algo que teria uma profundidade maior do que teorias ou fatos específicos sobre a memória: a própria possibilidade de que existissem fatos sobre a memória, fatos que poderiam então ser conhecidos e talvez até resultassem em futuras técnicas de intervenção, isso seria o fundamento do conhecimento profundo. Trata-se de uma mudança de estatuto de determinadas questões: "o que antes seriam debates no plano moral e espiritual passaram a ocorrer em nível de conhecimento factual. Todos esses debates políticos pressupõem e tornam-se possíveis a partir desse conhecimento profundo"[83].

Vê-se, portanto, que Hacking, ao definir como pertencente ao conhecimento profundo – a partir do qual seriam possíveis os casos específicos de conhecimentos superficiais – denota uma matriz de alcance bastante amplo, à qual responderiam diversas possibilidades de construções teóricas. Ele propõe essa diferenciação a partir do que Foucault define como *connaissance* e *savoir*[84], de modo que os conhecimentos (*connaissances*) seriam casos particulares de realização do saber (*savoir*), mas não o esgotariam. Junto a isso, os qualificadores "profundo" e "superficial" têm inspiração na proposição de Noam Chomsky, que conjuga esses termos à gramática. Dessa forma, para além dos conhecimentos superficiais produzidos, o conhecimento profundo também abarcaria todas as possibilidades daquilo que poderia ser enunciado naquele campo – incluindo não só as teorias "verdadeiras", mas também as falsas, os objetos e as práticas etc. O conhecimento profundo é entendido como uma espécie de gramática; algo que não pode ser diretamente conhecido, mas que determinada o que pode ser considerado enquanto verdadeiro ou falso[85].

A partir dessa gramática, os conhecimentos superficiais se estabelecem, dando forma a algumas das possibilidades previstas. Acontece, aí, uma relação de mútua influência, em que os conhecimentos superficiais também realizam modificações no conhecimento profundo, embora isso seja um movimento mais demorado. A reflexão sobre a multiplicidade implica o movimento entre essas duas dimensões: há o estabelecimento de um conhecimento profundo e há o modo como ele se realiza, se enuncia em conhecimentos superficiais. Os conhecimentos superficiais são passíveis de ser considerados verdadeiros ou falsos, enquanto o conhecimento profundo seria justamente o que delimita o que pode ser avaliado nesses termos, assim como os próprios critérios de veracidade e falsidade.

Já indicamos o caminho que o autor percorre no movimento dos conhecimentos práticos que vão se estabelecendo desde a segunda metade do século XIX na França até o final do século XX nos Estados Unidos, e agora é preciso abordar a questão de como esse conhecimento profundo se estabeleceu. Retomamos o ponto central que Hacking ressalta essa consolidação, independentemente das diferenças de percursos de desenvolvimento tomados pelas diferentes teorias sobre a memória, há algo que os liga.

Segundo o filósofo, a memória tornou-se uma questão política e pode ser encaminhada tanto no âmbito pessoal como no coletivo. Entretanto, ele aponta uma diferenciação temporal, afirmando que é somente após o estabelecimento do conhecimento profundo que a memória pode ser tomada enquanto questão política. A memória pessoal, caso sobre o qual se debruça, teria sua origem na traumatologia e nas ciências da memória, algo com forte presença no cenário francês.

Se a ciência pode tomar caminhos diversos a partir de diferentes epistemologias possíveis, isso também pode ser afirmado sobre as diferentes motivações políticas que reforçam a relevância de um objeto. No caso da memória, há ao menos três fatos sociais de grande relevância (histeria, fadigas de guerra e violência doméstica) diretamente ligados às ciências da memória da época, reforçando a importância do campo. Apesar das diferentes formas de realização, não se deve esquecer que há um fundamento comum entre eles: "suas diferenças não devem ocultar o que seus adeptos assumem como verdade. Todos supõem que existe conhecimento de memória a ser resgatado"[86]. Há um fundamento que se manifesta nos casos particulares. Vê-se, portanto, que para além de manifestações específicas que podem ser consideradas como verdadeiras ou falsas, Hacking indica outra incidência da verdade, a qual responde não a um regime de veracidade, mas à definição dos objetos possíveis e legítimos. E essa definição possibilita o estabelecimento de demandas políticas.

Nesse ponto, Hacking propõe um termo específico para nomear esse processo: memoropolítica. Um termo diretamente inspirado na obra de Foucault, a partir da proposição da anatomo-política e da biopolítica, como duas práticas de poder interligadas. Essas duas conjunções de poder e política tinham superfícies de conhecimento próprias (biologia e anatomia); logo, tecnologias estatísticas específicas. Assim, cada um desses dois polos apresentava modos específicos de organização de três aspectos: poder, política e ciência. A proposição do filósofo canadense é, portanto, a inclusão de um terceiro termo que insira na consideração do entrelaçamento desses três polos as questões ligadas à alma e à mente.

A memoropolítica teria, então, como característica central a expansão da discursividade científica sobre territórios ainda não ocupados, mas de grande relevância social. Trata-se, portanto, de instalar um modo de pensamento que desloca o debate de um campo moral para o campo científico, movimento que tem sua consolidação nos famigerados anos entre 1874 e 1886:

Certamente a geração que viveu nesse período teve predecessores práticos e intelectuais diretos. Mas foi nesse instante que o conhecimento profundo surgiu, o conhecimento de que existem fatos referentes à memória. Por que surgiu nesse momento? Porque as ciências da memória podiam servir de foro público para alguma coisa sobre a qual a ciência não podia falar abertamente. Não podia haver uma ciência da alma. Então surgiu a ciência da memória.[87]

Chegamos, portanto, ao grande momento ao qual responde toda a descrição histórica: a consolidação de um conhecimento profundo que permite que questões até então ligadas à alma e ao espírito tenham um encaminhamento científico, que diversos

ONTOLOGIA HISTÓRICA E PATOLOGIAS TRANSIENTES   87

discursos, práticas e teorias possam se estabelecer. Num percurso que, em uma de suas vertentes, passa pelo estabelecimento da psicologia enquanto disciplina, das formulações freudianas sobre trauma e memória, da aparição e desaparecimento de categorias diagnósticas, e de uma assimilação particular nos Estados Unidos a partir de atravessamentos culturais e políticos locais, desembocando naquilo que é denominado como Transtorno de Múltipla Personalidade. O transtorno não é, portanto, a única resultante possível. Os casos de fuga descritos em *Mad Travelers* também são apresentados por Hacking como algo que só foi possível a partir do estabelecimento das ciências da memória[88]. Ou seja, uma gama de possibilidades que só existe porque, na segunda metade do século XIX, foi estabelecido um conhecimento profundo que permitiu o deslocamento de questões até então ligadas à alma para o campo científico, produzindo inúmeros efeitos. Os transtornos são, assim, alguns efeitos possíveis; ou, colocado de uma maneira melhor, possibilidades daquilo que é produzido a partir do estabelecimento de uma estrutura de conhecimento.

A grande questão que se coloca é em relação ao que de fato se produz, no que consiste esse efeito. Hacking afirma que esse efeito pode ser entendido no sentido de "inventar pessoas", ou seja, da criação de formas específicas de subjetividade e experiências ontológicas. A instalação de uma verdade (há fatos de memória a serem conhecidos) não somente produz e delimita um campo epistemológico com parâmetros específicos de veracidade e falsidade – com objetos particulares que podem ser então estudados, com práticas de validação e caminhos possíveis de desenvolvimento de pesquisa –, mas também responde a questões políticas em voga na época; e, mais importante, possibilita novos modos de experiência subjetiva.

Retomando a questão da produção de conhecimento sobre sofrimento psíquico, vemos que, a partir de Hacking, sua problematização leva à necessidade de um tipo de questionamento ético. Isso porque seu trabalho permite afirmar que o modo como construímos o conhecimento modifica as possibilidades de experiência dos sujeitos. Os efeitos disso devem ser, portanto, sempre questionados. Tomando o caso da psiquiatria biológica como exemplo, o possível estabelecimento de uma verdade como "o sofrimento psíquico" deve ser tratado enquanto resultado de processos orgânicos que teria um efeito nas formas de subjetivação. Mais que isso, se essa verdade também contiver um ideal de normalidade, os efeitos poderiam ser ainda mais intensos.

Por outro lado, vemos que Hacking apresenta, efetivamente, um caminho para pensar a questão da implicação do sujeito na produção de conhecimento. A subjetividade é modificada pelo conhecimento, especialmente por aquele que tenta estabilizá-la como objeto. Entretanto, isso não responde completamente à questão, uma vez que a proposta de Hacking apresenta somente uma correlação entre conhecimentos estabelecidos e sintomas reconhecidos, sem propor uma relação causal. Algo que faz retomar uma pergunta dele mesmo, sobre ser "possível haver uma teoria geral de inventar pessoas, ou se cada exemplo é tão peculiar que exige sua própria história não generalizável" e como tal "ideia de 'inventar pessoas' afeta nossa ideia do que é ser um indivíduo"[89]. Há, de fato, duas perguntas nessa passagem. A segunda dedica-se ao efeito retroativo de seu próprio trabalho, uma questão pertinente, mas da qual não iremos nos ocupar. A primeira, por outro lado, aponta para a possibilidade de extração de um elemento causal. Afinal, o que faz com que isso aconteça? Talvez a psicanálise possa fornecer elementos para avançar nessa questão. Para entrar nessa seara, entretanto, devemos fazer algumas pontuações sobre a leitura que Hacking faz de Freud.

Memória, Verdade e Psicanálise

Mencionamos, rapidamente, que o filósofo comenta o papel de Freud e de Janet no estabelecimento das ciências da memória. Aponta, entretanto, uma diferença radical entre os dois médicos, que é delimitada a partir de uma articulação entre memória e verdade. Janet, embora tivesse reconhecido o caráter terapêutico do trabalho com memórias, não imputava a estas um caráter de verdade. Ao contrário, relatava que muitas vezes enganava seus pacientes – afirmando a ocorrência de eventos que ele sabia não terem acontecido –, o que não impossibilitava os efeitos terapêuticos dessas afirmações. Freud, por outro lado, sofreria com um "terrível desejo de Verdade"[90], insistindo na articulação

ONTOLOGIA HISTÓRICA E PATOLOGIAS TRANSIENTES

entre rememoração e verdade, especialmente por seus efeitos terapêuticos. Assim, imporia a seus pacientes a crença em fatos articulados a construtos teóricos que apresentavam claros problemas em relação a sua veracidade. Hacking não esconde certo desdém por esse posicionamento de Freud, quem, segundo ele, teria passado para a história por ter sido o vencedor, relegando Janet a certo esquecimento:

Freud era o exato oposto de Janet. Seus pacientes tinham de enfrentar a verdade – como ele a via. Em retrospecto, não há dúvida de que Freud iludia a si próprio com muita frequência, graças à sua resoluta dedicação à teoria. Meio século de conhecimentos sobre Freud mostrou que ele fazia com que seus pacientes acreditassem em coisas sobre eles próprios que eram falsas, coisas em geral tão bizarras que somente o mais devoto teórico poderia lhes propor, em primeiro lugar. Mas não há evidência de que Freud sistematicamente, como um método de terapia, fizesse com que seus pacientes acreditassem no que ele mesmo sabia serem mentiras. Janet enganava seus pacientes; Freud enganava a si próprio.[91]

Há aí, entretanto, uma consideração restrita da obra de Freud por parte de Hacking. São conhecidas, sem dúvida, diversas críticas em relação a certa imposição conceitual nas interpretações freudianas, especialmente em suas reproduções por pós-freudianos. Exemplos não faltam, e vale lembrar a centralidade dessa questão na obra de Heinz Kohut[92], ou mesmo na intervenção de Jean Hyppolite na primeira sessão do seminário de Lacan sobre os escritos técnicos de Freud, onde é colocada em questão a ideia de trabalho através das resistências como uma possível forma de dominação. A resposta lacaniana é, num primeiro momento, sustentada na tese de que se trataria aí de algo mais concernente aos pós-freudianos do que ao próprio Freud, apontando uma cristalização equivocada de certos conceitos naquilo que seria nomeado como "análise das resistências"[93]. Como aprofundaremos adiante, essa resposta de Lacan é elaborada melhor em seguida, de modo que a questão da resistência é recolocada a partir de uma reorganização conceitual que tem como base a separação entre verdade e saber. Se não nos cabe retomar o debate lacaniano aqui, é interessante pontuar somente o que concerne a Freud, uma vez que é mobilizado diretamente por Hacking.

Se afirmamos que o autor apresenta uma leitura restrita da obra nesse ponto, isso diz respeito especificamente ao fato de

Freud ter problematizado, por inúmeras vezes, a questão da verdade. É notório que se tratava de uma questão central para o psicanalista, aparecendo em diversos textos desde o final do século xix até o final dos anos 1930, mas imputar uma posição ingênua a ele é problemático. Tomemos, como exemplo incontornável desse tipo de problematização, o texto "Construções em Análise", em que Freud inicia justamente aludindo a críticas que teria recebido por sua conceitualização da resistência, a qual supostamente funcionaria de um modo infalível: cara, eu ganho; coroa, você perde[94]. A questão proposta por Freud toca diretamente na discussão apontada por Hacking, pois consiste na discussão da relação entre verdade e eficácia terapêutica.

Segundo Freud, há três possibilidades para que o analisante discorde da construção proposta pelo analista: 1. pode acontecer de o analista estar de fato equivocado, o que não implicará nenhum problema mais grave, caso não seja recorrente; 2. tratar-se de um conteúdo demasiadamente sensível, de maneira que uma negativa revelaria uma resposta do inconsciente de afastamento do conteúdo recalcado, num entendimento mais tradicional sobre a resistência; 3. e pela incompletude da construção, de modo que há o reconhecimento da acuidade do enunciado, embora haja alguma coisa que falte. Em seguida, e ligado a esse terceiro ponto, Freud aponta para uma questão central, e que condensa toda a problemática até então encontrada na clínica psicanalítica em relação à questão da verdade: há construções reconhecidamente falsas – que não se encaixam na história do paciente ou não produzem qualquer efeito de confirmação mnêmica –, mas mesmo assim produzem efeitos terapêuticos. Ademais, Freud é bastante claro nesse texto em afirmar que o sucesso de uma construção é reconhecível pelo fato de o inconsciente do analisante responder. Entraremos em detalhes sobre isso no próximo capítulo; por ora, apenas indicamos que, longe de ser uma abordagem ingênua da questão da verdade, Freud dá a ela um estatuto privilegiado, tratando-a de maneira inegavelmente complexa.

Esse ponto indica que há muito mais nuances e indeterminações do que Hacking parece reconhecer nessa articulação entre memória e verdade, a qual será inclusive matizada por Freud de diversas maneiras – por exemplo, a partir de formas distintas de verdade como a verdade histórica e a verdade material[95]. Mais que

ONTOLOGIA HISTÓRICA E PATOLOGIAS TRANSIENTES 91

isso, a própria tomada de uma negativa enquanto elemento que indica a acuidade de uma interpretação é um exemplo de como a verdade será tomada em um método de raciocínio específico, não podendo ser avaliada somente em proposições estanques, mas num processo em que a negação pode ter valores diferentes dependendo de seu contexto. Ou seja, um processo em que o valor de verdadeiro só pode ser inferido a partir de seus efeitos, não demandando qualquer tipo de estabilidade ou conservação.

Dedicamos atenção especial a esse ponto não somente por se tratar de um equívoco da parte de Hacking. Mas, especialmente, por esse equívoco ser a expressão de uma possibilidade não aproveitada pelo filósofo. Como temos acompanhado, ele apresenta um pensamento que tensiona o conhecimento produzido e seus efeitos ontológicos, os quais não respondem à correção das ideias em circulação. É algo similar ao que ele reconhece em Janet, opondo-o a Freud. Como indicamos rapidamente, essa oposição é problemática, uma vez que Freud questionará a verdade sobretudo a partir de seus efeitos, articulando-a a expressões do inconsciente. Se Hacking parece se deixar levar por uma versão problemática inserida em conflitos internos ao campo psicanalítico, sua limitação na abordagem do pensamento de Freud impede algo a mais.

De fato, ele não dá a termos como verdade ou realidade a potência problematizadora que Freud lhes concede. Simplesmente reconhece que a veracidade do conteúdo não interfere nos efeitos ontológicos produzidos, mas isso não se torna uma questão. De maneira geral, o filósofo assume uma posição mais descritiva, indicando os elementos presentes nessa dinâmica, mas não apresentando qualquer hipótese causal sobre ela. Essa será, ao nosso ver, uma ausência que limita sua compreensão sobre patologias psíquicas, limitação que se faz presente numa afirmação apressada sobre um modo particular de articulação entre substrato biológico e a afirmação de uma mudança na compreensão da realidade das patologias transientes. Veremos isso em detalhes à frente. Em linhas gerais, entretanto, não devemos deixar que isso se sobreponha à parte majoritária do trabalho do filósofo, que consiste numa abordagem crítica sobre a relação entre conhecimento e experiência. Algo que pode, como veremos, também contribuir com a compreensão psicanalítica.

3 Uma Forma Própria de Verdade

O fato de Freud tomar questões como verdade e realidade de modo complexo, não recuando frente a dificuldades, é o que demanda que a questão da verdade seja analisada de modo cuidadoso dentro da psicanálise. Entretanto, não nos restringiremos às discussões empreendidas pelo psicanalista vienense, inclusive porque, embora tenha sustentado questões incômodas sem recuar, avanços foram feitos por autores posteriores. É o caso de Lacan, que se empenhou em tirar consequências e desenvolver certos pontos que estão presentes na obra de Freud, mas que não permitem uma afirmação inequívoca de serem posicionamentos freudianos. Isso porque, em alguns casos, Freud não passou de discussões preliminares; em outros, porque não deixava de sustentar posições equívocas, que se tensionavam entre si produzindo uma indecidibilidade. De qualquer maneira, não se trata de tentar demonstrar a verdade de Freud (ou de Lacan), mas sim de empregar suas discussões para que possamos prosseguir com o debate. Faremos, portanto, um caminho que transita entre Freud, Lacan e outros autores, mas a partir de uma concepção que se estabiliza pelo pensamento lacaniano.

Apresentaremos, inicialmente, o que poderia ser considerado uma noção de verdade no pensamento psicanalítico, e no próximo capítulo daremos foco aos motivos ontológicos trabalhados em "Ontologia Histórica e Patologias Transientes". Em linhas gerais, sustentaremos que a verdade se coloca de modo duplo na psicanálise: enquanto um objeto conceitual e como um modo específico de se pensar verdades-e-falsidades e construir objetos. Usando as palavras de Hacking, trata-se de tomar a verdade como um conhecimento, e de pensar um estilo de raciocínio próprio da psicanálise a partir dela.

A VERDADE E NADA MAIS

Em diversos momentos de sua obra, Lacan localiza a verdade enquanto eixo central da psicanálise. Isso se dá a partir de um diagnóstico sobre a relação entre verdade e saber, de modo que a verdade emergiria enquanto negação do saber estabelecido: um fenômeno clínico, que aproxima a verdade das formações do inconsciente. Porém, essa consideração extrapola o *setting* clínico ao propor um diagnóstico histórico que versa sobre as condições de possibilidade de emergência da própria psicanálise. Trata-se da hipótese de que haveria uma recusa, no projeto científico moderno, em lidar com categorias como verdade e sujeito. Primeiramente, apresentaremos como essa questão da recusa pode ser reconhecida em discussões sobre filosofia da ciência, para então analisarmos a maneira como a psicanálise trata essa questão, a qual consistiria na cristalização de um novo tipo de objeto e novas modalidades de verdade ou falsidade.

A Ciência Ideal da Psicanálise

A recusa de categorias como verdade e sujeito pela ciência moderna é uma ideia que Lacan depreendeu da obra de Koyré, especialmente de sua consideração de que a matematização, enquanto traço fundamental da ciência moderna, seria um modo de autonomização do conhecimento para além da subjetividade. Essa ideia, que aparece em alguns momentos na obra de Lacan, é afirmada em "A Ciência e a Verdade", junto a uma alusão sobre aquilo que se poderia tomar enquanto um ideal cientificista de

Freud[1]. Um ideal multifacetado, que leva Paul Laurent Assoun a chamá-lo de um "barroco epistemológico"[2]. E algo, na leitura de Lacan, inseparável da emergência da psicanálise. Lacan afirma, assim, que Freud era tributário de um cientificismo de sua época, marcado por autores como o fisiologista Emil Du Bois-Reymond e o físico, médico e matemático Hermann von Helmholtz. Este último, um dos grandes nomes da cena científica da época, servindo como um ideal de cientificismo.

Em seu texto "La Vérité, toute la vérité, rien que la vérité" (A Verdade, Toda a Verdade, Nada a Não Ser a Verdade)[3], a física e epistemóloga Françoise Balibar se debruça sobre uma célebre afirmação lacaniana, de que a ciência nada quereria saber da verdade como causa. Faz isso tomando como caso de estudo justamente a obra de Helmholtz. Tal escolha não se dá ao acaso: por um lado, ele é uma das referências de Freud, como pudemos ver na citação de Lacan; por outro, ela justifica a escolha particular de Helmholtz – e não de outros autores que também se enquadram nessa posição – por sua proximidade com temas que ela domina, já que Helmholtz tinha a física como campo de estudo, entre outros.

De saída, a autora procura precisar a palavra utilizada por Lacan para situar o lugar que o físico e fisiologista alemão ocupava para Freud: segundo ela, o termo "cientificismo" indicava, ainda no momento de publicação de "A Ciência e a Verdade", a ideia de que a ciência possibilitaria um tipo de relação especial com a verdade[4]; tal esclarecimento é importante já que, passados alguns anos, e após as críticas mais diretas a posições racionalistas em filosofia da ciência, essa ideia de uma posição privilegiada passou a ser vista com maus olhos. O termo "cientificismo" começou a ser empregado de forma pejorativa, já que essa presunção de superioridade em relação à verdade passou a ser o principal alvo de debates.

Balibar afirma que Helmholtz trabalhava com uma ideia de unidade de todos os campos do conhecimento, o que levaria, por sua vez, à concepção de que um único método de formalização seria adequado para todas as disciplinas. Ademais, tal ideia de unidade implicava que os conceitos de uma disciplina deveriam ser relacionáveis às outras: "O essencial é que Helmholtz 'descobriu' uma grandeza invariante. Se ele a descobriu, é porque ele a procurava; e se ele a procurava, é porque estava intimamente convencido da unidade da natureza e, então, da unidade última de todos os campos do conhecimento"[5]. Nesse escopo, seu grande sucesso teria sido, em um estudo sobre a variação de calor de corpos de animais, não somente fazer contribuições à física, mas demonstrar que um conceito fisiológico poderia ter o mesmo estatuto de um conceito físico. Isso não significa a elevação da física a uma disciplina superior; mas que, assim como a física, a fisiologia seria matematizável. O que tem uma posição privilegiada é, portanto, a matemática:

A filosofia científica encontra assim seu fundamento: o princípio de conservação da energia. Como a física, ela repousa sobre princípios matematizáveis. Vê-se no que o proceder de Helmholtz não é reducionista. Não se trata de fazer funcionar os conceitos da física no campo da fisiologia e então de reduzir, efetivamente, a fisiologia a esses conceitos, e por aí também à física. A ambição de Helmholtz é completamente outra: tendo estabelecido que a fisiologia pode gozar do mesmo estatuto que a física, trata-se para a fisiologia de desenvolver novos conceitos, sob a égide do princípio de conservação de energia; nada impõe que os conceitos sejam os mesmos que aqueles da física; é suficiente que eles sejam ligados, de maneira necessariamente matemática, ao conceito comum de energia (definido como isso que se conserva). Daí a tese epistemológica (desenvolvida mais tarde por Helmholtz, no correr dos anos 1870) segundo a qual encontrar uma relação que permanece inalterada entre grandezas que variam (o que nós chamamos uma "lei") constitui a forma suprema do conhecimento.[6]

Essa mesma afirmação apresenta algumas sutilezas que já constituem um ponto para nossa consideração. De fato, quando Helmholtz fala de "relação" inalterada, há aí uma diferenciação entre "relação" e "substância". O fisiologista alemão considerava que "isso" que sempre permanece inalterado diz respeito a uma substância; entretanto, não seria possível conhecer substâncias, mas somente as relações que se estabelecem entre elas. Uma lei seria, então, aquilo que poderia ser recolhido da invariância de uma relação entre grandezas que variam. Dessa maneira, todas as relações estariam acessíveis ao pensamento, e assim, seriam todas compreensíveis.

Entretanto, é necessário notar que Helmholtz trabalha a ideia de compreensão como algo ligado à representação, ao pensamento ou à intuição, algo solidário à afirmação de que aquilo que se conhece são as relações, e não as substâncias. Colocado de outra forma,

UMA FORMA PRÓPRIA DE VERDADE 97

o fisiologista parece trabalhar com um horizonte de adequação da coisa ao intelecto, de modo que a verdade deixa de ser uma questão, uma vez que ela ficaria velada atrás dos modos de captação da verdade (pensamento, intuição, percepção). Ao comentar uma conferência dada sob o título "Die Tatsachen in der Wahrnehmung", traduzida para o inglês como "The Facts in Perception" (Os Fatos na Percepção), afirma Balibar: "pode-se dizer, sem exagerar, me parece, que *Wahrnehmung* [percepção] é o verniz sob o qual Helmholtz esconde a verdade"[7]. Mais que isso, Helmholtz afirma que a ciência da natureza separa o que é da ordem da definição daquilo que é da ordem da realidade, do estado puro. Desse modo, isso que aparece do "outro lado" dos enunciados científicos, isto é, isso ao que os enunciados se referem, é a realidade, e não a verdade.

Temos, portanto, o seguinte esquema: o "império" do real é compreensível, mas não por ser possível saber a verdade de suas substâncias; o que é possível de ser compreendido são leis decorrentes daquilo que permanece inalterado na relação entre grandezas, algo somente acessível a partir da consideração de uma realidade. Real e realidade não são a mesma coisa; entretanto, as leis da realidade são adequadas ao real. Para tanto, é necessário um passo a mais, uma vez que a relação entre as leis da realidade e o real só faz sentido se essas leis forem estáveis, ou, ainda mais: absolutas. Desse modo, aponta Balibar, Helmholtz apresenta uma noção de causalidade necessária a essa "colagem" entre as leis da realidade e o real: se o fisiologista delimita seu saber deixando a verdade escondida por trás da noção de realidade, a noção de realidade em si traz consigo algo de causal:

Mas a realidade se apresenta como *Wirklichkeit* (realidade efetiva, atualizada) e figura no título de sua conferência sob a bandeira das *Tatsachen*, onde a palavra *Sache* não pode não ressoar; ora, *Sache*, em alemão, é, como em latim, ao mesmo tempo coisa e causa – de modo que o título dessa conferência aparece finalmente ainda mais codificado do que parecia: ele exibe, lado a lado, a causa e a verdade, mas não em suas formas puras, sob a forma de aliança com outros termos, e mantendo-os cuidadosamente distantes um do outro.[8]

O mais surpreendente, aponta Balibar, não é somente a complexa operação necessária para fazer com que a verdade se esconda, mas também que se distancie da causa; pois Helmholtz continua a apresentar uma fragilidade em sua epistemologia, no que diz respeito à passagem da realidade às coisas, mesmo que seja pela via causal: o que faria com que houvesse, de fato, essa correlação entre as leis da realidade que são matematizáveis e as coisas em si, cuja substância e verdade são retiradas contornadas no processo de construção de saber? A resposta do cientista é furtiva, não resolvendo a questão, apenas afirmando algo como "confie e faça".

Ou seja, nesse ponto de ligação, o que se propõe é uma espécie de ato de fé, com o qual a questão pode ser deixada em aberto ("confie"). Ademais, também demanda que a ação não seja atrapalhada por esse tipo de questionamento ("faça"). Tal proposição, aparentemente tão frágil, só é possível pelo velamento da questão da verdade, que permite que, ao se tratar "somente" de realidade, a impotência presente nesse ato de fé que dá consistência à lei causal possa passar despercebida. Ou, ainda melhor, possa ser ativamente esquecida:

Em suma, e para dizer as coisas em termos simplistas, o erudito [*savant*] (identificado nessa ocasião àquele que faz ciência) não pode dizer "eu" no exercício de sua atividade de sábio, pois não é esse eu quem então fala de verdade, mas um Outro do qual ele é o intermediário graças à matemática – ele mesmo tendo voluntariamente "esquecido" a existência, nele, de uma divisão, e então deixado de lado toda uma parte de seu eu: isso que Lacan designa como o sujeito sofredor que, se compreendo bem, é essa parte do sujeito da ciência que não fala na ciência (mas fala na análise). Desse basculamento do domínio da verdade naquele da realidade, acabamos de analisar longamente um exemplo que pode se classificar como paradigmático. Todos os esforços de Helmholtz em *Die Tatsachen in der Wahrnehmung* visam a construir um objeto que lhe seja exterior, esquecendo deliberadamente essa parte do "eu" da qual ele não quer saber nada, a não ser para poder subtraí-la de nossas representações, como um escavador de ouro que, passando na peneira as areias auríferas que recolheu, descarta a areia para guardar somente o ouro.[9]

Assim, a autora afirma que essa evasão da questão que faz o elo entre pensamento e existência é justamente o que permite esse esquecimento do "eu" demandado pelo procedimento científico. Isso porque o saber produzido só se sustenta a partir da retirada desse tipo de questão que traria grande instabilidade às operações que permitem o estabelecimento da correlação entre leis simbólicas e substâncias reais impossíveis de serem conhecidas.

UMA FORMA PRÓPRIA DE VERDADE 99

Nesse sentido, a matemática surgiria para consolidar tais operações por permitir o estabelecimento desse saber, respeitando a invariância demandada pela ciência. Se o real (ou a substância) é o invariável, a matemática ocuparia um lugar de verdade, pois possibilitaria a construção de sistemas eficazes (que tocam o real) a partir de uma linguagem que permita a depuração das individualidades dos pesquisadores.

Contudo, pergunta a autora, será que é possível fazer ciência somente nesses termos? Sua resposta é decididamente negativa: se a matematização é uma operação que pode estar presente na ciência, ela não abrange todo o procedimento científico. Afinal, falar em termos puramente formais, segundo Balibar, é o mesmo que não falar nada. Uma ciência só tem sentido e eficácia quando existe também uma parte sua realizada em linguagem vernacular, e não somente formal, o que indica que essa concepção lógica e consensual de verdade não é suficiente para dar conta da prática científica. E, posto isso, faz-se necessário que a verdade seja também abordada de outro lugar:

Essas passagens em língua comum, com efeito, não servem para traduzir isso que está escrito em termos simbólicos (isso que é totalmente inútil porque, de todo modo, o simbolismo é compreendido universalmente). [...] Sem esse "eu" (que também faz parte do sujeito da ciência) que se exprime em língua ordinária, o sujeito da ciência, reduzido ao "eu" diluído do princípio de relatividade, não fala com ninguém.[10]

É possível, a partir dessa apresentação, colocar duas questões sobre a consideração da verdade na produção de conhecimento: primeiramente, a questão da verdade enquanto garantidora do conhecimento, que se desdobra em como sustentar a validade do conhecimento a partir dessa crítica; segundo, a pergunta sobre o papel e os efeitos que esse processo produz no sujeito.

A Verdade Separada do Conhecimento

Em relação à primeira questão, é possível, a partir de Balibar, localizar alguns pontos de proximidade com o diagnóstico de Hacking sobre o problema inerente à aplicação de teorias da verdade (no sentido de Kirkham) às ciências, uma vez que a prática científica não parece ser bem explicada por uma teoria da verdade como adequação, ou por uma teoria pragmática, tampouco por uma teoria semântica. Lembremos que o filósofo afirma que o problema estaria na passagem da teoria para o mundo, nisso em que parece não ser possível justificar, epistemologicamente, o porquê de aquilo que é formalizado de fato funcionar com os objetos empíricos[11]. Algo bastante compatível, portanto, com a afirmação de Balibar sobre a necessidade de encarnação dos enunciados lógicos para que uma ciência aconteça. Entretanto, o que é feito com esse diagnóstico marca uma diferença relativa à segunda questão.

Como indicado em "A Ciência entre Verdade e Veracidade", Hacking irá encaminhar essa questão ao afirmar que não há um encaixe garantido, mas que existe uma série de práticas que dariam algum tipo de contorno a essa lacuna. É o que ele indica enquanto modos de estabilização, os quais seriam responsáveis pela acomodação do conhecimento aos problemas empíricos encontrados e àquilo que se espera da produção de saber. E, junto a isso, o entendimento de que a própria estabilidade do conhecimento é autorreferente: fruto da reunião de diversos fatores que inclui desde restrições colocadas pelos objetos a negociações impostas pelo social. Trata-se, portanto, de uma solução que, ao deslocar a questão da verdade para a veracidade, substitui um saber absoluto por um saber historicizado, não garantido por nenhum elemento externo e aberto a algum tipo de negociação. Essa seria a resposta para a primeira questão.

Em relação à segunda questão, vimos, em "Ontologia Histórica e Patologias Transientes", o extenso trabalho de Hacking acerca do efeito retroativo das práticas e dos discursos científicos sobre os indivíduos. É um modo "positivado" de se tratar o problema, pensando na influência direta que discursos e práticas estabelecidas têm na definição da expressão sintomática e nos modos de sofrimento. Há, portanto, a afirmação de efeitos ontológicos a partir do estabelecimento de práticas e discursos, mas isso é trabalhado a partir da relação entre conteúdo dos discursos e possibilidades de experiências.

Trata-se, desse modo, de um ponto de inseparabilidade entre os efeitos ontológicos da produção de saber, reunindo epistemologia e ontologia. O modo geral como o sujeito é localizado dentro do empreendimento científico produz efeitos ontológicos: como veremos a seguir, isso diz respeito, para Lacan, à rejeição da verdade enquanto uma questão. Segundo o psicanalista, essa rejeição estaria ligada à fecundidade da ciência moderna, nisso em que ela permitiria a passagem para uma linguagem formal e deixaria de lado questões que poderiam colocar a pertinência dessa linguagem enquanto modelo geral de apreensão do mundo.

Deve-se apontar, entretanto, que Hacking não reconhece a matematização como traço indispensável à constituição do pensamento científico moderno. Isso foi indicado, quando tratamos de suas diferenças em relação ao pensamento de Koyré. Embora Hacking demonstre grande interesse pelo pensamento matemático, ele não o considera um traço necessário à produção de conhecimento científico[12]. Isso se articula à sua simpatia com a obra de Crombie, no ponto em que há uma discordância em relação ao reconhecimento de uma ruptura que assinalaria a emergência da ciência moderna. Como sabemos, o filósofo rejeita o "racionalismo" de Koyré, buscando explicações e descrições do pensamento científico mais pormenorizadas[13].

Entretanto, um problema poderia ser apontado, na medida em que a ideia de produção de um novo tipo de subjetividade seria colocada em xeque pela discordância sobre a emergência da ciência moderna ter sido causada por um novo modo de organização do pensamento científico. Contudo, como vimos no capítulo anterior, o pensamento de Hacking permite esse tipo de dissociação, uma vez que os efeitos ontológicos não dependem da correção dos saberes em voga. Mesmo que o autor não concorde com uma categorização racionalista (nas palavras dele) sobre a ciência moderna – o que significa que ele não aceita totalmente a tese de que o privilégio da razão sobre o experimento teria inaugurado a ciência moderna e seria uma característica indispensável dela –, isso não quer dizer que essa ideia não possa ter sido aplicada, ou que ela não tenha sido a base de diversas práticas científicas. Discordar de suas premissas de modo algum significa que essas premissas não tenham sido empregadas (em práticas e discursos) e, principalmente, produzido efeitos ontológicos.

É possível discordar do papel do *cogito* em relação à sua função no pensamento científico e, ainda assim, reconhecer efeitos ontológicos dos enunciados que foram produzidos nesse processo sobre o qual se diverge. Lembremos que Hacking discorda das explicações dadas sobre a múltipla personalidade, mas ainda assim reconhece os efeitos ontológicos dessas explicações que considera erradas[14]. Que ele rejeite uma explicação racionalista para a ciência não significa que não reconheça a existência de um discurso racionalista, inclusive seus efeitos ontológicos. Não há, portanto, uma incompatibilidade na crítica de uma abordagem racionalista para explicar a ciência moderna e o reconhecimento de que esse discurso racionalista tenha produzido efeitos ontológicos – o que reafirma a relação entre epistemologia e ontologia, nisso que a primeira causa efeitos na segunda. Hacking não apresenta, entretanto, um esforço de explicação sobre o que faria com que essa relação se estabelecesse, ou se ela mesma responderia a algo mais amplo. É possível reconhecer uma relação entre discursos e práticas e a produção de verdades ontológicas ligadas à experiência, sendo, inclusive, que os efeitos não dependem da correção dos conteúdos mobilizados nos discursos. Não há, entretanto, uma tentativa de explicação causal sobre isso que o autor reconhece.

Esse é o principal ponto de distanciamento entre Lacan e Hacking. Para Lacan, a questão da verdade deve ser articulada à causa, e isso traz diversos efeitos para o debate. Afirmamos ser essa a principal diferença, pois há diversos pontos de compatibilidade. Em relação à primeira questão, as críticas lacanianas ao positivismo lógico[15] parecem ser bastante compatíveis com o posicionamento de Hacking: não se trata de uma desvalorização do conhecimento, mas da recusa de uma instância garantidora de sua verdade. Entretanto, é justamente no modo de abordar a questão da verdade enquanto deslocada em relação ao conhecimento que a psicanálise fará uma proposição inovadora, ao afirmar que o fato de que o saber encubra a verdade produz efeitos, uma vez que isso que é encoberto não deixa de irromper.

Trata-se de um modo específico de se trabalhar a questão da verdade. Um modo que responde, ao nosso ver, a especificidades do objeto e da racionalidade a ele recíproca. Algo que faz retornar à querela apresentada por Hacking sobre Freud e Janet, em que Freud parece levar ao limite sua inquietação com a questão da verdade.

Desenvolveremos isso em dois momentos: primeiramente, apresentaremos o modo como a questão da verdade é trabalhada

UMA FORMA PRÓPRIA DE VERDADE 103

na psicanálise lacaniana. Nesse processo, utilizaremos o trabalho de Hacking sobre *estilos de raciocínio* não somente para organizar a especificidade do pensamento e da prática psicanalítica, mas também para demonstrar que essa proposição comporta a constituição de um estilo a partir do reconhecimento de uma negatividade forte. Essa negatividade pode sustentar modos específicos de delineação de objetos, em reciprocidade com a constituição de métodos de pensamento que estabelecem padrões de verdade ou falsidade específicos, e também técnicas de estabilização. Assim, a psicanálise estabelece um estilo de raciocínio, contemplando as três categorias indicadas pelo filósofo canadense.

A VERDADE, A PSICANÁLISE, AS CIÊNCIAS

Se, como afirmado anteriormente, Lacan indica que a verdade seria uma espécie de centro de gravitação da clínica[16], é preciso reconhecer que suas considerações sobre isso se distribuem ao longo de anos. Frente a isso, tomaremos como referência central o texto "A Ciência e a Verdade"[17]. A escolha desse texto se justifica por se tratar de um ponto sensível no modo como Lacan se debruça sobre não somente a verdade e o saber, mas sobre um questionamento preciso acerca do lugar da psicanálise em relação a esses dois termos. Segundo Sidi Askofaré, trata-se de um momento de virada no pensamento lacaniano, por reorganizar suas preensões em relação à questão da cientificidade[18].

Segundo Askofaré, Lacan teria dado continuidade ao projeto freudiano de localização da psicanálise dentro de uma visão de mundo científica[19], porém com algumas adequações: esse esforço contaria com a influência de diversos autores, entre eles Georges Politzer e a filosofia hegeliana apresentada por Alexandre Kojève[20], além de uma mudança no horizonte de cientificidade marcada pela influência da antropologia e da linguística estruturais.

Ademais, Lacan retomaria seu diálogo mais direto com a ciência a partir de 1964, após sua saída da Sociedade Internacional de Psicanálise e da mudança de local de seus seminários. Askofaré compreende que a perda de estabilidade institucional, assim como a ampliação do público de seu seminário causada pela mudança para a École Normale Supérieure – passando a incluir uma grande quantidade de frequentadores provenientes de outras áreas que não a psicanálise – estariam entre os motivos dessa retomada[21]. Essa retomada se daria, entretanto, em termos próprios. Não se tratava de procurar abrigo sob o guarda-chuva das ciências, ou mesmo de buscar a cientificidade da psicanálise a qualquer custo. Era um momento em que o próprio ideal de cientificidade já era tratado de maneira crítica, o que pode ser visto em seu comentário sobre seu seminário de 1964, ao afirmar que "permanente, portanto, manteve-se a pergunta que torna nosso projeto radical: aquela que vai de 'é a psicanálise uma ciência' até *'o que é uma ciência que inclua a psicanálise?'"*[22].

Em "A Ciência e a Verdade", o questionamento sobre a existência de uma ciência que inclua a psicanálise se dramatiza: se é correto afirmar que Lacan dialoga com o estruturalismo, ele o faz no intuito de marcar uma diferença. Essa diferença diz respeito à questão da verdade e sua relação com a causa, de modo que o psicanalista mobiliza alguns desenvolvimentos anteriores sobre a verdade para sustentar essa diferenciação.

Esse próprio texto – que consiste, originalmente, na primeira sessão de seu seminário sobre o objeto da psicanálise[23] –, condensa desenvolvimentos realizados anteriormente. Trata-se da consideração de seis pontos relacionados à separação entre verdade e saber: a coincidência entre o sujeito da psicanálise e o sujeito da ciência; a rejeição da verdade pela ciência moderna; o caráter enunciativo da verdade (a verdade fala); a inexistência de metalinguagem; a verdade como causa material na psicanálise e formal na ciência; e a sutura do sujeito na comunicação científica. O que nos coloca, novamente, a necessidade de fazer uma escolha em relação ao modo como apresentaremos essas questões. Tendo em vista o escopo de nosso trabalho e, especialmente, o longo trajeto que percorremos na obra de Hacking até aqui, privilegiaremos apenas os pontos necessários para desenvolver o debate que propomos[24].

Desse modo, teremos um primeiro ponto no horizonte balizando nosso trabalho: trata-se da maneira como a história se faz presente nesse texto, indicada pela correlação entre sujeito da ciência moderna e sujeito da psicanálise. Esse ponto, entretanto, só fará sentido após algumas explanações mais gerais de como a verdade é mobilizada no pensamento e na clínica psicanalítica.

UMA FORMA PRÓPRIA DE VERDADE   105

A questão da historicidade será deslocada, então, para" "Um Sujeito Histórico". Assim, antes de chegar a esse norteador, passaremos por outros elementos, em especial a *separação* entre verdade e saber e a afirmação de que a verdade *fala*. Essas duas formas de apresentação da questão da verdade funcionam também como uma apresentação mais geral do estatuto da verdade na psicanálise, em sua relação com a racionalidade psicanalítica e com a negatividade própria a seus objetos – a qual, como afirmamos anteriormente, pode ser apresentada como constituindo um estilo de raciocínio próprio.

Objetos, Verdades e Falsidades

Lacan não hesita em afirmar que a verdade se apresenta enquanto uma negação do saber. Essa construção geral se faz presente em diferentes modos mais específicos como a verdade é apresentada. Desde como a relação deficitária com a verdade pode ser compreendida enquanto um núcleo patogênico na obra de Freud[25], assim como a compreensão de que a verdade se revela nas manifestações do inconsciente. Segundo Lacan, uma característica inalienável da verdade é, nesse sentido, que ela fala.

É o que ele afirma em "Coisa Freudiana", com sua prosopopeia de "Eu, a verdade, falo"[26]. Essa fórmula não deve ser tomada enquanto uma primazia da fala sobre a escrita, como bem aponta Porge[27], mas em sua especificidade enunciativa: a verdade falante ou literante. Isso não impede que se fale sobre a verdade, mas indica que ela também ganharia enunciação própria. O que tampouco significa que ela fale o verdadeiro, ao contrário:

Vagabundeio pelo que considerais como o menos verdadeiro em essência: pelo sonho, pelo desafio ao sentido da piadinha mais gongórica e pelo nonsense do mais grotesco trocadilho, pelo acaso, e não por sua lei, mas por sua contingência, e nunca procedo com maior certeza para mudar a face do mundo do que ao lhe dar o perfil do nariz de Cleópatra.[28]

Num contexto que passa, de um lado, por um forte humanismo em voga no pós-guerra e, por outro, num início de separação de certos encaminhamentos que se mostravam estabelecidos na Sociedade Internacional de Psicanálise[29], a afirmação lacaniana de uma "verdade que fala" se localiza no *front* de seu retorno a Freud, projeto que se posicionava criticamente frente a essas duas tendências. Rejeitava, assim, certas inércias que – seja na defesa de um universal humano, seja numa consideração demasiadamente segura de desenvolvimentos teóricos dentro da própria psicanálise – acabavam por se encaminhar a um horizonte normativo. A reafirmação da verdade como algo que tem voz própria consistia, portanto, num posicionamento de recusa dessa tendência, ao afirmar que isso que pode ser construído enquanto um horizonte da cura psicanalítica deve ter a indeterminação presente no fato de que a verdade, ela mesmo, fala – não se trata de um saber que a apreende[30].

Pode-se encontrar também uma influência de discussões que indicavam o potencial reificador da própria teoria psicanalítica. Algo frequentemente apontado por Sandor Ferenczi[31], em sua preocupação de que o cânone estabelecido tivesse um papel defensivo por parte dos analistas, reduzindo a escuta clínica aos fatos consagrados pela literatura. Preocupação amplamente presente nos textos freudianos, mas que aparentemente não impedia que o conhecimento assumisse tal papel na atividade clínica. Ao enfatizar a articulação entre verdade e manifestações inconscientes (sonhos, atos falhos, sintomas etc.) num posicionamento eminentemente clínico, Lacan não deixa de produzir um tensionamento com a própria teoria estabelecida. Afinal, trata-se de tomar aquilo que é o ponto central de uma análise – a verdade –, não enquanto signo de adequação de uma ideia ou representação, mas justamente enquanto o que escapa a isso que é nomeado como saber. A verdade se mostra, portanto, como *inadequação*: não é reconhecida como indicativo ou afirmação de uma positividade, mas como efeito de um limite daquilo que pode ser capturado e estabilizado em um saber. Aquilo que tensiona e nega o que foi estabelecido, aquilo que indica uma incompletude que tensiona a própria ideia de adequação. Assim, apresenta um potencial negativo, sempre capaz de reintroduzir uma dimensão de alteridade no que é dado como certo.

O que nos leva, por sua vez, às possibilidades de reconhecimento da verdade. Apresentamos, também na introdução, a influência da dialética hegeliana no modo de compreensão da verdade como um dos termos de um processo dialético, no qual

UMA FORMA PRÓPRIA DE VERDADE 107

se presentifica justamente enquanto negação do saber. É uma noção que condensa, por um lado, os traços do inconsciente em seu caráter refratário à objetificação; e, por outro, estratégias de reconhecimento centradas na negação. Mas é preciso situar que se trata de uma questão incontornavelmente clínica.

A Resistência entre Verdade e Defesa

Lacan se debruça sobre a impossibilidade de estabilização da verdade com bastante afinco em seu seminário sobre os escritos técnicos de Freud[32]. Isso foi aludido em "Ontologia Histórica e Patologias Transientes", mas iremos retomar alguns pontos. Trata-se de uma discussão sobre o conceito freudiano de resistência. Na quarta sessão do seminário, Jean Hyppolite faz uma pergunta a Lacan, sobre um possível entendimento do conceito de resistência enquanto um instrumento de poder dentro da clínica. Essa pergunta tem como efeito disparar uma discussão que engloba justamente a questão da verdade em sua articulação com a interpretação, a negação e a resistência. É um momento em que Lacan retoma, além dos textos sobre a técnica, seu "Construções em Análise"[33] e *A Negação*, sobre o qual ele inclusive pede a Hyppolite que faça uma apresentação. A problemática gira em torno, portanto, da dificuldade de estabelecimento de um critério para a consideração da verdade da fala, o que envolve suas possibilidades de negação.

Lembremos que Freud afirma que a resistência ao tratamento não deve ser compreendida somente como um obstáculo do qual se deve desviar, mas como algo necessário, que deve ser perlaborado[34]. Vale lembrar, inclusive, a dificuldade de tradução dessa ideia (*durcharbeiten*, que ganha também a forma de "elaboração", no português), nisso em que ela abarca uma intenção de atravessamento, bem expressada, por exemplo, na tradução inglesa por *work throught*. A perlaboração indicaria, portanto, que algo deve ser atravessado para que possa ser transformado, não bastando ser simplesmente evitado.

O conceito de resistência é interessante por indicar como a verdade pode ser localizada em partes distintas e aparentemente contraditórias do processo analítico, indicando também a dificuldade de um pensamento linear e inequívoco para a explicação de um percurso analítico. Pode-se pensar, num primeiro momento, numa oposição: há uma verdade indisponível – aquela que se liga à causa dos sintomas – cujo acesso é dificultado pela resistência, por esta ser apontada, inicialmente, como um obstáculo ao tratamento e à suspensão do recalque[35]. Há, entretanto, algo que também diz respeito à verdade na resistência, motivo pelo qual a perlaboração das resistências consiste em parte indispensável do tratamento. Lembremos que Freud usa esse ponto como argumento para a diferenciação da psicanálise em relação à sugestão, a qual objetificaria[36] o analisante e não realizaria um trabalho através da resistência (mas desviando dela), motivo de sua fragilidade clínica. Se tomarmos, por exemplo, a explicação sobre o caráter traumático de um evento como efeito de uma experiência com a qual o aparelho psíquico não teria capacidade de lidar[37], pode-se pensar que aquilo que torna impossível o acesso a essa experiência (a resistência) carrega a marca dessa incapacidade originária. Algo da verdade da experiência traumática (seu caráter excessivo, naquele momento) é reativado na resistência. Além de que, a partir da necessidade de que a própria resistência seja perlaborada, indica-se que não há uma separação total entre a resistência e aquilo do que ela "defende" o eu, o que é compatível com a figura radial que Freud usa para explicar esse mecanismo: algo que emana a partir de um núcleo e que se intensifica conforme se aproxima do centro.

Não obstante, Freud indica, em relação à resistência, a insuficiência de uma interpretação segundo a qual o analista indique que (e ao que) o analisante resiste, argumentando tratar-se de um processo em que a simples afirmação intelectual não resolve a questão. Ao contrário, é necessária uma intensificação desse mecanismo para que alguma transformação possa acontecer:

É preciso dar tempo ao paciente para que ele se enfronhe na resistência agora conhecida, para que a elabore, para que a supere, prosseguindo o trabalho apesar dela, conforme a regra fundamental da análise. Somente no auge da resistência podemos, em trabalho comum com o analisando, descobrir os impulsos instituais que a estão nutrindo, de cuja existência e poder o doente é convencido mediante essa vivência.[38]

Pode-se reconhecer aí uma forma particular de relação entre saber e verdade: a simples enunciação do saber, mesmo que esteja correta, não necessariamente produz efeitos terapêuticos.

UMA FORMA PRÓPRIA DE VERDADE 109

Produz, isso sim, efeitos inconscientes, que podem inclusive ter a forma de negação. E, nesse momento, a negação seria "desqualificada"; seria tomada enquanto um sinal de confirmação de que algo importante foi mobilizado, tão importante que continuaria carregando algum tipo de censura. É o que indicamos sobre a verdade contida na resistência. Vê-se, de saída, que temos um objeto funcionando numa dinâmica de velamento, e que demanda parâmetros de verdade ou falsidade recíprocos a esse objeto que se mostra a partir de negativas.

Por outro lado, a questão da resistência consiste num ponto diversas vezes alvo de polêmica, sendo acusado de funcionar como um subterfúgio frente a qualquer possibilidade de fracasso do analista. Freud não deixa de enfrentar essa questão, usando-a de gatilho para iniciar a discussão em "Construções em Análise". Nesse texto, a relação entre resistência, negação e verdade explicita contornos ainda mais interessantes.

Freud inicia sua discussão a partir de uma acusação de que o conceito de resistência funcionaria como uma garantia de infalibilidade do analista (cara, eu ganho; coroa, você perde). E isso o faz se debruçar sobre o que poderia levar um analisante a recusar a construção oferecida pelo analista. A primeira opção seria o analista, de fato, estar errado. Isso não seria grave, desde que o erro fosse contornado e que esse tipo de situação não fosse recorrente. Em segundo, haveria a resistência propriamente dita: a negação seria uma resposta inconsciente mobilizada por aquilo falado pelo analista. Em terceiro, haveria a possibilidade de uma incompletude da construção, em que haveria uma aceitação parcial, mas com algum tipo de ressalva.

Esses três pontos são bastante claros na indicação de que haveria parâmetros específicos de verdade ou falsidade em operação na clínica psicanalítica. Afinal, uma recusa poderia simplesmente estar "correta" (indicando um erro do analista), ou, ao contrário, ser um sinal do sucesso da intervenção. E a possibilidade de diferenciação entre elas, segundo Freud, é o reconhecimento de uma manifestação do inconsciente, que aconteceria no segundo caso. O inconsciente fala, e o faz independentemente de qualquer convicção ou intenção consciente do analisante. Isso ganha o nome de "verdade". A verdade fala na resistência, o que não significa que diga a verdade. Mas é o fato de ela falar que importa. E essa é apenas uma das formas de reação do inconsciente. Temos, portanto, uma verdade que se afere pelos efeitos.

Cabe lembrar, contudo, que o próprio modo como a questão da verdade é mobilizada não é sempre o mesmo. Há, por exemplo, a diferenciação de tipos de verdade em *Moisés e o Monoteísmo*; há uma relação presente em diversos momentos entre verdade e desejo; e há também a indicação de uma incompletude ligada à questão da verdade, que pode ser depreendida de textos como "Análise Terminável e Interminável" e, especialmente, no supracitado "Construções em Análise". O que nos leva ao terceiro ponto elencado no parágrafo anterior, o qual, junto com a ideia de incompletude de uma construção em relação à verdade histórica, Freud remete à possibilidade de que construções tenham efeitos terapêuticos embora não produzam qualquer recordação de que aquilo que foi construído tenha realmente acontecido:

O caminho que parte da construção do analista deveria terminar na recordação do analisando; mas nem sempre chega até lá. Frequentemente não conseguimos levar o paciente à recordação do que foi reprimido. Em vez disso, nele obtemos, se a análise foi corretamente conduzida, uma firme convicção da verdade da construção, que tem o mesmo resultado terapêutico que uma lembrança reconquistada. Em que circunstâncias isso se dá, e como se torna possível que um substituto aparentemente imperfeito alcance total eficácia, tudo isso é matéria para indagação futura.[39]

Vemos, aí, uma faceta em que a verdade da construção é ligada à capacidade transformativa do enunciado, prescindindo de uma relação de correspondência com a verdade histórica. O efeito da verdade, nesse sentido, não guarda relação direta com as coisas em si ou com os fatos históricos, algo bastante próximo do que Lacan trabalhará sob a fórmula "a verdade tem estrutura de ficção"[40]. Esse movimento é central para nosso argumento por sua assimilação por Lacan. Não é à toa que o psicanalista francês trabalha esse texto juntamente com *A Negação*, por indicar que a negação pode constituir uma forma própria do trabalho sobre a verdade. Trata-se de uma das respostas inconscientes apresentadas por Freud em "Construções em Análise", mas tem grande importância no pensamento lacaniano por sua articulação com a dialética.

UMA FORMA PRÓPRIA DE VERDADE 111

Verdade e Negação: a Negatividade como Estilo

A *Negação* é iniciado com uma ideia aparentemente simples: existe, em certos casos de enunciação da negação, a veiculação de um conteúdo reprimido. Apresenta-se a fala de um paciente que diz ter sonhado com uma mulher, e faz questão de negar que fosse sua mãe. Vê-se, segundo o autor, uma negação ativa que se antecipa à pergunta com o objetivo de justificar algo sobre o que acabara de se dizer. Segundo Freud, esse tipo de construção muitas vezes mostra, em seu inverso, a verdade. A ideia é suportada intelectualmente pela consciência somente porque teve seu afeto negado, de modo que a repressão continua operando, ainda que parcialmente. Como diz o autor, "a negação é um modo de tomar conhecimento do reprimido; na verdade já é um levantamento da repressão, mas naturalmente não a aceitação do reprimido"[41].

Essa afirmação parte do pressuposto de que as funções intelectuais do juízo são tributárias do funcionamento pulsional[42], uma vez que o juízo de existência (se o objeto representado existe na realidade) só pode se constituir a partir da expulsão de um objeto pelo juízo de atribuição (atribuir qualidades ao objeto; nesse caso, não querer o objeto). Desse modo, objetividade e subjetividade apresentariam um ponto de indiferenciação, já que os testes de realidade só se fazem possíveis a partir da negação da presença de um objeto no aparelho psíquico. O que permite, por outro lado, a dissociação entre a negação da expulsão do objeto no aparelho (ele pode existir enquanto representação) e de sua atribuição (ele existe, mas não aceito seu sentido).

O ponto central que nos interessa é a enunciação da verdade continuar a carregar algo que dificulta sua aceitação enquanto verdade. É, ao menos, a leitura que Lacan propõe em seu comentário sobre o texto:

Que nos diz Freud ali, de fato? Ele nos desvenda um fenômeno estruturante de qualquer revelação da verdade no diálogo. Existe a dificuldade fundamental que o sujeito encontra naquilo que tem a dizer; a mais comum é a que Freud demonstrou no recalque, ou seja, essa espécie de discordância entre o significado e o significante que é determinada por toda censura de origem social. A verdade pode sempre ser comunicada, nesse caso, nas entrelinhas. Ou seja, quem quer dá-la a entender sempre pode recorrer à técnica indicada pela identidade entre a verdade e os símbolos que a revelam, isto é, atingir seus fins introduzindo num texto, deliberadamente, discordâncias que correspondem criptograficamente às impostas pela censura.[43]

Essa colocação, apesar de sinalizar muito rapidamente de onde viria essa dificuldade da enunciação da verdade (discordância entre significado e significante como um dos casos possíveis), é interessante por indicar os modos possíveis de enunciação. Trata-se, sempre, de uma enunciação cifrada, que carregue as discordâncias impostas. Nesse sentido, a resistência poderia ser vista não enquanto um obstáculo ao tratamento, mas justamente como sua possibilidade de realização. É ao que aponta Hyppolite[44], ao localizar esse movimento dentro da dialética hegeliana. De onde é possível inferir que a negação seria, portanto, um momento da verdade.

Em um comentário sobre o mesmo texto, Vladimir Safatle[45], já assimilando avanços propostos por Lacan em relação à impossibilidade de realização sem restos do sujeito, indica que essa negação pode ser compreendida com uma dupla inscrição: por um lado, ela indica a pertinência do objeto alvo da negação, o qual teria tido, nas palavras de Freud, seu recalque parcialmente levantado; por outro lado, ela carregaria uma afirmação sobre a impossibilidade de adequação do objeto ao desejo. Nesse sentido, a negação da negação apresentaria uma performatividade apenas parcial, pois algo presente nela persistiria para além da interpretação de seu conteúdo específico. Ou seja, o analista interpretar no sentido de indicar que se trata, sim, da mãe do paciente no sonho não resolveria a questão, pois a negação não se dissiparia totalmente aí – algo compatível com a alusão de Freud, em "Construções em Análise", sobre a rejeição de uma construção por sua incompletude. A negação aparece como um efeito de verdade, uma confirmação da pertinência que só é acessível pelos efeitos, ao mesmo tempo que indica algo que sobra – algo fundante no modo como Lacan trabalha a presença da negação entre saber e verdade. Como comenta Safatle:

o objeto é apenas uma ocasião para reapresentar algo que está abaixo dele. É uma ocasião para, através da negação, retornar ao que foi "expulso para fora de si". Algo, que não é a mãe, retorna sob a figura da mãe. Algo que não é o desejo de agressão contra o analista retorna sob a forma do desejo

UMA FORMA PRÓPRIA DE VERDADE   113

de agressão contra o analista. Através da negação, o sujeito diz duas coisas. Ele diz qual o objeto imediato de seu desejo; por isso ele afirma algo. Mas ele diz também que tal objeto lhe apareceu como desejante apenas por ter permitido que algo de radicalmente heterogêneo encontrasse uma forma de se manifestar em sua fala; por isso ele nega algo[46].

Esse caráter persistente da negação aponta para um traço forte de negatividade presente na relação recíproca entre objeto e modo de raciocínio sobre ele. Os objetos atuais são formas de estabilização temporária de "algo radicalmente heterogêneo". Isso indica, por outro lado, que a própria noção de verdade em Lacan não pode ser reduzida à simples inversão de uma afirmação em seu oposto. Não se trata de estabilizar enquanto verdadeiro aquilo que se positiva a partir da negação, já que aquilo aceito como verdade em determinado momento não se manteria enquanto tal. A verdade, dessa maneira, contém esse tensionamento entre a possibilidade de enunciação, de um lado, e o impossível de ser enunciado, do outro. Objeto e racionalidade partilham um traço fundante, que é a negatividade. Algo próximo ao que Safatle define como "ontologia negativa"[47], e que apresentamos como constitutivo de um estilo de raciocínio. Uma negatividade que se mostra estruturante dos objetos e dos modos de raciocínio, uma vez que não se trata da simples inversão em oposições, mas de algo que permanece enquanto negação potencial de qualquer forma de positivação[48]. É justamente em relação a essa impossibilidade de estabilização da negação em um oposto que Lacan tece seu comentário sobre o caso de Ernst Kris, primeiramente em seu seminário[49] e depois em "Direção do Tratamento e os Princípios de Seu Poder"[50].

Recuperando rapidamente: Kris fez uma comunicação sobre um paciente cujo sintoma seria uma insistente certeza de ser plagiário (roubar as ideias dos outros)[51]. Afirma que a pesquisa que desejava publicar já havia sido publicada num tratado que conteria a mesma ideia básica. O analista o confronta, afirmando que não eram as mesmas ideias, e interpreta sua narrativa ligando-a à história do pai e do avô do analisante. Após isso, o paciente relata que frequentemente sai de suas sessões e vai a uma rua específica, onde olhava cardápios com seu prato favorito: miolos frescos. Kris entende sua resposta como a confirmação do sucesso de sua interpretação, tomando-a como uma sublimação de seu desejo de devorar. E que, a partir de então, o analisante poderia realizar sua atividade intelectual de modo apropriado.

Lacan, por sua vez, tece uma crítica bastante feroz, indicando como haveria aí um processo de adequação a um ideal personificado pela figura do analista, que teria instruído o paciente a se comportar de acordo com um padrão socialmente aceito. Para além disso, ele entende o comer miolos frescos como o fracasso da interpretação, consistindo em num *acting-out* que indicaria que algo não estava sendo escutado. A esse respeito, afirma Safatle:

Que o "não" do paciente, ao dizer "eu não posso publicar, eu não sou alguém que possa publicar suas próprias ideias", seja invertido pelo analista em uma afirmação do tipo "você pode publicar, nossas ideias sempre vêm de outros", isso significa uma espécie de bloqueio na escuta mais precisa desse "não". Não foi possível ouvir como tal negação era mais brutal, pois pedia o desenvolvimento de uma experiência com a linguagem na qual a confusão das relações profundamente orais pudesse vir à tona e encontrar uma forma [...]. O que demonstra como compreender o que se procura produzir, quando se nega, exige mais do que uma escuta de superfície.[52]

Isso não significa que qualquer negação possa ser tomada nesse sentido. Há inúmeras formas da negação dentro do pensamento freudiano, e elas apresentam propósitos diferentes em sua teorização. Essa que está aqui em jogo seria aquela que "parece implicar a posição do analista na fala do paciente ou, se quisermos, daquela negação feita por um paciente cuja fala se deixa abrir às oposições pressupostas pela posição do analista"[53] – algo que vimos, anteriormente, a partir de "Construções em Análise". Isso nos interessa por indicar mais alguns traços sobre a consideração do modo de se reconhecer a verdade na clínica.

A impossibilidade de delimitação da verdade somente como oposição ao saber, indicada anteriormente pela inserção de um caráter temporal a esse processo em que a negação do saber pela verdade implica o estabelecimento de algo mais, de um resto, coloca essa questão. Se, por um lado, fica claro que a verdade é entendida enquanto um processo, isso agora pode ser desdobrado em dois pontos: primeiramente, o efeito de verdade de uma fala só pode ser aferido de um ponto interno a esse processo, dado que seu valor só existe na relação com outras falas e com o analista (ou seja, na transferência); para além disso, esse outro ponto em que a verdade indica sua impossibilidade de simbolização também é algo que se marca dentro de um processo, que implica a repetição da negação de algo que já se estabelecera como verdade, indicando a infinitude desse funcionamento.

Vemos, a partir desses elementos, que a questão da verdade apresenta traços particulares na psicanálise. É uma noção que articula a negatividade própria ao tipo de objetos a partir dos quais a psicanálise se constitui a racionalidade que permite algum tipo de tratamento desses objetos. Ela condensa, portanto, a originalidade dos objetos e dos parâmetros de verdade e falsidade introduzidos pela psicanálise. Algo que volta a reforçar a consideração da psicanálise como um estilo de raciocínio, já que congrega novidades solidárias de formas de verdade e falsidade e de objetos, estando em acordo com a definição de Hacking[54]. Um estilo que se marca pela inadequação inexorável entre verdades, objetos e saberes.

A partir dessa exposição é possível compreender a especificidade da verdade enquanto manifestação de negação e as possibilidades de seu tratamento a partir de um modo específico de se pensar métodos de raciocínio e a delimitação do objeto. Ademais, também foi possível indicar sua ausência de referencial externo e sua forma de negatividade forte. Contudo, o que foi até agora apresentado será sustentado melhor a partir da consideração da função da linguagem, como proposta por Lacan. Isso já apareceu anteriormente sob a forma do "desencontro entre significado e significante", e é central, conjuntamente com o que apresentamos sobre a dialética hegeliana, para a sustentação da verdade enquanto o que escapa ao saber[55].

Linguagem

Vejamos, então, o modo de tratamento da linguagem e suas consequências em relação à verdade. Particularmente após 1953, a linguagem deixa de ser um recurso para se tornar um traço estruturante, ou seja: aquilo que se conceitualiza sobre a linguagem deve estar sempre presente nas construções teóricas e clínicas da psicanálise lacaniana. Em outras palavras, a psicanálise deve, a todo momento, ter em conta que habita, ela própria, a linguagem, e que isso traz consequências sobre o que pode, ou não, dizer de si. E, nesse sentido, o modo de tratamento da linguagem é radical: essa não é uma função, mas sim estrutura. Trata-se justamente da fórmula do "inconsciente estruturado como uma linguagem", que será construída no decorrer desses anos.

Desse modo, a linguística estrutural deve ser localizada enquanto uma linha de sustentação da psicanálise; mais especificamente, um modo possível de solidificar a própria ideia de inconsciente. Tal ideia é apresentada em sua forma mais clara em "Função e Campo da Fala e da Linguagem"[56]. Como aponta Jean-Claude Milner, o interesse residia, no limite, numa possibilidade de afirmar a materialidade do inconsciente, uma "concepção corpuscular"[57]. O que a linguística estrutural fornece, a partir da obra de Saussure e Jakobson, é a possibilidade de uma base material a partir da distintividade, podendo abrir mão de explicações via neurônios e *quantum* de energia, como havia feito Freud: "antes de Saussure são as propriedades que fundam as diferenças (e as semelhanças); depois de Saussure é a diferença que funda as propriedades, e não há estatuto possível para a semelhança"[58].

A linguística estrutural fornece, assim, as bases para se pensar em um "corpúsculo não físico": "uma entidade negativa, opositiva e relativa"[59]. Isso implica que Lacan não somente consegue ordenar a teoria do inconsciente a partir de uma unicidade, como também obtém, na linguística, uma mecânica, "tão rigorosa em sua ordem quanto a mecânica física"[60]. A teoria de Saussure apresentava uma distinção entre o sintagma e o paradigma enquanto formas de relação: na primeira, os corpúsculos se opõem numa sucessão de posições, enquanto na segunda eles se opõem e excluem mutuamente numa posição específica. Jakobson teria ordenado isso a partir da metonímia e da metáfora, ligando o sintagma à primeira e o paradigma à segunda.

Lacan pode, assim, sustentar que o inconsciente se estrutura como uma linguagem, partindo do entendimento de que uma linguagem é "um conjunto em que (i) a metáfora e a metonímia são possíveis como leis de composição interna, e (ii) em que apenas a metáfora e a metonímia são possíveis"[61]. Isso, entretanto, localiza a linguagem como uma das formas particulares de uma noção mais geral de estrutura, algo que não seria suficiente à psicanálise, uma vez que a clínica demandaria também algum tipo de consideração sobre o particular. Pois, mesmo que fosse procedente pensar o inconsciente estruturado como uma linguagem, haveria também a necessidade de explicar a singularidade das formações inconscientes e suas produções em cada caso. Isso se mostra, afirma Milner, como o ponto de distanciamento da psicanálise com a linguística estrutural:

Conhece-se a solução dos estruturalistas: a noção geral se define como estrutura. Lacan jamais admitiu essa solução, que tem o defeito de acentuar as totalidades (nesse sentido, Lacan é certamente um antiestruturalista convicto); o nome que ele propôs para designar o modo de existência específico daquilo que tem as propriedades de uma linguagem (sem depender necessariamente da linguagem) acentua não a totalidade, mas o elemento: é o significante.[62]

Esse distanciamento toca em dois pontos centrais para nossa discussão: a primazia do significante e a causa. Em relação à causa, haveria um problema na conjugação entre psicanálise e estruturalismo no que diz respeito a uma ausência de atividade por parte dos elementos que são parte de uma estrutura, de maneira que essa aludida questão da totalidade se faz um problema. Não se trata de uma questão problemática somente para a psicanálise, mas sim de um problema que o estruturalismo parece ter que responder para além disso[63]. Especificamente em relação à psicanálise, trata-se de uma impossibilidade de separação realizada pela linguística: "a psicanálise passa pelo exercício da fala; sabe-se, também, que a linguística exclui de seu objeto as marcas da emergência subjetiva, isto é, justamente esse conjunto que, depois de Saussure, se resume sob o nome de fala"[64]. Retomaremos isso mais adiante, no momento em que trataremos a questão da causa frontalmente. Por ora, entretanto, podemos afirmar que, embora esse distanciamento em relação à linguística estruturalista deva ser observado, o papel da linguagem continua sendo central. Isso pode ser visto, inclusive, na proposta de Lacan da psicanálise enquanto uma "ciência da linguagem habitada pelo sujeito"[65].

Já a primazia do significante, a qual já foi aludida em momentos anteriores a partir da afirmação da diferença irredutível entre significante e significado, deve ser trabalhada em mais detalhes. Isso porque ela situa o entendimento de que a linguagem é estrutura (com as operações metafóricas e metonímicas), ao mesmo tempo que afirma a ausência de sentido como base da organização dessas operações. Por mais que seja possível estabelecer sentidos provisórios, nenhum deles resiste ao desenrolar da cadeia, uma vez que toda positividade sempre é algo a ser negado. Daí a tomada do significante em seu sentido radical, como aponta Milner: "aquilo que não tem existência e propriedades senão por oposição, relação e negação"[66]. Algo definitivo em relação ao que temos construído sobre a verdade: por trás de suas negações do saber que podem assumir algum tipo de positividade, sempre subsiste uma impossibilidade que não deixa que a negatividade perca seu caráter central. Nesse sentido, a inexistência do verdadeiro do verdadeiro[67] é um desdobramento ligado ao fato de que não há um critério transcendental para definir a verdade de um significante – algo que remete, especificamente, ao que Lacan trabalha em relação à metalinguagem.

Vemos, desse modo, como a assimilação da linguística estrutural – com a particularidade apresentada pela primazia do significante – compõe, junto à dialética, um traço incontornável do que leva o nome de "verdade" na psicanálise lacaniana. Se a clínica indica a impossibilidade de objetificação do sujeito ou de conscientização do inconsciente, a linguística fornecerá elementos para dar materialidade a essa negatividade. Considerando o que foi exposto no item anterior, sobre os modos de reconhecimento dos efeitos do inconsciente enquanto "falas *da* verdade" e as novidades que isso promove em termos de verdade ou falsidade, vemos com esse trabalho sobre a linguística uma proposta de explanação que inclua a negatividade de modo mais específico ao objeto, ao inconsciente. Um traço que estará, sem dúvida, presente em outros conceitos e noções que podem ser tomados enquanto objetos do pensamento psicanalítico, como pulsão, fantasia, transferência etc.

Deve-se notar também que é o seguimento desse percurso sobre o caráter incontornavelmente negativo do significante, colocado enquanto elemento central para se pensar o inconsciente, que dará sustentação a uma abordagem crítica da linguagem: há, por um lado, a impossibilidade de que uma linguagem seja capaz de assegurar sua própria verdade, assim como a inexistência de uma linguagem que diga a verdade sobre outra, de onde se afirma a inexistência da metalinguagem. A inexistência de um

UMA FORMA PRÓPRIA DE VERDADE 119

significado primordial – motivo pelo qual não há uma linguagem que diga a verdade sobre si mesma ou sobre outra – é também vista como o ponto de distanciamento de Lacan em relação a Heidegger[68]; pois, mesmo que seja possível reconhecer certos traços de desvelamento no modo como o psicanalista encaminha a questão da verdade, esse caráter se dissipa conforme um horizonte puramente negativo ganha corpo[69].

Vê-se, portanto, o modo como a negatividade estabelece modos particulares de consideração de verdades ou falsidades, assim como o tipo de objeto que será delineado. Por um lado, vimos como a verdade é tratada enquanto algo disruptivo, entendida dentro de um processo dialético e que condensaria em um polo uma positividade temporária e, em outro, uma heterogeneidade radical. Por outro, vimos como o estruturalismo (e mais especificamente a linguística estrutural) fornece elementos para a substancialização dessa negatividade, a partir de sua assimilação marcada pela primazia do significante enquanto algo central e irredutível ao sentido. Temos, então, os dois pontos inicialmente apresentados por Hacking para a constituição de um estilo de raciocínio. Há, entretanto, um terceiro, que diz respeito à estabilidade de um estilo. Vejamos como isso pode ser pensado em relação à psicanálise.

Estabilização e Experimentação

Talvez o problema mais imediato que a psicanálise enfrente, por conta das particularidades de seus objetos e de sua racionalidade, seja em relação à sustentação de sua estabilidade. Conforme indicamos, a estabilidade advém da congregação de elementos de diferentes ordens; elementos que, nesse entrecruzamento, tornam-se padrões de objetividade. O que podemos reconhecer, em relação à psicanálise, é que o reconhecimento de suas explanações de estabilidade tem sido problemático, de modo que ela tem sido sistematicamente colocada em questão. Os questionamentos englobam produções de qualidade bastante variada: num extremo, não faltam livros e artigos que acusam Freud de ser charlatão, como o recém-lançado livro de Jacques Van Rillaer[70], demonstrando enorme capacidade de sustentar uma argumentação incoerente; por outro lado, pontuações como as de Adolf Grünbaum[71], que ao menos apresentam um trabalho teórico mais consistente. Ataques à psicanálise não são recentes[72], e a questão da objetividade sempre foi um dos alvos preferidos.

Essa questão se faz presente já no início da obra de Freud. Os relatos clínicos causavam incômodo por sua forma, aparentemente desencontrada com as demandas de cientificidade da época[73]. Entretanto, o sucesso da psicanálise parece ter ultrapassado esse tipo de questionamento. A publicação de casos, junto com uma intensa produção teórica e o emprego da psicanálise na reflexão sobre questões não provenientes da clínica parecem ter sido suficientes, ao menos por algumas décadas, para seu estabelecimento enquanto uma práxis valorizada.

Entretanto, a particularidade da psicanálise em relação a seus modos de produzir e comunicar conhecimento, a qual parece ter se isolado com avanços de áreas próximas na direção de padrões de objetividade mais comuns, continuou a suscitar grandes questionamentos. O mais relevante deles, nos parece, é do tipo trazido por Grünbaum[74], sobre a validação conceitual. Esse tipo de questionamento é de resolução complexa, pois esbarra na dificuldade de tornar público o processo de produção de conhecimento. Isso decorre do encontro entre método clínico e método de investigação[75], em que a investigação teórica é sempre subordinada à clínica. E não parece haver modo eticamente viável de fazer esse método observável, ou mesmo reprodutível[76].

Isso não significa que não haja experimentação na psicanálise, ao contrário. Inclusive, no modo de compreensão da verdade enquanto algo que pode a qualquer momento refutar o saber estabelecido, reside que a soberania da clínica deve colocar a teoria em questão a todo momento. Como bem indica Rustin[77], se considerarmos um experimento enquanto um ambiente controlado e que comporta certo grau de indeterminação – de modo que novos fatos podem irromper e colocar problemas para o conhecimento estabelecido –, não há por que descartar a clínica enquanto um procedimento adequado. Trata-se, inclusive, de uma descrição compatível com o que Hacking define sobre a produção de novos fatos e a importância disruptiva da experimentação[78]. A indeterminação do espaço clínico seria um forte argumento a favor disso[79].

UMA FORMA PRÓPRIA DE VERDADE 121

Ademais, é possível reconhecer nos próprios textos mobilizados até agora elementos que aprofundam essa compreensão. A ideia recolhida em "Construções em Análise"[80] – de que é a partir das respostas inconscientes que se tem a medida do sucesso de uma interpretação –, introduz um ambiente necessariamente experimental no próprio fazer clínico. Isso é reconhecível, por exemplo, no relato de "O Homem dos Ratos"[81], em que é possível acompanhar diferentes tentativas interpretativas por parte do psicanalista, as quais são sempre avaliadas a partir das respostas do analisante. Alguns anos mais tarde, no que ficou conhecido como o caso da "Jovem Homossexual", Freud indica a necessidade de reconsideração de sua compreensão teórica a partir da resposta da analisante[82]. O que deixa o psicanalista desconcertado é o fato de a jovem, frente a uma construção bastante sofisticada, responder com indiferença. Se o psicanalista considerava que negações afetivamente carregadas eram sinais da pertinência de uma interpretação ou de uma construção, a ausência da carga afetiva numa aceitação apresentava o efeito contrário. E isso o leva a interrogar a própria teoria estabelecida, como indicam Van Haute & Geyskens[83].

Pode-se depreender dois elementos dessa consideração: primeiramente que a clínica psicanalítica exerce uma função experimental no sentido de ser o espaço onde entidades podem ser mobilizadas com o intuito de produzir efeitos. A produção desses efeitos é central, a qual é guiada pelos princípios éticos da prática clínica. Ademais, é a partir dos efeitos produzidos que a teoria pode ser construída. Por outro lado, a teoria também pode ser questionada a partir desses efeitos (ou da ausência deles). Vemos, portanto, algo bastante próximo às considerações de Hacking sobre o valor da intervenção experimental: é a partir de seus efeitos que podemos propor teorias e afirmar a existência de entidades, assim como é a partir da indeterminação da atividade experimental que elementos novos podem surgir e desestabilizar uma teoria.

No caso da psicanálise, tal funcionamento é bastante singular. Isso porque o reconhecimento dos marcadores que permitem a decisão sobre a existência e o valor de um efeito depende do julgamento clínico do analista. Tal julgamento, para além de se dar numa situação em que a experiência e a formação teórica do analista se fazem presentes de maneira quase que imediata – trabalhado por Wilson Franco[84] a partir da ideia de *phrónesis* –, também demanda um tipo de compreensão específico sobre a própria realidade do experimento (ou do *setting* clínico).

Sabe-se que a realidade é um campo de interesse de Freud, o que se evidencia desde sua proposição dos princípios de prazer e de realidade. As considerações do psicanalista sobre isso envolvem outros conceitos, como fantasia, delírio e recalque. Mas, mantendo o foco em nossa discussão, é possível afirmar que o ponto de referência a partir do qual a realidade do *setting* analítico é negociada é a carga afetiva mobilizada nas falas e atos dos analisantes. Algo presente na discussão vista anteriormente sobre construções incompletas ou mesmo equivocadas poderem produzir efeitos terapêuticos: o ponto central de interesse não reside na adequação com a verdade histórica ou com a realidade exterior ao *setting*, mas aos efeitos que as falas produzem. E esses efeitos são reconhecíveis a partir da mobilização afetiva que transparece nas respostas. Porém, esse reconhecimento, assim como o sentido que é possível atribuir a esses efeitos, depende de elementos singulares da análise de cada analisante, uma vez que os sentidos e o modo como são experienciados são constituídos na história do sujeito. Ponto em que o fazer analítico se aproxima de outra concepção de Hacking, o nominalismo dinâmico.

Pode-se afirmar, portanto, que a clínica psicanalítica enquanto situação experimental fornece possibilidades de construção teórica nos moldes do realismo dialético de Hacking, mas que só são possíveis a partir da habitação de um estilo próprio de raciocínio. Esse estilo, marcado pela alteridade radical (ou negatividade), demanda uma suspensão de tentativas de articulação inequívocas entre a fala e seus conteúdos, de modo que estes devem ser transpostos a um funcionamento correlato àquele nomeado como nominalismo dinâmico. Isso não significa que não serão produzidos saberes estáveis, mas que estes devem ser pensados numa grade que também dê conta da flexibilidade demandada pela dinâmica nominalista.

Contudo, isso coloca uma questão relativa ao tensionamento existente entre verdade e saber. É possível afirmar que esse tensionamento é claro na situação clínica, quando tomamos o "saber" enquanto saberes sobre o próprio analisante. Ou seja, as verdades

UMA FORMA PRÓPRIA DE VERDADE

inconscientes que emergem desestabilizam identificações e narrativas que temos sobre nós mesmos. E, quando isso que emergiu como verdade se estabiliza enquanto um novo saber, pode ser novamente desestabilizado. Porém, deveríamos pensar num funcionamento análogo para a teoria? A resposta é sim, embora não com a mesma rapidez. É necessário que os saberes estabilizados possam ser criticados a partir de verdades que emergem, isso é algo amplamente difundido no pensamento científico. Entretanto, considerando o potencial reificador que o saber pode exercer na clínica, essa questão se dramatiza, uma vez que a ética psicanalítica se norteia por um ideal de alteridade.

Ou seja, deve-se ter enquanto tarefa central evitar que a clínica funcione enquanto um instrumento de reprodução de valores estabelecidos, e isso demanda que a relação com o próprio saber teórico seja tomada de modo específico. Não se trata de diminuir o valor do saber, mas sim de poder tensionar esse saber ao máximo, de modo que ele possa ser reconhecido em seus pontos de compromisso com ideais estabelecidos, e possa ser transformado. Algo presente em diversos experimentos de formalização empreendidos por Lacan, que tinham como objetivo a inclusão da impossibilidade de um saber total dentro da própria construção do saber. Fato interessante, uma vez que um traço central do conhecimento científico é a necessidade de abertura à crítica e interpelação externa. Lacan tenta fazer isso internamente, de modo coerente com o estilo de raciocínio específico à psicanálise. Isso não significa que experimentos de formalização sejam a única forma de realizar esse tensionamento, uma vez que o próprio contato com outros tipos de experiência pode produzir efeitos semelhantes. É o que vemos, para dar um exemplo entre muitos possíveis, nas considerações de Paul B. Preciado sobre a reprodução de valores tradicionais ligados ao gênero e à sexualidade na práxis psicanalítica[85]. Crítica que conta com um vasto histórico de indisposição por parte de alguns analistas[86].

Vemos que a questão da possibilidade de interpelação externa deve ser observada. Historicamente, isso tem sido endereçado a partir da publicação de casos clínicos. Seria um modo de expor o experimento, sustentando as proposições teóricas. Se tomamos como exemplo os casos publicados por Freud, vemos como eles eram usados, de fato, enquanto apresentação de crises (no sentido kuhniano), uma vez que o psicanalista usualmente expunha elementos que não funcionaram e demandavam avanços. Deve-se dizer, inclusive, que a publicação de casos não é privilégio da psicanálise, sendo um método aceito em diversas áreas. Algo apontado por John Forrester, ao defender que a psicanálise apresentava uma sustentação científica suficiente e particular, incluída em um estilo de raciocínio baseado no pensamento por casos:

> Então o discurso psicanalítico combina duas características improváveis: ele promete um novo modo de contar a vida no século xx, uma nova forma para os fatos específicos e únicos que tornam a vida de uma pessoa a sua vida; e, ao mesmo tempo, ele tenta tornar público esse modo de contar uma vida, de fazê-lo científico. A ponte entre esses dois objetivos é a história dos casos, junto com as curiosas e distintas narrativas do fenômeno da transferência e da contratransferência, que cada vez mais dominaram a "escrita clínica", como ela é chamada.[87]

Como vemos, a proposição de Forrester é bastante compatível com o que defende Hacking; há um modo específico de se pensar sobre novos objetos, que são solidários à possibilidade de se pensar e falar sobre eles. Além disso, essa forma se mantém, ou seja, há algum tipo de autoestabilização presente em sua existência. Nossa diferença em relação a Forrester é que o caso clínico seria, numa leitura lacaniana da psicanálise, subordinado a um tipo particular de estilo, e não o estilo em si. O estilo seria marcado pela negatividade, os casos seriam um desdobramento disso. Para dar um exemplo um tanto corriqueiro, quando escutamos a expressão "Freud explica", não se trata de uma alusão ao caso enquanto racionalidade, mas a uma racionalidade que supõe um tipo de objeto e de explicação marcados pelo inconsciente (em geral ligados à sexualidade). O caso faz parte desse universo, mas não é, a nosso ver, o elemento central. O determinante aí, afirmamos, é a negatividade.

De qualquer maneira, é possível reconhecer diversas técnicas de estabilização por parte da psicanálise. A própria clínica seria a principal, mas a ela se somam os casos, a teoria e sua presença na cultura, bem como as articulações com outras teorias. A potência explicativa que a psicanálise apresenta sobre fatos sociais reforça sua empregabilidade. Além disso, sua potência clínica, a qual tem cada vez mais se marcado enquanto alternativa interessante a modos biologizantes de compreensão do sofrimento, também responde por parte da estabilidade de seu estilo de raciocínio. Como diria Hacking, algo aí funciona.

Os casos não deixam de ser um dispositivo polêmico, que, por um lado, facilitam a presença da psicanálise no imaginário cultural; mas, por outro, apresentam um potencial normativo se tomados enquanto modelos a serem seguidos. Entretanto, deve-se considerar que há um vasto debate sobre essa técnica de estabilização específica, que abrange a discussão sobre se é o analista ou o analisante que devem ser discutidos no caso[88], o papel da transferência (como aponta Forrester), possibilidades de estabilização metodológica da construção de casos[89], ou até mesmo sobre a pertinência da própria publicação[90]. Mais que isso, o próprio fato de que haja um debate sobre a melhor maneira de exposição e alternativas que deem conta de problemas encontrados já constituiria, em si, um exemplo de técnica de estabilização, segundo Hacking[91]. Isso porque a estabilização também responde à capacidade de lidar com eventuais problemas sem que o estilo seja, como um todo, desconstruído. Os debates indicados apresentam essa dupla função: ao mesmo tempo que propõem alternativas de assimilação de problemas encontrados dentro da própria racionalidade, também contribuem para a permanência do estilo na cultura, reforçando sua pertinência.

Por outro lado, a psicanálise não deixou de lançar mão de outros modos de transmissão, seja na publicação de matemas[92], seja com figuras topológicas[93], ou mesmo numa aposta do próprio estilo de Lacan como uma forma de transmissão de sua "clinicidade"[94]. Algo indicado alguns parágrafos atrás, nomeado enquanto experimentos de formalização e de transmissão. A questão do estilo, a qual pode ser inclusive articulada diretamente à questão da verdade[95], encontra ressonância na própria proposição de uma ausência de critério externo garantidor de Hacking: a escolha do termo introduz, como aponta o próprio autor[96], a limitação da sustentação de um modo de fazer ciência somente em bases epistemológicas ou ontológicas. Segundo o filósofo, o empréstimo de um termo mais confortável no campo da estética implica isso[97].

Tal apreciação ajuda a dar coerência aos diferentes experimentos de transmissão de Lacan: seria algo mais amplo que serviria enquanto um ponto de partida comum a propostas tão diversas como a topologia, o matema, a produção de equívocos etc. Se muitas vezes as discussões epistemológicas do psicanalista são pouco usuais e mostram-se refratárias à composição de uma "epistemologia lacaniana" (ao menos de uma epistemologia normativa), é possível afirmar, entretanto, que elas partilham um estilo de raciocínio comum. Todos esses esforços apresentam uma gravitação em torno da negatividade. Algo que podemos depreender de análises sobre o estilo de escrita de Lacan, como vemos em Nobus[98] e Vincent[99]: sua escrita seria intimamente tributária do tensionamento entre verdade e saber, visando à produção de efeitos disruptivos como efeitos da leitura.

Vale lembrar que estamos, em larga medida, nos atendo ao que seria uma vertente possível no estilo de pensamento. A psicanálise lacaniana seria, assim, uma possibilidade dentro de algo mais amplo (que ela mesma teria cristalizado). Nesse sentido, a proposição de um estilo de raciocínio particular talvez ajude a organizar alguns debates. Permite, por exemplo, situar algo que contempla a existência de diferentes paradigmas[100], ainda assim mantendo uma racionalidade minimamente comum. Isso pode dar algum norte para a sempre recorrente pergunta sobre uma ruptura entre Freud e Lacan: pode-se pensar numa mudança de paradigma, ou mesmo na constituição de uma nova ciência, mas que mantém em comum certos traços que teriam sido radicalizados por Lacan, evidenciando a cristalização de um estilo de raciocínio muitas vezes já presente em Freud.

Isso abarca a conjugação de diferentes estilos de raciocínio dentro de um mesmo paradigma ou de uma mesma ciência específica. Isso não significa que exista uma compatibilidade necessária entre estilos, mas que não haveria, a princípio, qualquer impossibilidade de acumulação ou articulação.

Essa especificidade da diferença entre estilos e paradigmas – ou mesmo de estilos e ciências específicas – é importante, dado que Hacking trata a questão da estabilidade com algumas diferenças sutis entre esses níveis de classificação. Se um estilo é autorreferente, isso não significa que uma ciência específica deva ser: ela se constitui dentro de um (ou mais) estilo(s) e simplesmente assume ou propõe técnicas de estabilidade (da própria ciência específica). Essas técnicas são possibilidades contempladas pelo estilo, mas não são necessariamente autorreferentes, uma vez que elas não respondem somente às determinações internas à própria ciência específica, mas também às determinações constituídas dentro do estilo, que a excede. Por outro lado, a localização (e sucesso) de ciências específicas dentro de um estilo de raciocínio faz com que a estabilidade do estilo se reforce. Ou seja, as ciências específicas, não sendo autorreferentes, reforçam a estabilidade de um estilo.

Isso implica que a possibilidade de conjugação com outros estilos também pode ser entendida enquanto uma técnica de estabilização. Um estilo não passa a ser definido por outro (não há critério externo), mas o fato de que ele, mesmo autônomo, possa ser conjugado com outros estilos em voga faz com que sua pertinência seja reforçada.

Validação

Dito isso, podemos voltar à questão da validação. Mesmo que um estilo seja autorreferente, a validação de suas ciências específicas é uma técnica de estabilização. Ou seja, ele não depende da validação de todas as suas possibilidades, mas é necessário que haja algum tipo de validade no conjunto de suas expressões particulares para que ele se autossustente. E, em relação à psicanálise, a questão da validação continuou a existir ; ao menos para Grünbaum, que parece cristalizar um incômodo crescente com a diferença no tocante aos padrões aceitos de objetividade, especificamente em relação à teoria freudiana[101]. Embora a crítica sobre a circularidade do pensamento psicanalítico possa ser protestada (vide os inúmeros exemplos de propostas de comunicação ou transmissão indicados), sua crítica em relação à falta de um ponto de validação externo parece ressoar nas expectativas sociais do que se espera de um saber consistente. Deve-se notar, inclusive, que essas mesmas expectativas se modificam, de maneira que aquilo que era até então aceito pode deixar de ser, conforme as expectativas da sociedade se modificam no curso da história.

A crítica de Grünbaum dirige-se especificamente à validação conceitual, indicando a ausência de um ponto de sustentação extraclínica enquanto uma fragilidade. Segundo ele, não haveria elementos para sustentar que os sintomas do paciente não fossem uma resposta do paciente ao próprio discurso do psicanalista, de modo que a teorização sobre esses fenômenos seria autoconfirmadora. A sustentação extraclínica seria, para o filósofo, uma maneira de contornar a potencial circularidade presente num tipo de produção de conhecimento em que os experimentos não são passíveis de publicização. Isso porque o relato já seria um tratamento do fato por aquele que está produzindo o conhecimento. Entretanto, note-se que a crítica é em relação à validação, e não ao experimento em si: se for possível validar o conhecimento extraclinicamente, o fato de a experimentação (ou a coleta de dados) ser privada não apresentaria grandes problemas.

Frente a isso, o psicanalista Howard Shevrin assumiu a tarefa de responder às críticas de Grünbaum. Após muitos anos de experimentos e correspondência entre eles[102], o psicanalista e sua equipe publicaram o estudo "Subliminal Unconscious Conflict Alpha Power Inhibits Supraliminal Conscious Symptom Experience" (Potência Alfa de Conflito Inconsciente Subliminar Inibe Experiência Supraliminar de Sintoma Consciente), no qual os conceitos de conflito inconsciente e repressão seriam validados extraclinicamente[103]. E, de fato, o grupo conseguiu provar, neurocientificamente, que palavras ligadas a conflitos inconscientes causavam respostas específicas de inibição junto à experiência do sintoma de ansiedade, mas só quando apresentadas subliminarmente. O próprio Grünbaum teria reconhecido isso[104]. Segundo os autores, trata-se da "primeira evidência psicofisiológica da teoria freudiana da psicopatologia do conflito inconsciente"[105].

Dois pontos nos interessam especialmente nesse estudo. Em primeiro lugar, o fato de ele ser construído de modo indissociável da experiência clínica. Isso pode ser visto, como aponta Winograd[106], enquanto um modo possível de conjugação entre psicanálise e neurociências que não implica uma submissão da primeira à segunda. As neurociências não funcionam como uma metalinguagem da psicanálise, explicando os fenômenos de modo mais correto. Elas simplesmente conseguem reconhecer um funcionamento neurofisiológico que pode ser articulado à teoria psicanalítica.

Entretanto, e esse é o segundo ponto, isso não implica uma igualdade entre os dois momentos do estudo. Afinal, os fenômenos estudados só são reconhecíveis, no segundo momento, a partir do momento clínico. Sem as entrevistas, não seria possível diferenciar o que estaria ligado a um conflito inconsciente do que não estaria, uma vez que aquilo que é possível reconhecer neurocientificamente (respostas de onda alfa) é algo muito plástico e amplo. Há respostas de ondas alfa em atividades corriqueiras como dirigir ou escutar música. Elas indicam um processo inibitório, mas a possibilidade de articulação disso com um tipo específico de funcionamento ligado à ansiedade só foi possível a partir da clínica psicanalítica. Ou seja, se não há uma sobreposição de um campo ao outro, há, entretanto, o fato de que os fenômenos em questão só são reconhecíveis e causalmente explicáveis a partir da psicanálise (no contexto desse estudo).

A psicanálise tem realizado trabalhos clínicos baseados nos conceitos de conflito inconsciente e repressão há mais de cem anos, sem a necessidade de auxílio das neurociências. É possível que as neurociências auxiliem em algumas questões, assim como a psicanálise pode auxiliá-las[107]. Nesse caso específico, o único ganho foi de confirmação de uma teoria por outros meios, a partir da conjugação com outras ciências e, portanto, com outro estilo de raciocínio. Isso pode ser considerado uma técnica de estabilização: aumenta a pertinência não só da psicanálise freudiana enquanto uma ciência específica, mas também de seu estilo de raciocínio.

Vemos, a partir dos desenvolvimentos expostos, que é possível considerar a psicanálise como um estilo de raciocínio nos termos de Ian Hacking[108]. Ela apresenta novidades em relação aos tipos de objetos e a parâmetros de verdade e falsidade, e também constitui técnicas variadas de estabilização. Esse estilo se estrutura, como vimos até agora, em torno de uma negatividade forte, na qual a verdade pode ser localizada enquanto termo que, ao mesmo tempo que dá certa substância temporária a formas de enunciação, também presentifica a impossibilidade de positivação total. Na articulação entre o modo de tratamento dessa concepção de verdade na clínica e na teoria, vê-se que embora essas concepções não partilhem exatamente dos mesmos elementos, a transposição do tensionamento entre verdade e saber da clínica para a epistemologia produz um efeito de constante atenção ao potencial reificador das teorias a partir de seu emprego na clínica.

Isso responde a uma dimensão ética na psicanálise, que pode levar a seu posicionamento epistemológico um cuidado relativo a possibilidades de reprodução ideológica. Trata-se, portanto, de uma centralidade da negatividade na definição de uma noção de verdade que abarca tanto parâmetros epistemológicos como a observação crítica de seus efeitos ontológicos. Isso tudo, guiado por um imperativo ético calcado na alteridade.

4 Um Sujeito Histórico

Acabamos de apresentar alguns traços básicos sobre o modo como a verdade é tratada na psicanálise, articulando as especificidades encontradas em sua racionalidade e no tipo de objeto que ela aborda. Pudemos sustentar a consideração de que a psicanálise se localizaria em um estilo de raciocínio específico marcado pela negatividade, criando novidades em relação à verdade e falsidade e também novos objetos, além de técnicas de estabilização específicas. É necessário, agora, abordar o modo como esse estilo inclui um diagnóstico histórico (a ciência rejeitaria a verdade como causa), o qual indica a historicidade das possibilidades de expressão positiva disso que diz respeito à negatividade. Trata-se, assim, de uma forma de compreensão de categorias como sintoma, subjetividade e sofrimento, que as colocaria enquanto expressões de uma causalidade mais ampla, ligada ao modo como certo tipo de questão é reconhecido ou negado na circulação social.

CIÊNCIA E SUJEITO

Começamos indicando a compatibilidade entre a proposição da ontologia histórica de Ian Hacking e a afirmação de Lacan sobre a relação entre o sujeito da ciência moderna – entendido como sujeito cartesiano – e o sujeito da psicanálise. Lacan trabalha essa questão de modo intenso entre os anos 1964 e 1968, quando se pode recortar o momento em que afirma, em "A Ciência e a Verdade"[1], a existência de "um momento historicamente definido, sobre o qual talvez tenhamos de saber se ele é rigorosamente passível de repetição na experiência: o que foi inaugurado por Descartes e que é chamado de *cogito*"[2]. Há, nessa seara, três pontos que devem ser considerados: 1. a relação entre o *cogito* e a ciência moderna; 2. a relação entre a ciência moderna e a psicanálise; 3. a relação entre o *cogito* e a psicanálise.

O primeiro ponto diz respeito à leitura de Koyré empreendida por Lacan, que o leva a afirmar que aquilo que uniria o pensamento cartesiano e a ciência moderna seria "um rechaço de todo saber, mas por isso pretende fundar para o sujeito um certo ancoramento no ser, o qual sustentamos constituir o sujeito da ciência em sua definição"[3] . Cabe lembrar que Koyré, em seus estudos sobre história e filosofia da ciência, deu destaque a três personagens: Galileu[4], Descartes[5] e Newton[6]. A partir desses estudos, Koyré não somente inaugura um modo particular de fazer história da ciência, crucial para autores como Thomas Kuhn e Paul Feyerabend[7], como também defende que a emergência da ciência moderna seria correlata a uma mudança geral na compreensão do universo. Isso traria efeitos para diversos âmbitos da vida das pessoas, como pode ser depreendido do título de um de seus livros: *Do Mundo Fechado ao Universo Infinito*.

Vale lembrar que a emergência da ciência moderna está longe de ser um ponto pacífico, constituindo um objeto de diversos – e provavelmente eternos – debates. O mais relevante na obra de Koyré é com Crombie, com quem disputa a ideia de se houve ou não uma ruptura em relação ao que era considerado como ciência medieval. Segundo diversos autores dos quais Crombie aparece como representante, não existia um traço fundamental para se pensar a separação entre ciência moderna e medieval, uma vez que haveria semelhanças tanto em discussões metodológicas como epistemológicas nos dois lados da divisão. Esse corte, assim, deveria ser entendido como algo arbitrário, e construiria uma imagem da ciência demasiadamente racionalista. Koyré, opondo-se a essa ideia, não nega as similaridades; ao contrário,

UM SUJEITO HISTÓRICO   133

utiliza-as a favor de seu argumento. Segundo ele, seria uma sutileza que justificaria esse corte, algo aparentemente igual, mas que, sob um olhar mais detido, exibiria diferenças radicais. Tal diferença pode ser localizada na distinção entre os termos "experiência" e "experimentação": "a predominância da razão sobre a simples experiência, a substituição de uma realidade empiricamente conhecida por modelos ideais (matemáticos), a primazia da teoria sobre os fatos"[8].

A própria nomeação de *simples* experiência já indica o ponto nevrálgico do pensamento do autor, que considera duas modificações responsáveis pela emergência de um modo novo de fazer ciência. Em primeiro lugar, a anterioridade das hipóteses (e das teorias) aos experimentos, de modo que eles deveriam ser construídos e dirigidos a partir de expectativas e de um trabalho conceitual anterior; junto a isso, o trabalho de formalização da realidade, via matematização ou axiomatização. Esses dois pontos são solidários, uma vez que o lugar concedido à matemática enquanto linguagem com potencial explicativo do mundo é importante para que se justifique também a anterioridade da conceitualização em relação ao experimento. Isso não significa que os experimentos sejam desvalorizados, mas que eles deveriam ser tomados em igualdade de valor com a teorização. É a essa articulação entre teoria e experimento que Koyré se refere com o termo "experimentação". Em relação a Galileu, isso é bem claro, e faz com que o autor afirme que "não foi a experiência, mas a experimentação que impulsionou seu crescimento (da ciência) e favoreceu a sua vitória. O empirismo da ciência moderna não repousa na experiência, mas na experimentação"[9]. É tal modificação que o autor reconhece como ponto distintivo em relação àqueles que defendem a continuidade com a ciência medieval, centro de sua discordância com Crombie.

Vale sempre ressaltar que essa discordância não impede pontos de aproximação entre esses dois autores, especialmente em relação a uma compreensão não linear da ciência. O trabalho historiográfico de Koyré, que muitas vezes se debruça sobre questões tidas como laterais ou até mesmo marginais, é bastante competente em mostrar como as transformações do pensamento científico não se limitam a um progresso linear e previsível, tampouco cumulativo. A própria ideia de corte, embutida na proposição da emergência da ciência moderna em oposição à ciência medieval, indica esse entendimento. E isso diz respeito, em parte, à importância dada à obra de Descartes pelo autor, uma vez que ela teria estabelecido as bases para um pensamento com forte sustentação no estudo de modos de causalidade que não dependeriam de explicações finais. Essas bases seriam constituídas a partir da construção de um método, o qual influenciará decisivamente o modo de fazer ciência.

Isso não significa que o pensamento de Descartes seria a causa dessa inovação, mas sim que indicaria uma mudança nas possibilidades de compreensão do sujeito e sua relação com o conhecimento – concomitante e solidária à mudança que leva do mundo fechado ao universo infinito. Isso deve ser lembrado, inclusive, em relação à articulação entre o sujeito da ciência e o da psicanálise. Como indicam Biazin e Kessler no artigo "Psicanálise e Ciência: a Equação dos Sujeitos": "Trata-se, antes, de analisar como se estabelece uma zona de compatibilidade entre o sujeito da ciência e o sujeito freudiano, na medida em que o surgimento do *cogito* é originário de um corte maior, tributário da constituição de um universo infinito."[10] Além da importância desse corte, como veremos à frente, deve-se também ressaltar que a relação que se estabelece entre sujeito da ciência e sujeito da psicanálise não é de igualdade, naquilo que o sujeito da psicanálise seria possível a partir dos restos do processo científico.

O ponto central dessa construção é a dúvida hiperbólica de Descartes, a qual questiona todo e qualquer conhecimento estabelecido para verificar se suas bases de apoio são realmente necessárias. É por esse método que o enunciado primordial seria estabelecido, constituindo o *cogito*: penso, logo sou. Mesmo que haja algum tipo de engano sobre o que se está pensando, ainda assim é possível afirmar a atividade de pensar, e daí a possibilidade de afirmação da existência. Trata-se exatamente do "rechaço de todo saber", indicado por Lacan[11]. Não pretendemos aqui nos aprofundar demasiadamente nesse tema que já foi trabalhado por diversos autores[12], mas somente recortar alguns pontos de interesse. De início, indicar a relação então aludida entre o *cogito*, o sujeito da ciência moderna e o sujeito da psicanálise. Como indicado, a leitura que Lacan faz de Koyré pode ser entendida a partir da compreensão de que se o advento da ciência moderna

UM SUJEITO HISTÓRICO 135

é tributário da matematização do mundo, o *cogito* daria a sustentação filosófica para tal compreensão[13].

Entretanto, o papel da obra de Descartes no ensino de Lacan não se limita somente a uma coincidência histórica, tampouco a uma simples alusão. Ela excede uma questão somente epistemológica[14], evitando que a relação entre esses dois sujeitos (da psicanálise e da ciência moderna) seja resumida ao modo de se pensar sobre o próprio sujeito. Como indica Dunker, não se limita somente à constituição de uma teoria do sujeito, mas também tem parte na definição do próprio método clínico[15]. Inclusive, o próprio termo "método", tão caro a Descartes, é empregado por Freud em sua definição da psicanálise como um método de tratamento e de investigação (além de uma doutrina). Em linhas gerais, a psicanálise partilharia com o *cogito* um processo sistemático de questionamento dos saberes estabelecidos que colocaria em questão a relação entre pensar e ser. Entretanto, o ponto de chegada, como veremos, será distinto. Nosso foco estará nos efeitos ontológicos (nos termos de Hacking) que podem ser reconhecidos como produzidos por essa operação e da resolução apresentada por Descartes.

Encontramos nesse ponto uma dupla aproximação de Lacan com o pensamento de Ian Hacking. A princípio, no entendimento histórico da produção de um sujeito específico – o que é chamado pelo filósofo canadense de ontologia histórica (e que se refere, em Lacan, ao reconhecimento de que um novo tipo de sujeito emergiria em determinado momento histórico). Segundo, sobre a inseparabilidade entre epistemologia e ontologia, indicando que as formas estabelecidas de pensamento modificam as possibilidades de experiência dos indivíduos – uma vez que Lacan reconhece esse novo sujeito enquanto resultado de modos específicos de produção e circulação social do saber. Hacking organiza essa discussão a partir das categorias "conhecimento profundo" e "conhecimento superficial"[16], de modo que o estabelecimento de um conhecimento profundo definiria possibilidades de subjetivação. Fica clara a proximidade com a ideia de que a emergência da ciência moderna seria articulada a um modo de tratamento da verdade, produzindo efeitos ontológicos.

Contudo, essas aproximações não chegam sem pontos de divergência. O primeiro pode ser entendido como uma questão temporal, já que Lacan faz referência a um evento do século XVII, enquanto Hacking, à segunda metade do século xix. O segundo diz respeito à especificidade da mudança: Lacan se refere a um efeito causado por uma modificação geral, por uma afirmação filosófica que indica uma mudança no modo de compreender e experienciar a vida; Hacking aponta efeitos similares, mas causados por um evento mais específico que o *cogito*: a expansão do pensamento científico para questões até então relacionadas à alma e à espiritualidade, via constituição das ciências da memória. Trata-se, em suma, de uma diferença de objeto. Lacan toma a emergência da ciência moderna e o *cogito* enquanto correlatos da produção de um novo tipo de subjetividade. Hacking se debruça sobre uma ciência específica – subordinada à modificação considerada por Lacan –, e os efeitos que seu estabelecimento produziria. Uma primeira resposta, que englobaria essas duas questões, seria que os pontos indicados por Hacking estão contidos nas afirmações de Lacan, e apresentam um exame histórico mais detalhado e preciso. Desse modo, o próprio surgimento das ciências da memória seria uma possibilidade aberta pelas modificações ocorridas séculos antes, que estabeleceram modos específicos de produzir conhecimento. As ciências da memória seriam entendidas como uma das possibilidades abertas pela emergência da ciência moderna, nos termos de Koyré.

Apesar disso, a definição de "conhecimento profundo" precisaria de alguma flexibilidade para dar conta desse movimento. Haveria duas operações relativas ao conhecimento profundo: uma primeira, mais geral; e a segunda, mais específica. O modo como Hacking trabalha essa categoria não parece colocar nenhum problema a essa estratificação, muito embora não seja possível afirmar – ao menos a partir da obra dele – quais seriam os efeitos ontológicos produzidos pelas modificações presentes nisso que é apresentado como a emergência da ciência moderna e o *cogito*, e que não dependeriam da cristalização das ciências da memória.

Ademais, essa maior precisão que se ganha com Hacking indica que, para além das afirmações gerais sobre o *cogito*, é também importante considerar os modos de circulação das teorias produzidas a partir daí. Pode-se considerar que o trabalho de Hacking fornece exemplos de como o *cogito* pode se disseminar socialmente, assumindo que ele se faz presente na fundamentação científica. Como demonstra o filósofo, o modo como as teorias

UM SUJEITO HISTÓRICO

se articulam a questões do dia a dia, como são incorporadas por discursos e tratamentos institucionalizados, como se inserem nos debates diagnósticos, tudo isso é indispensável para que o pensamento tenha efeitos nos modos de experiência. Não significa, é evidente, uma crítica ao modo como é mobilizado por Lacan, mas traz elementos interessantes, estabelecendo uma relação de complementariedade. Isso explica, inclusive, o segundo ponto indicado no início desta seção: a relação entre psicanálise e ciência moderna. Para utilizar o termo de Hacking, o *nicho* em que a psicanálise surgiu era profundamente marcado pelo discurso científico, algo necessário à invenção da psicanálise por Freud.

Contudo, embora essas complementariedades possam ser apontadas, e algumas diferenças sejam também compreendidas como questões solidárias e não contraditórias entre si, há um ponto de possível distanciamento entre os encaminhamentos de Hacking e de Lacan que deve ser abordado. Trata-se, em última instância, de uma diferença de objeto, uma vez que se Hacking se debruça sobre os efeitos retroativos da discursividade científica sobre a experiência, Lacan tem seu foco nos fracassos desses discursos (ou de qualquer discurso) em definir e estabilizar o sujeito enquanto um objeto de conhecimento. Algo aludido pelo psicanalista na afirmação de que não há homem da ciência, mas sim seu sujeito[17]. Lembremos, afinal, que Lacan afirma ser o traço definitivo do sujeito a divisão do eu (*Spaltung*), a qual é articulada à divisão entre verdade e saber. Ademais, a verdade é entendida enquanto causa; provocando, inclusive, o sofrimento neurótico[18]. Temos aí um avanço para além do que Hacking trabalha, pois justamente coloca a causalidade em questão. Construiremos essa ideia cuidadosamente, porque implica um modo de tratamento da questão que tem como referência a verdade enquanto expressão do inconsciente. Ou seja, o interesse de Lacan está naquilo que resta, que sobra dessa operação de saber, e nisso se marca uma diferença de abordagem em relação a Hacking.

Lacan e Descartes

O modo como o *cogito* é tratado na obra de Lacan não é uniforme, modificando-se no decorrer de seu ensino. Há textos em que a diferença com o pensamento cartesiano (ou aqueles por ele influenciados) mostra-se mais explicitamente[19], embora em outros momentos assuma um caráter mais amplo, que reconhece Descartes como o fundador de algo distinto da psicanálise[20]. Entretanto, o modo mais permanente de recurso ao pensamento cartesiano não se limita a uma concordância ou rejeição unívoca, indicando pontos de aproximação e distanciamento. Algo apontado, por exemplo, por Biazin e Kessler, ao afirmarem a compatibilidade entre os sujeitos da psicanálise e da ciência: "ambos são destituídos de qualidades"[21].

Reafirmamos, aqui, a importância de se pensar essa relação para além de uma aproximação epistemológica, considerando-a assim como um movimento que engloba não somente os efeitos ontológicos disso decorrentes, mas também uma similaridade metodológica. Como indica Dunker, a dúvida hiperbólica pode ser reconhecida em certos traços da clínica psicanalítica nisso que ela se aproxima de um questionamento cético, uma vez que continua a busca pela verdade ao mesmo tempo que afirma a impossibilidade de encontrá-la[22].

Se já indicamos os pontos principais de aproximação, especialmente o processo de recusa de saberes que culminaria em um sujeito esvaziado, há, entretanto, um segundo passo proposto por Descartes que não seria apoiado por Lacan. Isso porque o *cogito* também apresentaria como efeito o estabelecimento desse "ancoramento no ser", o qual pressuporia uma aposta nesse sujeito que nada mais tem, a não ser sua consciência e, ademais, relegaria a uma dimensão transcendental aquilo que resta, que escapa à consciência. O ponto de separação entre o pensamento de Descartes e o que pode ser indicado como o pensamento psicanalítico herdeiro do *cogito* diz respeito ao estatuto conferido à falta de uma base garantidora da dupla pensamento/existência. Pode-se afirmar, de modo muito sintético, que falta a Descartes algo que garanta a verdade do saber, de modo que ele relegaria a Deus a garantia sobre o *cogito*. Ou seja, no limite, a verdade do saber seria garantida por Deus. Na psicanálise, a falta é o ponto central a ser explorado.

O que é indicado por Descartes como sendo da ordem da verdade e, portanto, da alçada de Deus, é o que fala na descoberta freudiana. Ganha, assim, consistência a proposição de que

UM SUJEITO HISTÓRICO

a verdade inconsciente fala nos "erros" do pensamento. Contudo, as consequências dessa leitura terão repercussões, uma vez que a psicanálise instauraria, então, uma instabilidade naquilo que deveria ser a pedra angular da garantia. Mais que isso, como indicado anteriormente, a teoria lacaniana tensionaria o saber estabelecido em direção a essa impossibilidade de garantia. Empregando o modo de compreensão que Hacking apresenta para falar de outros momentos, pode-se reconhecer que o estabelecimento de um conhecimento profundo – o qual define as possibilidades daquilo que poderá ser constituído enquanto conhecimentos superficiais – produz um resto, que será justamente o material trabalhado pela psicanálise para a constituição de sua clínica e que será mobilizado em seus constructos teóricos. A psicanálise teria, portanto, uma divergência radical em relação à garantia. Isso não significa, como afirmado anteriormente, uma ruptura total com o pensamento cartesiano, mas a recusa daquilo que é afirmado enquanto ponto de estabilidade. Assim, segundo Dunker, Lacan conservaria o *cogito*, mas dispensaria a garantia: "Todos os atributos da *quaestio* que levam Descartes à primeira evidência são conservados na acepção que Lacan dá ao sujeito: seu caráter pontual, sua divisão pela dúvida, sua ausência de conteúdo, sua imanência ao ato, seu valor posicional ligado à enunciação."[23]

É interessante notar que o trabalho lacaniano sobre o *cogito* parece localizar, com precisão, algo que pode ser indicado não somente como um modo de produção de conhecimento e seus efeitos ontológicos, mas também como o reconhecimento daquilo que causaria a subjetividade e o tipo de sofrimento que seria tratado pela psicanálise enquanto algo recusado. A própria ideia da verdade como causa refere-se a isso, a algo que seria intrínseco à instauração da linguagem e que seria negado nesse processo de estabelecimento de um saber garantido por Deus. Algo que pode ser encontrado em outros autores, mesmo que por caminhos distintos. Cunha e Silveira, por exemplo, apontam como é possível reconhecer, na obra de Koyré, uma forte influência de Husserl[24].

Isso significa não somente a influência do filósofo alemão sobre o modo como o epistemólogo francês pensa a emergência da ciência moderna, mas também que o diagnóstico de Husserl sobre a "crise" da modernidade existe subjacente no pensamento de Lacan. Tal crise adviria como um efeito da matematização e coisificação da ciência galileana para outras dimensões da vida, onde esse tipo de raciocínio não ofereceria possibilidades de produção de sentido para uma "consciência pré-científica". Residiria, então, em algo bastante próximo da inversão da teorização sobre a experiência indicada por Koyré: "em vez de a geometria ser aplicada *a partir* da experiência das formas empíricas, ela passa a ser aplicada *a priori*"[25]. Isso levaria a essa possibilidade de matematização do mundo, que resultaria na perda de um tipo de experiência. De modo geral:

> segundo o diagnóstico de Husserl, a "crise" moderna tem muito pouco a ver com a eficácia da ciência, com seus resultados técnicos, mas está relacionada, antes, com a perda de sentido que essa ciência implica. Perda de sentido na medida em que seus resultados não têm mais nada a dizer sobre a experiência cotidiana e pré-científica que temos no "mundo da vida" e que, por assim dizer, instauram um "ovo" sujeito[26].

Vê-se, nesse sentido, uma proximidade inegável do que será parte do trabalho lacaniano sobre o *cogito*, mas também uma compatibilidade com o que foi apresentado a partir de Hacking sobre os efeitos da ampliação do campo científico – sob o modelo de ciências da memória – em relação aos modos possíveis de experiência. Ressalta-se, entretanto, que isso que é indicado por Hacking enquanto a instauração de modos possíveis de experiência do ser é reconhecido na clínica psicanalítica – e, como acabamos de ver, também em Husserl – a partir de modos de *perda* de experiência[27]. Perda essa que será solidária ao tratamento que Freud e Lacan darão à questão da verdade.

Pode-se afirmar que a própria separação entre verdade e saber seria um modo de encaminhamento desse diagnóstico da crise da modernidade, especialmente se articulado com outra dupla de oposição com grande centralidade no pensamento de Lacan: a tensão existente entre enunciado e enunciação. Vale lembrar que se a ideia da oposição dialética entre saber e verdade pode ser encontrada no pensamento lacaniano desde seus primórdios, indicando uma clara influência da leitura de Hegel proposta por Kojève, tal ideia permanece ativa no pensamento do psicanalista francês em sua totalidade[28]. Disso decorre que, em seu seminário sobre os problemas cruciais da psicanálise,

UM SUJEITO HISTÓRICO

ela seja articulada de maneira mais acabada à compreensão do sujeito, esse que é indicado como sendo tanto o da psicanálise como o da ciência moderna, efeito do *cogito*[29]. Lacan debruça-se sobre o lugar do saber psicanalítico em relação a outros saberes historicamente relevantes a partir do reconhecimento de que a psicanálise somente pôde se constituir enquanto prática a partir daquilo que resta do projeto moderno, daquilo que parece ser deixado de lado para que esse processo possa ganhar tração, mas que retorna na forma de sintoma e sofrimento[30].

Não é possível, ao menos nessa passagem do pensamento lacaniano, inferir a existência de categorias correlatas a essas em outros momentos históricos, muito embora seja possível depreender que diferentes tipos de subjetividade seriam produzidos a partir de distintos modos de tratamento (ou refração) da questão da causa articulada à verdade. Segundo Lacan, a negação da questão da verdade como causa seria um traço comum de diferentes formas de saber (magia e religião, além da ciência), e estaria ligada ao que nomeia sofrimento neurótico. Entretanto, seu foco é na ciência. Nesse sentido, o caminho percorrido pela psicanálise pode ser considerado uma resposta àquilo muitas vezes nomeado como crise da modernidade, localização que, para além de reconhecer o lugar que tal empreitada ocupa na história, também reconhece seus pares, seja na filosofia ou na clínica:

A paradoxal *experiência* freudiana irá, como sabemos, digladiar-se com o sintoma, com o sonho, com a loucura; irá enfrentar o registro pulsional do que a constitui. Mas isso não nos impede de perceber a existência de um paralelo muito evidente entre, de um lado, saber e verdade, em Lacan e, por outro, técnica e conhecimento no Husserl da *Krisis*, ou melhor, entre saber e verdade como distinção que institui o "sujeito da ciência moderna" com a oposição entre o "objetivismo" da ciência matemática da natureza e a subjetividade transcendental, na medida em que, em ambos os casos, parece haver a denúncia de um encobrimento da subjetividade que se revela, desde seu nascimento, numa espécie de crise constitutiva da qual a psicologia empírica parece ser o sintoma mais evidente [...].[31]

Isso não significa, é claro, que o modo como os autores propõem respostas à crise da modernidade sejam parecidas. Inclusive, pode-se reafirmar o cuidado necessário nessa aproximação, que parece indicar com maior segurança aquilo que é partilhado, nos dois casos, como causa dessa crise, mas que não significa que o diagnóstico seja exatamente o mesmo, já que partem de compreensões distintas sobre diversos pontos centrais. Tampouco nos interessa, nesse momento, aprofundar demasiadamente essa discussão, pois consistiria em um desvio desnecessário ao nosso objetivo. A mobilização desse interessante comentário sobre a presença de Husserl no pensamento de Koyré e de sua aproximação com aquilo que é proposto por Lacan nos é cara por reafirmar, a partir de uma referência pouco frequente no pensamento psicanalítico, a historicidade do sujeito, a qual estabelece elementos centrais sobre como a questão da verdade pode ser pensada.

A centralidade do recurso ao *cogito* concomitante à recusa do estabelecimento de algo que garanta a existência traz consigo um entendimento particular não somente da relação entre sujeito e metafísica – no sentido de ser ou não possível sustentar afirmações sobre a essência ou o significado da existência –, mas especialmente sobre o papel que a linguagem assume nessa equação. Podemos entender aquilo que se está descartando da seguinte maneira: "O esquema é relativamente simples: o sujeito garante o saber e Deus garante o sujeito. Se o *cogito* é a primeira evidência que constitui o sujeito, a prova de existência de Deus é a evidência que constitui o Outro como garantia do saber do sujeito."[32] Isso nos serve para estabelecer que a lógica a partir da qual será possível pensar a relação entre saber e existência deverá ser invertida: "Para Lacan, Descartes havia percebido um problema-chave – a implicação do sujeito no saber –, mas desconheceu sua consequência mais imediata, a saber, que é a estrutura do Outro que precede e constitui o sujeito, e não o contrário."[33]

Tal consideração pode ser desdobrada em dois momentos: primeiramente, traz consigo a anterioridade da linguagem em relação ao sujeito, a qual é entendida como um sistema de diferenças, marcada pela separação radical entre significante e significação, ou seja, pela negação de qualquer tipo de significação transcendental[34]. Uma concepção que autonomiza a linguagem em relação à significação, uma vez que o sujeito é marcado por ela, e faz uso da língua, mesmo antes de significar esse uso. Isso se articula à função do significante enquanto causa: "O efeito de linguagem é a causa introduzida no sujeito. Por esse efeito, ele não é causa dele mesmo, mas traz em si o germe da causa que o cinde. Pois sua causa é o significante sem o qual não haveria nenhum sujeito no real."[35] A ausência de um significado *a priori* é um elemento central, pois pavimenta o caminho que será amplamente explorado em relação ao estatuto de um conhecimento que somente pode ser pensado a partir de uma falta estrutural. Isso porque a primazia do significante, enquanto separado da significação, indica que a estrutura do Outro é causa do próprio sujeito, mas trata-se de um Outro esvaziado de sua dimensão garantidora[36].

Nessa esteira, o recurso a Descartes que ganha intensidade a partir do seminário sobre os problemas cruciais para a psicanálise[37] e culmina num trabalho cuidadoso sobre o estatuto do ato psicanalítico[38]. Reafirmando-se, assim, a importância de Descartes não somente no estabelecimento dos fundamentos da teoria psicanalítica, mas também de sua dimensão na práxis clínica[39]. E também não se limitando a reconhecer o princípio ético da inexistência de uma garantia moral, avançando sobre as consequências disso decorrentes, tanto na práxis clínica como em relação ao conhecimento produzido pela psicanálise.

O Conhecimento Não Garantido

Porém, o que se pode dizer sobre os efeitos dessa discussão em relação à produção de conhecimento? Reafirmamos o que foi apresentado ao final do capítulo anterior, de que é possível asseverar que o reconhecimento da inexistência de uma instância garantidora da verdade do conhecimento não é uma novidade introduzida por Lacan, tampouco um traço que desestabilize o valor do conhecimento científico. Mesmo que se pense que há um esforço de constituição de modos de formalização e transmissão do conhecimento que tente fazer com que essa impossibilidade de totalidade ou garantia seja centralizada a todo momento. Como vimos, Hacking[40] afirma o valor da práxis científica para além de uma pretensão de estabelecimento da verdade última. As tentativas de recaptura constante desses limites funcionam no sentido de reatualização de um princípio ético compromissado com a compreensão dos efeitos reificadores do conhecimento, mas não exclui seu valor em si.

Nessa direção, vemos esforços como o de Moustapha Safouan, ao indicar a compatibilidade de uma epistemologia não normativa com produções científicas altamente relevantes[41]. O psicanalista compara avanços científicos que, apesar de trabalharem com entendimentos completamente diferentes do valor de verdade da epistemologia, chegaram a descobertas de similar aceitação. Haveria, por exemplo, uma relação forte de correspondência entre teoria e mundo no pensamento de Einstein, ao passo que as ideias de Niels Bohr eram pautadas numa compreensão epistemológica muito menos normativa.

Lembremos que a atual crise de credibilidade da ciência não parece advir de sua contingência, mas é efeito de um excesso de autoridade que se afirmava pela negação dessa própria contingência[42]. O que indica que a crítica à normatividade epistemológica excessiva não deve necessariamente levar à negação de conhecimentos que já foram produzidos ou ainda o serão, mas devem retroagir no modo como se organiza a própria produção de conhecimento. Isso passa por considerá-la não somente enquanto um empreendimento epistemológico, mas também a partir de seus efeitos ontológicos e políticos.

Daí se justifica a recuperação da verdade como conceito central, não somente por carregar um efeito de oposição ao saber (ao menos no pensamento psicanalítico), mas também por implicar um ponto de inseparabilidade entre epistemologia e ontologia, de modo que o debate ético se faz incontornável ao se pensar a produção de conhecimento. O modo como essa problemática estrutura o pensamento lacaniano é o motivo pelo qual entendemos que a psicanálise apresenta um estilo de raciocínio específico, em que a negatividade é um centro gravitacional, e não somente um resto ou um desvio. Algo que sustentamos a partir do que foi apresentado até então, sobre a especificidade como os objetos em psicanálise podem ser constituídos sempre remetendo a uma falta, assim como as possibilidades de consideração de verdade e falsidade.

Isso não significa, entretanto, que esgotamos as questões relativas à especificidade dos objetos e da racionalidade psicanalítica. De fato, o trabalho sobre o *cogito* apresenta alguns efeitos sobre isso. É possível afirmar que esses efeitos intensificam a modificação no modo de se pensar o objeto, o que não nega ou invalida outros saberes, mas indica uma especificidade incontornável ao se tratar das questões das quais a psicanálise se ocupa.

Algo mobilizado rapidamente por Lacan ao dizer que há algo do objeto da ciência que ainda não foi elucidado[43]. Isso pode ser entendido não como a produção de uma entidade até aí inexistente, mas pela consideração de que existe uma perda produzida pelo modo de produção de conhecimento da ciência moderna, e que essa própria perda pode ser tomada como motor da produção de saberes. Trata-se, portanto, de uma afirmação que toca a questão da causalidade, pensada a partir da negatividade. Aprofundaremos esse ponto no próximo capítulo; por ora, tratemos, de modo mais geral, do que diz respeito à negatividade como um fator estruturante tanto da experiência como do conhecimento, o que continua a apresentar pontos de aproximação com o exposto anteriormente sobre o *cogito* e o diagnóstico de crise da modernidade[44]:

O sujeito, enquanto dividido pela disparidade entre enunciado e enunciação, ocorre como função negativa do pensar: *penso onde não sou, sou onde não penso*. Essa função negativa é demonstrada pela extensa revisão do estatuto de desejo em sua relação com a linguagem e aparece em inúmeras versões ao longo da obra de Lacan: a negatividade das formas estruturais da defesa (recalque, forclusão, recusa), a negatividade dos modos de inscrição do sujeito na linguagem (traço, letra, significante), a negatividade das posições existenciais do sujeito (alienação, separação). Isso não reduz o inconsciente a uma figura da irracionalidade ou ao afeto pré-reflexivo, mas coloca o problema das relações entre o pensamento inconsciente e este ponto no qual parece não existir sujeito que o pense. Ou seja, o *não penso* não é sinônimo de *não há pensamento em meu ser*, mas de que há pensamento que não se pensa com o *si mesmo*. O eu (*moi*, si mesmo) é o *lugar* com qual o sujeito pensa e no qual ele deposita o pensado. O sujeito é uma *posição* que mantém relação negativa (*não penso, não sou*) em face de seus modos de objetificação.[45]

Se isso deve ser reparado em relação ao sujeito, também se deve ter certo cuidado em relação ao objeto. Não entraremos em detalhes sobre a proposição do objeto *a*, porém não podemos nos furtar a fazer alguns apontamentos gerais. De início, quando nos referimos aos objetos da psicanálise, é preciso esclarecer que não estamos nos referindo somente ao objeto *a*, mas a diversos objetos que são alvos da teoria psicanalítica e que carregam, como defendemos, um traço de negatividade. Entre eles, noções como o inconsciente, sujeito, desejo etc. Para além disso, é importante lembrar que a proposição de um objeto é solidária a sua racionalidade.

Assim, não deve ser entendida como um objeto negativo inserido em uma racionalidade que tradicionalmente lida com objetos positivos, como se fosse simplesmente uma especificidade de objeto inserida em uma disciplina estabelecida como a psicologia ou a psiquiatria. Ou mesmo seu contrário, um objeto positivo inserido numa racionalidade marcada pela negatividade. Não se deve tomar o objeto *a* como "o" objeto da psicanálise, como se isso resolvesse as tensões em relação a outros campos. Algo que pode ser depreendido da afirmação de que não se trata de produzir saber sobre o objeto *a*[46] – ressalva que indica tanto a peculiaridade de não se tratar de um objeto sem negatividade quanto aquilo que se pode depreender da própria reciprocidade entre a construção desse objeto e a estrutura da racionalidade psicanalítica. Se ao objeto *a* pode ser encarregada a função de resolver certos impasses do pensamento psicanalítico, em geral ligados diretamente à questão da negatividade[47], isso não significa que a questão se resolva pela produção de um saber sobre o objeto, de modo que sua importância pode ser compreendida na "possibilidade de garantir uma dimensão [...] existencial para a teoria, uma forma de pensar o desejo com a pulsão, com o corpo e com a fantasia"[48].

O objeto *a* responde a uma necessidade de tratamento da negatividade a partir de um organizador, que não desfaz essa negatividade, mas permite uma articulação conceitual. É, portanto, um operador que presentifica essa perda, sendo mobilizado em diversos contextos e muitas vezes com sentidos diferentes. Vale notar que, mesmo em sua definição mais popular, ele possui uma dupla função que indica algum tipo de perda ou falta: como causa de desejo e como mais-de-gozar. Além disso, também é digno de nota que a proposição conceitual do objeto *a* é bastante posterior à presença da negatividade no pensamento psicanalítico, reafirmando a ideia de que um estilo de raciocínio é algo que pode se constituir paulatinamente. Mais do que um objeto em si, parece-nos que o objeto é entendido melhor como algo que estabiliza uma característica geral partilhada pelos objetos possíveis dentro do pensamento psicanalítico. Uma negatividade à qual, como tentamos mostrar, a questão da verdade é essencial, justamente por poder estabelecer pontos de enunciação sem perder seu caráter negativo.

UM SUJEITO HISTÓRICO 147

Como visto anteriormente, o estilo de raciocínio é responsável pela delimitação das possibilidades de construção de seus objetos, além de estabelecer as bases de definição de parâmetros de veracidade e falsidade. No caso da psicanálise, por não se tratar somente de uma teoria, deve-se considerar também que sua racionalidade clínica em geral é solidária a seu estilo, o que, como indica Iannini, mostra-se em diversos traços constitutivos de seu pensamento[49]. Algo compatível com a redefinição de Hacking de seus "estilos de raciocínio" enquanto "estilos de pensamento e fazer científico"[50], no tanto que essa ampliação visa a dar conta da indissociabilidade entre o pensamento e as práticas. Somando-se ao trabalho de Dunker, pode-se supor que esse estilo abarcaria a etiologia, a diagnóstica e a terapêutica psicanalíticas[51]. Afinal, a negatividade não seria somente um modo de explicação causal dos quadros, mas também a própria definição dos quadros seria atravessada por ela, assim como a terapêutica, no que se deve atentar ao fato de que a psicanálise lacaniana não define enquanto horizonte uma conscientização do inconsciente, mas a possibilidade de outras maneiras de lidar com a falta. Desse modo, boa parte das particularidades do pensamento psicanalítico pode ser lida nessa chave, de uma racionalidade que se constrói a partir lugar central ocupado por noções, tais como: perda e falta, equívoco e impossível. De negatividades.

Foi possível, até aqui, afirmar a compatibilidade entre o modo como a psicanálise compreende a historicidade do sujeito e a ideia mais geral de ontologia histórica defendida por Hacking. Trata-se da articulação entre a ideia de que os discursos produzidos sobre os indivíduos modificam as possibilidades de experiência – defendida por Hacking – e o reconhecimento, por Lacan, da emergência da ciência moderna como correlato da produção de uma modalidade específica de subjetividade. Trata-se, sobretudo, da concordância em relação ao fato de que os discursos produzidos modificam as possibilidades de experiência. Essa eventual conjugação indica a pertinência do conceito de nominalismo dinâmico dentro do campo psicanalítico, fato que, mesmo que não constitua uma grande novidade conceitual, indica um caminho de diálogo bem sedimentado entre psicanálise e filosofia da ciência. É claro, o modo dessa articulação não é direto, uma vez que a psicanálise parece se debruçar justamente sobre aquilo que resta na descrição de Hacking. Mais que isso, Hacking desenvolve a questão de modo muito mais específico: o sofrimento é pensado a partir dos discursos que tomam os indivíduos como seus objetos. Na psicanálise, essa dinâmica é mais ampla, pois não responde somente aos momentos em que os indivíduos são tomados como objetos, mas aos efeitos produzidos pela própria posição do sujeito em relação à linguagem. Trata-se, desse modo, de uma acepção mais geral e mais estável, e que pode, inclusive, englobar a proposta de Hacking.

O NOMINALISMO DINÂMICO EM OUTRO ESTILO DE RACIOCÍNIO

O recurso ao conceito de estilos de raciocínio de Hacking pode ser bastante produtivo para explicitar certos pontos de distanciamento de seu nominalismo dinâmico em relação ao pensamento psicanalítico. Em particular, em relação a como são entendidos os transtornos mentais e seus sintomas, ou, de modo mais amplo, o sofrimento psíquico.

De modo específico, resgatar esse conceito de Hacking exerce uma função imediata: indicar a insuficiência do nominalismo dinâmico para pensar os desenvolvimentos psicanalíticos. Mesmo que o nominalismo dinâmico seja adequado para tratar certos pontos de grande importância para a psicanálise, esse desenvolvimento é apenas uma parte lateral no seu pensamento, subordinada a uma construção maior. A plasticidade e a relação dos sintomas com a cultura são tomadas como uma questão incontornável, mas não esgotam a problemática expressa por essa plasticidade.

Por outro lado, parece-nos que a ausência do que Hacking define enquanto uma "teoria geral de inventar pessoas"[52] pode ser apontado como aquilo que deixaria sua apresentação frágil em termos causais. Algo evitado pela psicanálise. Isso porque a importância das formas de expressão do sofrimento e dos sintomas é secundária na medida em que não perde de vista algo que seria mais geral e estável. Isso não somente em termos teóricos, mas também clínicos. É por essa mesma razão que a intervenção clínica não pode ser reduzida à supressão de sintomas específicos ou a uma ideia de conscientização do inconsciente, tanto pelo fato de esse modo de proceder passar ao largo da causa do sofrimento, como por não compreender o traço mais básico do inconsciente, que é a impossibilidade de conhecimento total, mobilizada pela questão da verdade. Desse modo, a problemática mais geral à qual se subordinariam os sintomas (ao menos em seu sentido clássico) é a que se liga à dimensão da perda.

Essa diferenciação pode ser nomeada, como faz Dunker, a partir da distinção entre mal-estar, sofrimento e sintoma[53]. Isso não constitui um tipo de a-historicidade; afinal, o próprio reconhecimento da importância da emergência da ciência moderna e do *cogito* apontam para o caráter contextual dessa dimensão geral que diz respeito ao modo de consideração dessa perda; trata-se, entretanto, de um traço mais estável do que a nomeação "transiente" comporta – já que remete a sintomas que se modificam em curtos espaços de tempo. Além disso, a ênfase dada a essa dimensão de perda da experiência não somente faz com que o entendimento do que é sofrimento e sintoma seja modificado, mas produz também uma reorganização da diagnóstica e da etiologia. Retomar o trabalho de Hacking neste ponto cumpre uma dupla função: indicar como o modo de o filósofo trabalhar questões ligadas ao sofrimento psíquico apresenta uma limitação por falta de profundidade em explicações causais; e também indicar como outro modo de pensar sobre essas questões pode ampliar essa discussão de modo consistente.

Lembremos a diferença sobre o modo como Hacking pensa seu nominalismo dinâmico e a maneira como essa questão é mobilizada na psicanálise. Embora sejam compatíveis, Hacking se debruça sempre sobre as características positivadas das patologias, aquilo que é expresso de modo explícito nos sintomas. Estabelece-se uma relação entre as bases de possibilidade daquilo que pode ser produzido enquanto saber (conhecimento profundo), os saberes efetivamente produzidos (conhecimento superficial) e seus efeitos ontológicos. Tais efeitos são medidos a partir do reconhecimento de traços compartilhados entre os dois tipos de conhecimento, o discurso (e as práticas) e o comportamento (e sintomas) dos indivíduos.

O filósofo não dá nenhum passo além disso em direção a qualquer reflexão sobre o que seria a causa do sofrimento. Talvez os únicos momentos em que se posicione sejam aqueles em que reproduz um entendimento biológico, amplamente difundido na psiquiatria hegemônica contemporânea. Na maior parte de seus escritos sobre nominalismo dinâmico e ontologia histórica, sobre psicopatologias transientes e sofrimento psíquico, ele se dedica quase que exclusivamente ao modo como as categorias propostas interagem com seus objetos – daí sua caracterização como tipos interativos.

Não há, tampouco, qualquer tentativa de explicar por que esses elementos interagem dessa maneira; ao menos, não qualquer esforço explícito. Por que certas patologias são transientes? Por que os sintomas assimilam elementos culturais? Em última instância, o que falta é uma explicação etiológica que se debruce sobre a causa do sofrimento, e não simplesmente sobre seus modos de expressão. Isso não seria um problema na obra de um filósofo da ciência, afinal o ponto central de seu trabalho é discutir a interatividade ou indiferença de certos tipos, e o modo como essas categorias auxiliam diversas discussões. Entretanto, como afirmado, essa questão torna-se problemática nos pontos em que transparece uma certa etiologia biologicista, a qual inclusive parece ser contraditória com boa parte dos argumentos do próprio autor.

Como vemos em *Múltipla Personalidade*, saberes frágeis cientificamente podem produzir modos de experiência[54]. Junto disso, há um esforço constante de crítica a um possível questionamento da "realidade" dessas doenças, indicando que deve ser entendida sempre como uma espécie de acordo, e que o caráter histórico de uma experiência não a faz menos real. Ora, nesse esforço há algo que vai além da mera descrição. Mesmo que não entre em detalhes sobre como esse processo se daria individualmente, há uma explicação geral que afirma o efeito retroativo da linguagem sobre a experiência. Entretanto, há dois elementos que indicam uma hierarquização inerente e anterior que delimita o papel desse efeito retroativo, como modifica também algumas dessas considerações sobre a realidade. Isso produz uma predeterminação sobre as possibilidades de explicação desse funcionamento e estabelece uma diferenciação entre tipos de patologias. Esses dois elementos podem ser reconhecidos nas afirmações de que: 1. há doenças mais reais do que outras; 2. essa realidade se liga a uma suposta indiferença encontrada em tipos de classificação que incluem substrato biológico. Tal argumentação é explícita em *Mad Travelers*[55] e *The Social Construction of What?*, mas já pode ser reconhecida em passagens anteriores.

Nesses momentos, o autor parece limitar não somente o alcance de seu nominalismo dinâmico, mas também de suas proposições sobre a historicidade da ontologia. Mesmo que ele sustente que tipos interativos se articulam a tipos indiferentes – ou seja, que o modo como se experiencia uma patologia não transiente continua sendo histórico –, há uma predefinição das possibilidades de experiência que responde ao biológico. Nesses casos, o caráter histórico da ontologia seria reduzido. O que nos parece problemático não é a consideração de que existam fatores orgânicos que limitem as possibilidades de experiência, mas o modo e a amplitude como essa limitação é tratada. Nesse sentido, Hacking parece incidir em dois equívocos: em primeiro lugar, numa consideração demasiadamente ampla de como o substrato biológico restringe as possibilidades, diminuindo a consideração de que o orgânico também responde ao simbólico; em segundo, há um problema na consideração das patologias não transientes enquanto "mais reais". Esse ponto estabelece uma tensão inevitável com a ideia de ontologia histórica, pois hierarquizaria modalidades de experiência, reduzindo o espaço de negociação sempre apontado pelo próprio autor.

O Sentido dos Sintomas e os Processos Analíticos

O primeiro ponto que deve ser abordado, partindo da ideia de falta enquanto algo estrutural no pensamento psicanalítico, diz respeito ao modo de compreender os sintomas e o sofrimento. Devemos lembrar que Freud afirmou, em diversos momentos, o caráter contextual dos sintomas, os quais deveriam ser observados tanto em suas relações com a história pessoal de cada paciente como dentro de seu momento histórico. É o que afirma em 1917, em "O Sentido dos Sintomas"[56]. Segundo o psicanalista, existem os sintomas "típicos", aqueles que gozam de certa estabilidade: "eles são mais ou menos iguais em todos os casos; neles desaparecem as diferenças individuais, ou pelo menos elas se reduzem de tal maneira que se torna difícil juntá-las à vivência individual do doente e relacioná-las com situações específicas vividas por ele"[57]. Por outro lado, há os sintomas que apresentam uma relação específica com as vivências particulares de cada paciente, possibilitando o que o autor chama de "interpretação *histórica*"[58], remontando a história de cada indivíduo. Segundo ele, entretanto, não haveria uma diferença radical entre os dois tipos de sintomas: "Se os sintomas individuais dependem tão claramente das vivências do doente, resta a possibilidade de que os sintomas típicos remontem a vivências específicas, típicas em si mesmas e comuns a todos."[59]

Cabe notar que Freud não deixa de voltar-se aos sintomas típicos por sua estabilidade, ao afirmar que esses sintomas "parecem resistir a uma fácil remissão histórica"[60]. Vemos, entretanto, que é possível afirmar uma dupla historicidade em um sintoma: se, por um lado, responde ao contexto social e cultural em que se insere, utilizando elementos disponíveis na circulação simbólica para se expressar; por outro, há uma historicidade mais específica, que diz respeito à história de cada um dos indivíduos. Isso é importante uma vez que o caráter mais "geral" dos sintomas típicos não indica uma negação de sua individualidade. O fato de que essas instâncias não sejam excludentes, mas até mesmo articuladas, aponta que um sintoma individual sempre se expressa a partir de elementos simbólicos disponíveis, assim como um sintoma típico sempre se entrelaça à história individual de cada um. Esse entrelaçamento de algo reconhecido com maior generalidade com a historicidade da vida individual ganha força justamente a partir do entendimento etiológico do sintoma, em que a palavra "sentido" não é sem consequências.

Esse tipo de articulação se faz presente no pensamento lacaniano em diversos momentos. Se podemos encontrar, em "Função e Campo da Fala e da Linguagem em Psicanálise"[61], a afirmação de que o analista deve alcançar em seu horizonte a subjetividade de sua época, o modo de compreensão dos sintomas dentro de um sistema simbólico em que os termos se relacionam a partir de suas diferenças se faz presente de diversas maneiras, como bem exemplificado em *O Mito Individual do Neurótico*. Entretanto, isso não responde à pergunta sobre a causa. Que os sintomas sejam entendidos como inseparáveis dos significantes disponibilizados culturalmente não indica qual seria o modelo etiológico de compreensão, nem qual será seu papel dentro de um processo psicanalítico.

Voltemos a Freud. O psicanalista afirma que "a formação do sintoma é um substituto para alguma coisa que não aconteceu"[62].

UM SUJEITO HISTÓRICO 153

Há aí maior clareza sobre a necessidade de compreensão do sintoma não como algo que deve ser tomado enquanto alvo principal do pensamento clínico, mas como efeito de um processo cuja causa deve ser buscada. Desse modo, a constituição simbólica do sintoma se faz possível a partir da apreensão dos elementos disponíveis, mas a sua inserção se produz a partir de uma espécie de intencionalidade, indicada pela palavra "substituto".

Isso significa, inclusive, que uma palavra contém um sentido dentro de uma construção sintomática que pode não corresponder, necessariamente, ao que ela tem na vida social. Isso é muito bem exposto, por exemplo, numa apresentação de Radmila Zygouris, em que uma paciente falava sobre certo medo de ser pedófila em um sentido absolutamente particular[63]. O caráter individual do sentido do sintoma é sempre central, uma vez que o sintoma não se encerra em si mesmo: "No 'sentido' de um sintoma reunimos duas coisas: sua procedência e sua destinação ou motivação, ou seja, as impressões e as vivências que o acarretaram e o propósito a que serve."[64] Se um sintoma tem procedência e destinação próprias, se ele é causado por algo específico e serve a um propósito, então o sintoma em si é algo que fala sobre outra coisa, um deslocamento. Um deslocamento que se liga ao recalque, ao trauma, àquilo que não é suportado de forma direta no simbólico. E, como será colocado em uma conferência seguinte chamada "Os Caminhos da Formação de Sintomas"[65], a pesquisa sobre a causa não deixa de desembocar num ponto de ausência de sentido, no qual, assim como o conceito de pulsão, o sintoma se liga a uma impossibilidade de simbolização.

Poucos anos depois, em "Psicologia das Massas e Análise do Eu", Freud apresenta a relação entre sintoma e identificação[66]. Indica não somente a célebre ideia de contágio – em que adolescentes se identificam com uma colega que sofre com uma carta de amor –, mas também traços mais específicos sobre a identificação com sintomas tanto do objeto de desejo (a tosse da filha igual à tosse do pai), como com sintomas do objeto de rivalidade (a filha que se identifica com os sintomas da mãe, por culpa). Desse modo, vê-se como o sentido do sintoma não pode ser depreendido de sua expressão fenomênica, tornando indispensável uma consideração etiológica que considere sua inserção no discurso para que seja compreendido. Desse modo, como insistirá Lacan a partir de sua assimilação da linguística estrutural, o valor de um sintoma deve ser compreendido a partir da lógica significante, em que não há valor *a priori*, mas sim inserido em um sistema de diferenças. Um sistema de diferenças que orbita, na psicanálise, em torno de ideias como falta, recalque, verdade:

Essa reforma do sujeito, que é aqui inauguradora, deve ser relacionada com a que se produz no princípio da ciência, comportando esta última um certo adiamento no que tange às questões ambíguas a que podemos chamar questões da verdade. É difícil não ver introduzida, desde antes da psicanálise, uma dimensão que poderíamos dizer do sintoma, que se articula por representar o retorno da verdade como tal na falha de um saber. Não se trata do problema clássico do erro, mas de uma manifestação concreta a ser "clinicamente" apreciada, onde se revela, não uma falha de representação, mas uma verdade de uma referência diferente daquilo, representação ou não, pelo qual ela vem perturbar a boa ordem.[67]

Vemos, nesse sentido, como Lacan localiza o sintoma enquanto um retorno da verdade. Assim, o sintoma articula um elemento presente na cultura a algo proveniente da divisão do sujeito, algo que fala. Apresenta-se na falha de um saber. É importante lembrar que, apesar de a verdade se apresentar enquanto um sintoma positivo, isso não exclui sua negatividade. Como afirma Dany Nobus:

Embora a verdade de um sintoma, sua emergência de desaparecimento, resida no significante, essa verdade deve ser situada primariamente no nível do inconsciente, isto é, dentro de um discurso do qual o sujeito consciente é barrado. O sujeito do inconsciente ausente não previne o inconsciente de se expressar. Ao contrário, como Lacan ousadamente demonstrou com uma longa figura retórica, a verdade (o fato de que não há sujeito no inconsciente) fala vigorosa e eloquentemente.[68]

Nobus define a verdade como "o fato de que não há sujeito no inconsciente". Fórmula que mobiliza a noção de sujeito enquanto um organizador, de maneira que sua ausência remeteria aos diversos elementos que temos nomeado a partir do termo "negatividade". Mas, para além disso, o autor é bastante claro em sua afirmação de que essa verdade fala, e para isso utiliza as palavras disponíveis.

A causalidade do sintoma, ao ser tomada radicalmente no campo da linguagem e remetida a uma impossibilidade de significação, consubstancia a afirmação de Milner[69] sobre o eventual

UM SUJEITO HISTÓRICO

abandono de uma materialidade biológica ou fisicalista, o que é possível a partir da incidência do significante. A retirada do sintoma de uma racionalidade que o entenda somente como efeito causal orgânico inequívoco – ainda que carregasse certa plasticidade em relação a suas expressões – reforça a o caráter central da questão da causa. Isso significa que sintomas fenomenologicamente similares podem ter sentidos muito diferentes para cada um; podem ter procedências, destinações e propósitos variados. Não se trata, assim, de tentar resolver problemas temporários encontrados por uma racionalidade que estaria encontrando meras dificuldades em estabelecer bases orgânicas que expliquem satisfatoriamente os sintomas; trata-se, isso sim, de reconhecer a improdutividade de tal modo de pensamento para dar conta desse tipo de objeto.

Embora Freud indique, em diversos momentos, a hipótese de uma relação direta com processos orgânicos, sua etiologia não deixa de apontar que tais processos não seriam indiferentes, mas também responderiam ao simbólico e ao inconsciente. Isso significa que a própria consideração de processos orgânicos não precisa tomá-los tipos indiferentes. Ademais, essa plasticidade acompanha o reconhecimento de um funcionamento que não comporta relações estanques ou inequívocas de significação. Quer dizer, o próprio funcionamento do processo clínico acontece de maneira singular, já que momentos parecidos podem ter sentidos absolutamente diferentes dependendo daquilo ao qual respondem. Como afirma Freud em "Construções em Análise"[70], são os efeitos que indicam o sucesso. Se é possível afirmar que Freud oscila, em alguns momentos, sobre a causalidade orgânica, Lacan é cristalino em relação à sua ruptura, que não deve ser entendida como a negação de processos orgânicos, mas como a desconsideração de qualquer vantagem que possa ser tirada de explicações etiológicas com base biológica.

Lacan afirma essa ruptura em "Formulações sobre a Causalidade Psíquica"[71] e a retoma com grande centralidade em seu seminário sobre as psicoses[72], entre outros momentos. Isso porque o modo como realiza seu retorno aos conceitos freudianos já carregava os traços centrais da estruturação particular do pensamento lacaniano baseado na negatividade.

Sintoma e Verdade

Essas considerações são solidárias ao modo de compreensão do sintoma enquanto manifestação da verdade, e incidem diretamente nos modos de condução do tratamento. É o que vimos, por exemplo, nos comentários sobre o caso de Kris[73]. O percurso sintético que realizamos anteriormente teve como um de seus objetivos localizar a maneira como Lacan busca em Freud a sustentação de um modo de pensamento que tem, como elementos organizadores, noções críticas e negativas (entre elas: equívoco, impossível etc.). Entre esses elementos, a noção de *verdade* parece se destacar como um operador que transita com diferentes funções: ela é mobilizada em discussões epistemológicas assim como em discussões clínicas e ontológicas, indicando pontos de reciprocidade dessas instâncias. Em relação aos sintomas, já indicamos que apresentam uma relação direta como a verdade. Essa relação consistia, inclusive, em um ponto de crítica do psicanalista francês em relação à comunidade analítica, especialmente em relação ao modo como a técnica psicanalítica era empregada. Como afirma Lacan afirma, ainda em "Intervenção Sobre a Transferência"[74],

Se Freud assumiu a responsabilidade – ao contrário de Hesíodo, para quem as doenças enviadas por Zeus avançavam para os homens em silêncio – de nos mostrar que existem doenças que falam, e de nos fazer ouvir a verdade do que elas dizem, parece que essa verdade, à medida que sua relação com um momento da história e com uma crise das instituições nos parece mais claramente, inspira um temor crescente nos praticantes que perpetuam sua técnica.[75]

Portanto, a articulação da verdade com o sintoma pode ser entendida de uma dupla maneira: como a expressão momentânea de um conflito que está ali positivado (o sintoma carrega a verdade de algo que não funciona), mas também como algo que aponta para além dessa positividade, indicando que apesar dessa expressão momentânea há algo que não se esgota nos conteúdos mobilizados. A primeira forma, ligada a um conteúdo específico, também é referida por Lacan como diferentes "desenvolvimentos da verdade" em um processo analítico (que não é a mesma coisa que a verdade no sintoma); momentos nos quais, a partir de uma interpretação, uma virada dialética inaugura um discurso em que a verdade opõe-se à

UM SUJEITO HISTÓRICO

narrativa (saber) antes estabelecida[76]. Esses desenvolvimentos da verdade, entretanto, são interpretados, produzindo novas inversões dialéticas e novos desenvolvimentos de verdade.

É solidária a esse funcionamento a inesgotabilidade dessa dialética, de modo que não haveria uma verdade que se diria por inteiro, e também que a positividade presente na "fala" de uma verdade virará um saber e poderá ser contraposta a uma "nova" verdade[77]. A negação em sua articulação com o desejo funciona de modo semelhante porque aponta para o caráter ainda conflitivo de representações intelectuais que permanecem recalcadas em relação ao afeto, mas que também aponta, como indica Safatle, para a impossibilidade contida em qualquer representação em ser adequada à satisfação[78].

Assim, a verdade do sintoma articularia, de um lado, o caráter disruptivo de algo que emerge enquanto expressão daquilo que não funciona, e de outro, a impossibilidade de funcionamento sem restos ou conflitos. A outra extremidade dessa articulação do sintoma que aponta para algo mais perene do que expressões pontuais (ou transientes, para empregar o termo de Hacking) demanda outra noção, na qual os conflitos não se resumam a suas expressões positivas, tampouco que entenda que resoluções pontuais esgotam os problemas (daí terapêuticas que trabalham somente com remissão sintomática poderem ser consideradas como somente produção de deslocamentos). É necessário, portanto, algo mais amplo e originário. Lembremos, como afirmado há pouco, que Freud afirma que os sintomas carregam procedências e destinações, as quais são, ao mesmo tempo, individuais e coletivas. Assim, para além da consideração do sintoma como algo que ultrapassa o sentido individual, também é possível reconhecer que ele guarda uma articulação com sentidos coletivos, já que se insere no universo simbólico determinado pela cultura. De modo que é possível afirmar que essa instância mais ampla e originária em relação aos sintomas não tenha relevância somente em termos individuais, mas seja reconhecível como um traço geral.

Mal-Estar, Sofrimento e Sintoma Como Efeitos da Negatividade

Talvez a ideia mobilizada com maior popularidade, nesse sentido, seja a de mal-estar, apresentada por Freud em seu célebre

Mal-estar na Civilização[79]. Nesse ponto, é interessante notar que há um movimento de localização da produção de uma perda que guarda suas semelhanças com o recurso lacaniano ao *cogito* como fundador de uma subjetividade moderna. O mal-estar seria, assim, um dos efeitos possíveis dessa perda. No início de seu texto, Freud levanta hipóteses para compreender a hostilidade em relação à civilização, algo que seria um dos efeitos desse mal-estar. Ao apontar uma hipótese, ele reintroduz a ideia de privação, de maneira extremamente corriqueira: "Descobriu-se que o homem se torna neurótico porque não pode suportar a medida de privação que a sociedade lhe impõe, em prol de seus ideais culturais, e concluiu-se então que, se estas exigências fossem abolidas ou bem atenuadas, isto significaria um retorno a possibilidades de felicidade."[80]

Vê-se, portanto, que em Freud não somente a ideia de perda se liga à de civilização, mas que se pode pensar que há uma perda inevitável no processo civilizatório, ligada à privação de satisfação pulsional, incontornável na socialização. A clínica psicanalítica debruça-se sobre esse tipo de questão. É curioso notar que Freud não se preocupa tanto em definir exatamente o que chama de mal-estar, embora articule diversos termos como infelicidade, insatisfação, indisposição, hostilidade etc. O problema, afirma ele, é que não parece correto afirmar que seria possível extinguir totalmente essa indisposição, numa constatação próxima a outras afirmações de limites do trabalho analítico, como a impossibilidade de análise completa de um sonho sem que reste seu "umbigo", ou mesmo de que um tratamento analítico esgote os conteúdos a serem analisados[81]. Isso indica que, para além de um pressuposto ontológico, o mal-estar liga-se à própria clínica e seus impossíveis.

Interessa especialmente o fato de que o mal-estar em si, que já se mostra como uma noção disforme e um tanto indefinida, tampouco pode ser considerada causa, mas sim efeito de algo que faz parte da constituição da subjetividade em uma sociedade civilizada. Tem-se, portanto, uma ideia originária de perda ligada a algo que a civilização não parece conseguir suprir, algo que se coloca como um impossível produzido por esse processo.

Deve-se considerar que Freud não deixa de diagnosticar impossíveis também fora da clínica, numa linha de pensamento amplamente compatível com a ideia de um diagnóstico de perda

UM SUJEITO HISTÓRICO 159

relativo à modernidade, enquanto projeto incapaz de realizar seus anseios de educar, governar e psicanalisar[82]. A impossibilidade da realização completa do projeto civilizatório aparece, portanto, como um ponto limite da clínica, o qual, ao mesmo tempo que pode ser entendido como sua causa, também se coloca como algo que não pode jamais ser resolvido – embora não se abandone a ideia de poder lidar de maneiras melhores com isso. Trata-se, nesse sentido, de uma negatividade que, ao mesmo tempo que constitui um limite do tratamento possível, estabelece uma causalidade específica que remete à verdade dessa perda. Como indica Dunker, um modo de compreender esse diagnóstico da modernidade "consiste em sincronizar as experiências particulares de negatividade e de não identidade, que marcam a constituição do sujeito, com experiências universais, que descrevem a gênese lógica do sujeito, dos grupos, das massas e da civilização"[83].

Lacan, por sua vez, retoma os impossíveis freudianos adicionando um quarto, que aprofunda essa relação de perda de experiência: o impossível de desejar[84]. Não obstante, pode-se afirmar que o psicanalista francês desdobra o diagnóstico de perda, intensificando-o e propondo diversas outras possibilidades antes não exploradas. Nesse sentido, a racionalidade clínica presente nesses desenvolvimentos implica a consideração do sintoma e do sofrimento não como expressões de um conflito pontual, mas sim como elementos que devem ser inseridos nessa racionalidade construída em torno de uma negatividade. Ou, se retomarmos as palavras de Lacan citadas alguns parágrafos atrás, que orbita em torno da *verdade*.

Não é por acaso que Dunker irá propor a tríade mal-estar, sofrimento e sintoma, partindo do pressuposto de que essas categorias partilhariam uma homologia, uma origem comum ligada à experiência de perda. Desse modo, o sofrimento seria um tipo de expressão do mal-estar, um tipo que demanda reconhecimento social; ele também pode se articular ao sintoma, mas não necessariamente, dado que há sintomas que não causam sofrimento ao sujeito (deve-se considerar também que um sintoma pode causar sofrimento aos outros). Nesse sentido, os sintomas seriam mais bem definidos enquanto aquilo que expressa, a partir de elementos simbólicos, um modo mais determinado da disfuncionalidade inerente à civilização[85].

A principal questão que nos interessa neste momento é o modo como os sintomas podem ser entendidos não como conflitos pontuais e isolados, mas como efeitos ou expressões de algo da ordem da perda de experiência enquanto traço da subjetividade moderna. O sintoma pode ser entendido, assim, como o resultado de uma operação de recorte e definição de parte do mal-estar que, por um lado, passa longe de esgotá-lo; e, por outro, apresenta o risco de normatização a partir da escolha por uma estabilidade discursiva. Esse tipo de consideração já parte, entretanto, de um tipo de racionalidade que imputa ao sintoma um lugar circunscrito de efeito de algo maior, embora, como temos visto, o modo como essa circunscrição é realizada produz efeitos na própria experiência[86].

Reafirma-se, portanto, a tese do sintoma enquanto um signo pontual de um funcionamento que remete ao mal-estar enquanto fenômeno mais amplo e disforme: "Mal-estar (*Unbehagen*) não indica algo transitório ou crônico e tratável como sintoma nem uma precariedade moral de circunstâncias como o sofrimento, mas uma condição, um modo de estar no mundo."[87] Mas a possibilidade de reconhecê-lo se faz presente nas narrativas que tratam do sofrimento. Portanto, o modo de estabelecimento dessa noção de mal-estar, enquanto algo amplo e reativo a tentativas de reificação, é assimilado em processos de circulação social, em que o sofrimento se mostra um passo na possibilidade de reconhecimento. Como afirma o autor,

Retenhamos que os termos pelos quais a psicanálise fala da passagem do mal-estar ao sofrimento designam, antes de tudo, usos locais da linguagem: *romance* familiar do neurótico, *teorias* sexuais infantis, *mito* individual do neurótico, ética *trágica* da psicanálise. Romance, teoria, mito ou tragédia são categorias formais, gêneros literários ou discursivos que nos mostram como há um trabalho social da linguagem que se cruza na determinação do sofrimento.[88]

Para além de todas as possibilidades de discussão abertas por Dunker nessa proposição, que tem como traço inovador a condução da noção de sofrimento como algo que deveria ser abordado frontalmente pelo pensamento psicanalítico, interessa-nos aqui o ponto em que essa construção apresenta aproximações e distanciamentos com o pensamento de Ian Hacking.

UM SUJEITO HISTÓRICO

Como foi visto, Hacking é preciso ao indicar como a discursividade (que tem sintomas como objetos) produz efeitos nos modos de experiência dos indivíduos – algo compatível com o entendimento psicanalítico sobre o que é um sintoma. Entretanto, a psicanálise dá um passo a mais nessa compreensão, de modo que não somente o sintoma é entendido como algo que modifica a experiência, mas também algo que responde ao modo como se lida com a perda, localizada enquanto elemento central. Não à toa a noção de verdade assume uma relação direta com essa perda, apontando tanto a disrupção do sistema a partir da introdução (ou reintrodução) de um elemento que perturba seu funcionamento – afinal, a verdade que se opõe ao saber exige uma reorganização simbólica em sua emergência – quanto a inesgotabilidade desse funcionamento. Indica, assim, que o sistema nunca poderá ser completamente estabilizado. É quando o equívoco (momentâneo) transforma-se em impossível. Isso, como afirma Dunker, pode ser considerado a verdade do sintoma, "o seu mal-estar"[89]. Afinal, o próprio sintoma carrega uma dimensão de perda em relação à sua própria função, ele não se encerra em si mesmo.

Essa ideia já se encontra presente em Freud, mas tomará ares mais dramáticos por ser centralizada por Lacan. Desse modo, se a negatividade estruturante já poderia ser reconhecida na teoria freudiana[90], ela será o motor de diversos experimentos de teorização, demonstração e formalização em Lacan[91], como apontamos no capítulo anterior. Mas o modo como essa negatividade coloniza o questionamento da produção de conhecimento coloca uma diferença de Lacan em relação a Freud, a qual não pode ser ignorada. Isso porque no modo de pensar a clínica, nisso em que ela implica ou produz considerações ontológicas sobre o sujeito – ou mesmo em tentativas de superação desse conceito (sujeito) como em noções de falasser[92] –, a centralidade da perda e da negatividade mostra-se inegável, atravessando o ensino do psicanalista francês em seus diversos momentos.

Embora não tenhamos tratado de cada uma das formas que a falta ou a perda podem assumir no pensamento lacaniano, o que apresentamos no capítulo anterior e neste é suficiente para reforçar o papel constitutivo que essa negatividade apresenta no estabelecimento de um modo de pensar e delinear seus objetos.

Algo que pode ser nomeado, inclusive, como consequências de uma *ontologia negativa*[93].

Nesse ponto é possível retornar à discussão com Hacking, de modo a considerar os pontos de afastamento entre sua teoria e o pensamento psicanalítico no que diz respeito ao sofrimento psíquico. Essa distância, como tentamos demonstrar, parte da diferença da diagnóstica em que elas se inserem, as quais, por sua vez, distinguem-se pela presença da negatividade como ponto central no estilo de raciocínio sobre o qual a psicanálise se constrói.

Vale lembrar que diagnóstica não deve ser confundida com diagnóstico em seu sentido tradicional de uma patologia num sentido restrito, mas como "reconstrução de uma forma de vida", entendida como "refazer os laços entre trabalho, linguagem e desejo, pensando a patologia – que se exprime no sintoma, no mal-estar e no sofrimento – como uma patologia do social"[94]. Trata-se, portanto, da localização daquilo que causa distúrbio, não como mau funcionamento de uma parte de um sistema que deveria funcionar sem problemas, mas da compreensão das contradições e disrupções enquanto efeitos da própria constituição de formas de viver. Essa diagnóstica psicanalítica é, então, estruturada a partir de uma negatividade, a qual é inseparável do modo como o sintoma é compreendido, articulado ao sofrimento e ao mal-estar.

Hacking apresenta, em *Mad Travelers*, alguns traços constitutivos da relação entre nichos e formas de sofrimento: 1. há uma grade diagnóstica em voga (histeria ou epilepsia) cuja discussão intensifica a 2. visibilidade do quadro; há uma 3. dimensão de alívio na identificação do sujeito com o diagnóstico; há uma 4. narrativa que localiza o quadro entre polos morais (turista e vagabundo). A partir da psicanálise, há outros elementos que podem ser considerados: 5. o sofrimento e os sintomas carregam algo da verdade; 6. a tomada de tipos interativos enquanto indiferentes produz um efeito retroativo específico de naturalização (considerar a depressão um tipo indiferente muda a experiência e o tratamento da depressão); e 7. a causalidade deve ser inserida na compreensão da interatividade para se construir uma compreensão mais rigorosa que evite a tomada de tipos interativos enquanto indiferentes. Embora esses três últimos pontos tenham sido aludidos, serão aprofundados em "Problemas e Caminhos".

UM SUJEITO HISTÓRICO

Relacionando essa passagem com o que foi afirmado sobre a verdade, vê-se o papel central que o termo ocupa na economia conceitual psicanalítica, servindo como uma espécie de termo intermediário entre o impossível e o estável, aparecendo enquanto equivocidades e disrupções que escrevem esse impossível. Desse modo, vê-se a sofisticação da construção do pensamento psicanalítico para o estabelecimento de uma diagnóstica que não localize o sintoma como questão em si a ser tratada, mas como deslocamento de algo que não somente ganha outras formas menos normativas, como também é entendido como expressão de algo, no limite, intratável.

Isso não deixa de incluir a historicidade do sofrimento, dos sintomas ou mesmo da subjetividade. Como vimos, a psicanálise trabalha com um diagnóstico histórico num duplo sentido. Por um lado, há a historicidade de expressões e reconhecimentos locais de sintomas e sofrimentos, marcada pelos elementos simbólicos disponibilizados pela cultura em voga. Por outro, a psicanálise coloca seu foco nisso que ficaria "de fora" dessas expressões positivadas, indicando que os discursos e as práticas atuantes acarretariam, necessariamente, um tipo de perda. Esta consideração também inclui uma historicidade, já que o modo como se lida com essa perda é contextual. Para Lacan, a emergência do sujeito da ciência inauguraria um modo específico de lidar com a perda; algo contextual, porém com certa estabilidade. Ademais, residiria na consideração dessa dimensão da perda, da negatividade, a possibilidade de explicação causal desse funcionamento. Esse é um ponto central na diferenciação entre formas de lidar e pensar sobre o sofrimento psíquico, que consiste no modo como, nas palavras de Lacan, trata-se a verdade como causa.

5 Problemas e Caminhos

Se Ian Hacking afirma que a expansão do pensamento científico para áreas até então ocupadas por outras modalidades de saber – como a mística ou a religião – constitui mudanças nas possibilidades de experiência dos indivíduos (momento localizado, pelo autor, como de emergência das ciências da memória), a psicanálise vai um pouco adiante: além de reconhecer a reciprocidade entre subjetividade e contexto cultural, oferece um diagnóstico mais geral sobre como um modo de pensar – exemplificado pelo *cogito* cartesiano – instauraria uma modalidade ampla de subjetividade, responsável pela repetição de um traço comum à experiência moderna nomeado, por Dunker, como experiência de perda[1].

Nesse sentido, haveria uma diferença com relação àquilo que é considerado como conhecimento profundo. Se, para o filósofo canadense, a modificação responsável pela abertura das possibilidades sobre as quais ele se debruça é a aceitação de que há fatos sobre a memória a serem conhecidos, o ponto de ancoragem a partir do qual a psicanálise pensa o estabelecimento de um modo de subjetividade é mais amplo, algo que engloba as ciências da memória, mas não somente.

Esse passo a mais dado pela psicanálise não significa, de início, nenhuma exclusão em relação às propostas de Hacking. Tanto a ideia de nominalismo dinâmico como a de ontologia histórica são amplamente compatíveis com esse diagnóstico da modernidade, especialmente se considerarmos que os trabalhos mais específicos de Hacking constituiriam relatos pormenorizados de fenômenos que não escapam a esse diagnóstico. É coerente, inclusive, considerar que a psicanálise só se constituiu da maneira como aconteceu porque houve essa expansão do pensamento científico para outras áreas, modificando tanto as possibilidades de emergência de novas disciplinas, como também influindo nos modos de expressão sintomática, de reconhecimento do sofrimento, de consideração do mal-estar.

Isso permite que os dois caminhos traçados (pela psicanálise lacaniana e pela filosofia da ciência de Hacking) cheguem a posicionamentos similares em diversos momentos. É exemplar, nesse sentido, a constante afirmação de Hacking sobre os riscos de se perguntar sobre a realidade de uma doença. Um dos pontos centrais de *Múltipla Personalidade e as Ciências da Memória* é a afirmação de que, embora as explicações etiológicas para o transtorno dissociativo fossem extremamente frágeis – de modo que a patologia em si poderia ser considerada como efeito de um processo acima de tudo discursivo –, isso não diminui o sofrimento das pessoas. Ou seja, ele sustenta o reconhecimento do sofrimento de patologias que considera serem efeitos de processos culturais. É, em larga medida, sua posição em relação ao que chama de patologias transientes.

Isso significa, portanto, que o reconhecimento do sofrimento (ou da experiência, de modo mais geral) não depende da correção teórica. O fato de que explicações frágeis produzam modos de experiência – ou seja, vivências produzidas a partir de ideias que não se sustentam cientificamente – não significa que essas experiências sejam falsas. Há, portanto, uma disjunção entre a verdade da experiência e a verdade epistemológica. E, de central importância, há o reconhecimento do sofrimento, mesmo que não se concorde com suas explicações etiológicas ou com sua terapêutica.

PATOLOGIAS NÃO TRANSIENTES E ESTABILIDADE

Entretanto, essa questão não parece se resolver tão rapidamente. Mesmo que haja o reconhecimento do sofrimento, o modo como

PROBLEMAS E CAMINHOS 167

Hacking discorre sobre patologias não transientes parece deixar algumas pontas soltas. Ele fala, por exemplo, sobre certas doenças mentais que apresentam maior presença em diferentes lugares e momentos, como esquizofrenia ou retardo mental[2], as quais não considera transientes. Isso não significa nem que seus diagnósticos e tratamentos não sejam históricos, tampouco que não haja um efeito retroativo da classificação sobre aqueles que são diagnosticados; mas significa que algo nelas seria mais estável do que nas patologias transientes. Nessa toada, aponta também que o perfil dos sintomas ligados à esquizofrenia tem mudado; o que não o impede, entretanto, de reconhecer a esquizofrenia enquanto uma patologia não transiente, mais estável.

De fato, elemento central no pensamento de Hacking, a estabilidade é uma medida da pertinência de uma teoria, de sua utilidade e de sua não superação. E, na discussão sobre a interatividade ou indiferença de tipos, serve de critério porque um tipo indiferente tem menos variação do que aquele modificado pela própria classificação. Entretanto, em relação a transtornos mentais, a questão da indiferença e da estabilidade se complexifica.

Tomemos a consideração da suposta maior estabilidade na esquizofrenia do que em neuroses. A diferença, segundo ele, não estaria na variação sintomática, mas no fato de que, mesmo com sintomas diferentes, a esquizofrenia pode ser reconhecida em mais lugares e momentos distintos. Em relação a mudanças nos sintomas, o autor afirma que o modo como alucinações são descritas (e seus conteúdos) tem mudado, e que até mesmo o papel de alucinações no diagnóstico se modificou no decorrer do tempo[3]. Pode-se reconhecer, assim, uma relação entre os efeitos da doença e como a pessoa lida com ela. Em certo momento, aponta o autor, a esquizofrenia era um diagnóstico na moda e não era vergonhoso falar sobre alucinações auditivas. Isso mudou, e as pessoas deixaram de falar sobre suas alucinações: "O esquizofrênico, enquanto um tipo de pessoa, é um alvo em movimento, e a classificação é um tipo interativo."[4]

Contudo, a questão da maior estabilidade do transtorno – ou seja, o fato de que ele parece ser menos transitório do que outros – continua em aberto. Sua resposta é que essa maior estabilidade decorreria do fato de essas doenças terem um substrato biológico ou neurológico – fato que seria sustentado pela maioria dos cientistas, segundo ele – de modo que poderiam também ser consideradas como tipos indiferentes, naturais. Algo que se aproxima do que tem sido falado sobre a depressão. Entretanto, como seria possível uma doença ser, ao mesmo tempo, um tipo indiferente e um interativo?

Essa questão já foi em parte trabalhada anteriormente, quando nos ocupamos em explicar a própria ideia de tipos interativos e indiferentes. O exemplo mobilizado naquele momento, o autismo infantil, é considerado pela psiquiatria biológica, assim como a esquizofrenia, uma doença com claro substrato etiológico orgânico, embora os avanços em relação a essa ideia não pareçam ser compatíveis com a certeza que se indica[5]. O que nos interessa aqui é uma pergunta pontual: o recurso ao "orgânico" deve ser visto como argumento a favor da estabilidade?

Hacking afirma que a diferença entre tipos interativos e indiferentes é que os tipos interativos dizem respeito a atores que podem se dar conta de que são um tipo – porque são tratados ou institucionalizados assim, experienciando-se desse modo. Por outro lado, tipos naturais não têm consciência de como são classificados e não interagem com a classificação[6]. A classificação de tipos naturais, por serem indiferentes, teria mais valor por sua maior estabilidade.

Entretanto, deve-se lembrar que, mesmo considerando a maior estabilidade dos tipos naturais e indiferentes, Hacking aponta que psicopatologias podem ser, ao mesmo tempo, interativas e indiferentes; o que ele afirma indicando categorias que apresentam um substrato biológico, mas também determinam possibilidades de experiência – como seria o caso do autismo, segundo ele. Haveria uma doença orgânica chamada "autismo", e esta seria indiferente (não mudaria com o discurso produzido sobre ela); e haveria a condição subjetiva classificada como autismo, a qual sofreria modificações. Daí ele afirmar, inclusive, que doenças biológicas podem e devem ser tratadas psicologicamente, uma vez que boa parte do sofrimento causado não diz respeito apenas à parte indiferente, mas a como essa parte indiferente se relaciona com a parte interativa.

Objetos, Alvos e Classificações

Jonathan Y. Tsou argumenta que parece haver uma contradição na definição de tipos que seriam, ao mesmo tempo, indiferentes e interativos. Tsou argumenta que Hacking faz uma confusão entre tipos interativos e tipos indiferentes ao não estabelecer a diferença entre classificações e objetos. Sua crítica incide justamente na ideia de Hacking de que doenças como autismo, esquizofrenia e depressão podem ser consideradas como tipos interativos e indiferentes. Isso parte da consideração de como a interatividade estaria ligada à plasticidade sintomática e de expressões possíveis de algo que seria um determinante "originário", o qual, por sua vez, se destacaria pela estabilidade, ao que Hacking argumenta que deveria, portanto, ser entendido como as bases biológicas dessas doenças – as quais não seriam modificadas pela classificação produzida sobre elas. Segundo Tsou, o problema estaria em uma confusão entre tipos de categorias científicas e tipos de objetos de classificação na natureza: "Como sugerido acima, o que Hacking pretende identificar com sua noção de tipos interativos e indiferentes é um certo tipo de objeto de classificação na natureza, mais do que um certo tipo de classificação científica."[7]

Segundo Tsou, o erro de Hacking está em não diferenciar objeto e classificação: o objeto biológico é um objeto natural, o que indicaria a "realidade" da doença (nas palavras de Tsou). Entretanto, a classificação produzida a partir dele resultaria em efeitos de *looping*, o que faria com que um objeto natural indiferente pudesse ser um tipo interativo. Sinteticamente, Tsou defende que objetos naturais podem ser tipos interativos, e que isso resolveria a ambivalência de Hacking. Parece-nos, entretanto, que Tsou faz má leitura da proposição de Hacking, pois a ambivalência (reconhecida pelo próprio autor, é bom ressaltar) articula-se a um problema mais complexo do que a possibilidade de objetos biológicos poderem, ou não, ser tipos interativos. Ela se conecta à questão da estabilidade.

Em primeiro lugar, é necessário ressaltar que a teoria de Hacking trabalha sobre uma não separação entre objeto e classificação: isso não significa que um objeto não possa produzir efeitos, mas que um tipo é uma unidade em que essas duas dimensões não são separáveis, de modo que um interativo é aquele cuja classificação modifica o próprio objeto que está sendo classificado, e portanto, a própria classificação. Hacking não trabalha com a noção de objeto, mas de tipo, pois entende que objetos são indissociáveis de suas classificações – o que pode ser visto em sua defesa de que as possibilidades de apreensão de um objeto são recíprocas à estruturação de um estilo de raciocínio, como vimos em "A Ciência entre Verdade e Veracidade". Tomar um objeto, e não um tipo, nesse sentido, seria afirmar um realismo ontológico incoerente com o pensamento de Hacking. Um objeto só pode ser considerado biológico ou não, natural, indiferente ou interativo, a partir de sua classificação. É, portanto, da classificação que se trata para Hacking, e dos efeitos que ela produz sobre seus alvos e sobre si mesma. A palavra "alvo", empregada pelo autor, indica justamente essa não separação da linguagem muitas vezes esquecida no uso da palavra "objeto".

Mais especificamente, um tipo interativo é aquele cuja classificação modifica o alvo da própria classificação, e não que produz mudanças em outras. A classificação de uma pessoa como acometida por Parkinson pode produzir efeitos (por exemplo, causar depressão), mas isso não entra na ideia de Hacking de um tipo interativo, pois o efeito não diz respeito à classificação em si: se não muda o estado do transtorno, não é uma questão para a própria classificação. Parece, então, que ao afirmar que uma doença pode ser, ao mesmo tempo, um tipo interativo e indiferente, Hacking está falando de dois tipos (ou de dois alvos) diferentes reunidos sob um mesmo nome, e não sob um efeito contraditório de uma mesma classificação. O problema que parece estar ligado ao equívoco de Tsou, entretanto, é bastante interessante, pois toca num ponto do pensamento de Hacking que merece ser discutido.

Como declara Tsou, "o argumento mais convincente sobre a realidade de certas condições vem de pesquisas sobre vias fisiológicas ou bioquímicas associadas a algumas condições psiquiátricas"[8]. Essa passagem indica uma ideia também presente em Hacking, embora, como já apontamos, parece haver um ponto de equívoco na leitura de Tsou: mesmo que proponha uma diferenciação entre objetos e classificações que não corresponde à de Hacking, a ideia de uma ligação privilegiada entre fatores orgânicos e a realidade de doenças pode, sim, ser encontrada na obra do filósofo canadense. Isso não acontece do mesmo modo como

PROBLEMAS E CAMINHOS 171

em Tsou; Hacking apresenta uma abordagem não somente mais cuidadosa, mas também muito mais complexa: "Mas não sou ambivalente, ou pior, só em relação à construção social; também sou ambivalente em relação ao uso de designações rígidas em conexão com doenças e transtornos."[9]

Embora indique sua ambivalência, o autor não deixa de apontar certo privilégio de argumentos biológicos. Parece-nos, em linhas gerais, um erro induzido por um ideal organicista que toma a indiferença do biológico como um dado estável, levando a discussões problemáticas. Pode-se afirmar, por um lado, que o orgânico seria mais estável por ser indiferente à linguagem. Isso não é inteiramente verdadeiro para Hacking, que não deixa de reconhecer efeitos de terapias comportamentais em indicadores orgânicos no caso da depressão, por exemplo. Por outro lado, a relação da estabilidade de certas doenças com uma suposta relação neurológica ou biológica deixa essa via aberta, como se o que estivesse sendo argumentado é que a causalidade da patologia, mesmo que possa sofrer modificações terapêuticas em relação ao sofrimento que acarreta, é indiferente. Daí a afirmação de que seriam dois tipos em jogo: um interativo (os efeitos da doença em termos de sofrimento e sociabilidade) e a causa da doença em si, biológica, que seria indiferente.

Realidade das Doenças

Hacking inclusive dá um passo a mais, ao discorrer sobre a questão da realidade das doenças. Não somente afirma o caráter real das patologias transientes, como também frequentemente relembra Hilary Putnam para afirmar que a própria ideia de realidade deve ser tomada enquanto algo que é fruto de constante renegociação[10]. Desse modo, afirma Hacking, a pergunta sobre a realidade não seria assim tão relevante (para ele), embora ele sempre volte a ela por reconhecer sua importância social.

Retomando a questão sobre a realidade da múltipla personalidade em *Mad Travelers*, ele afirma que as pessoas se perguntam isso de um modo em que "realidade" é um termo que serve para definir o "verdadeiro" sobre questões controversas de doenças mentais:

As pessoas não vão parar de usar a palavra *real,* ou suas colegas, como *verdadeiro,* em conexão com problemas mentais controversos. As razões para isso vão desde o âmbito das finanças ao responsabilidade [jurídica], da teoria semântica ao da metafísica científica. Planos de saúde deveriam pagar somente por doenças mentais reais, certo? Responsabilidade [jurídica] aqui é o ponto crucial. Nós temos uma atitude profundamente moral em relação a doenças. Se alguma coisa é uma doença real, você não é responsável por isso ou o é somente no tanto em que você se engajou no vício que trouxe a doença. Sexo, bebida e ociosidade são vícios típicos. Mas se você precisa de uma cirurgia cara para colocar uma prótese de quadril porque você continuou praticando jogos de juventude como basquete mesmo depois de estar na meia-idade, você não é culpado ou considerado responsável; porque, em nosso mundo, atividade de juventude continuada é uma virtude. No caso de doenças mentais, a responsabilidade pode ser diminuída ou mesmo tirada se a doença é uma doença real. E os nomes para doenças reais têm referentes objetivos e individualizados; metafísica científica e ciência popular demandam do mesmo modo que o referente seja bioquímico, neurológico, orgânico – algo localizado no corpo e que pudesse ser, por princípio, isolado em laboratório.[11]

É interessante notar o modo como Hacking delineia a questão moral articulada a doenças e ao sofrimento. A questão da responsabilização se faz central no debate, de modo que o reconhecimento de uma causa "externa" resolveria os problemas morais envolvidos, absolvendo os indivíduos das possíveis acusações. Há, assim, uma dimensão ética a ser considerada, uma vez que a causa indiferente permitiria a desresponsabilização dos indivíduos. Ademais, ao se tomar enquanto um tipo não interativo, também se simplifica o debate sobre a direção do tratamento: afinal, se é algo definido e indiferente, não há possibilidade de direcionamento moral na ideia de cura – trata-se, apenas, de fazer funcionar bem aquilo que já estava definido. Ou seja, a pergunta sobre a realidade importa tanto na responsabilização daqueles que sofrem quanto daqueles que tratam. Voltaremos à dimensão ética à frente, por ora consideremos que Hacking retoma a questão da realidade de duas maneiras diferentes. De início, pergunta-se se a fuga histérica era real no começo do século xx, ao que responde sim; em seguida, afirma que ela não é real hoje em dia. Para isso, retorna à ideia de realidade enquanto negociação, mas sempre afirmando a realidade das patologias e do sofrimento por elas causado:

PROBLEMAS E CAMINHOS 173

Nós temos a sensação de que existe essa supercoisa fixa sobre doenças mentais, uma realidade que divide as doenças reais das falsas. Acredito que nossas concepções de doenças reais têm a necessidade de serem, como Putnam coloca, renegociadas no presente. Isso por causa das rápidas mudanças na psiquiatria biológica e orgânica.[12]

Segundo o autor, os avanços na psiquiatria seriam suficientes para produzir uma modificação na concepção do que seriam doenças reais ou verdadeiras. Esses avanços seriam demonstrados, em larga medida, nos efeitos terapêuticos de tratamentos com base biológica. Isso o leva, em determinado momento, a afirmar que há, sim, doenças mais reais do que outras: aquelas que têm uma base fisiológica seriam mais reais. Há aí uma hipótese de relação entre bases biológicas e realidade – a realidade, nesse momento, entendida não somente como algo que demanda constante renegociação, mas também de um modo pragmatista, inspirado em Charles S. Peirce. Ela é afirmada a partir dos efeitos de tratamentos baseados em estudos e intervenções organicistas. Haveria, portanto, uma renegociação sobre a realidade das psicopatologias em que vertentes organicistas apresentariam certa vantagem por oferecer resultados convincentes. O que lhe permite afirmar: "espero que a esquizofrenia vá emergir como uma (ou várias) disfunção corpórea, neurológica, bioquímica, tanto faz"[13].

Retomando o que o autor afirma em seu livro seguinte, *The Social Construction of What?*, o principal fator diferencial da esquizofrenia (ou do retardo mental) em relação a outros transtornos é seu reconhecimento em diferentes contextos. Isso significa que (1) embora alguns sintomas se modifiquem, há (2) algo que se mantém estável. Assim, é possível falar sobre um tipo indiferente – esse cujo alvo se mantém estável – e um tipo interativo, cujos alvos (sintomas, comportamentos, sofrimento) se modificam. O recurso ao organicismo é realizado como uma tentativa de explicação da estabilidade. Nesse sentido, o que se constrói é a ideia de uma presunção de estabilidade das explicações biológicas como decorrentes de uma indiferença em relação à linguagem, o que as aproximaria da realidade. As doenças reais são aquelas que se mantêm, enquanto as outras desaparecem: "Minhas expectativas sobre os transtornos dissociativos são de um tipo diferente daqueles sobre esquizofrenia. No caso da dissociação, espero que a história se repita, mas somente uma vez. Espero que isso vá embora, para sempre."[14]

Depois, há uma ambivalência maior, que tem como centro a consideração do *biolooping*[15]. Mesmo que continue a sustentar certo privilégio das explicações orgânicas e neuroquímicas, deixa mais em aberto a relação entre a questão orgânica e a indiferença dos tipos. Tomando como exemplo tratamentos comportamentais para a depressão, afirma que é possível ver uma dimensão de interatividade em algo considerado orgânico, uma vez que o sucesso desses tratamentos indica que "uma certa condição química do cérebro, considerada como algo ligado à depressão, é aliviada. Nós temos uma dinâmica funcionando no nível da classificação e no nível do *biolooping*"[16]. Esse é, supreendentemente, o penúltimo parágrafo do capítulo "Loucura, Biológica ou Construída?" Hacking apresenta essa ideia e não avança, afirmando, na conclusão do capítulo, que, "se começarmos a nos mover entre ciborgues, ou a virar ciborgues, o *biolooping* virará um fato comum do dia a dia. O *looping* classificatório continuará junto a isso até que, talvez, os dois se tornem um num mundo que ninguém pode prever"[17]. Depois desse capítulo, o tema não é retomado. E, mesmo em *Ontologia Histórica*, a discussão não se aprofunda nesse sentido, restringindo-se a comentários parecidos com os já apresentados sobre esquizofrenia e autismo. A questão dos ciborgues já havia sido trabalhada em um artigo intitulado "Canguilhem Amid the Cyborgs" (Canguilhem Entre os Ciborgues)[18], e remete a uma relação entre corpo e linguagem em que o *biolooping* seria um efeito muito mais amplo do que até então considerado.

Deve-se lembrar, entretanto, que boa parte do trabalho realizado em *Ontologia Histórica* passa ao largo de reflexões sobre a questão orgânica, e a articulação entre a presumida estabilidade do orgânico e a realidade não é retomada. Ou seja, não é nem aprofundada nem refutada, embora Hacking continue a trabalhar com a ideia de *biolooping* de um modo um tanto indefinido. Entretanto, ele é bastante claro ao afirmar a realidade da invenção de pessoas, os efeitos do nominalismo dinâmico e os alvos em movimento. Isso reforça algo apontado antes sobre o reconhecimento da importância de experiências que não apresentam, necessariamente, uma explicação causal fisiológica estabelecida.

PROBLEMAS E CAMINHOS

Por outro lado, a questão permanece do modo como havia sido apresentada, e, portanto, deve ser retomada.

O ponto principal que merece ser tratado é a relação entre organicismo e estabilidade. Ressaltamos que, seja em relação ao autismo infantil, seja em relação à esquizofrenia, Hacking está fazendo apostas sobre a possibilidade de explicação com argumentos que permitam uma decisão em favor da causalidade orgânica. E, quando aborda a depressão, indica uma interatividade em relação a processos orgânicos, apontando mudanças na classificação. Ele não sinaliza a amplitude dessa consideração, de modo que pode estar simplesmente de acordo com a ideia de que, embora a causalidade seja orgânica, o sofrimento seria um tipo interativo – o que justifica o emprego de terapias psicodinâmicas, por exemplo. A palavra "aliviada" talvez indique essa limitação no alcance da ideia. Nesse sentido, a relação entre organicismo e estabilidade se manteria.

A questão de a realidade de psicopatologias ser decidida a partir de seu substrato biológico passa por uma renegociação daquilo que é considerado real ou verdadeiro, de modo que o acordo sobre o que é real seria reequilibrado a partir da consideração pragmática dos efeitos terapêuticos produzidos por linhas de pesquisa assim alinhadas. Se afirma, em *Múltipla Personalidade*, que as ciências da memória estabeleceram a verdade de que há fatos sobre a memória a serem descobertos, parece que a psiquiatria biológica teria estabelecido outra, a de que a causalidade deve ser buscada exclusivamente no orgânico: uma verdade com efeitos epistemológicos (define um modo de conhecer), ontológicos (define possibilidades de experiência), éticos (modifica a responsabilização dos indivíduos por seu sofrimento) e políticos (se insere numa disputa de poder). Uma verdade que deve ser problematizada.

O PROBLEMA DO EXCESSO DE INTERATIVIDADE

A ideia de que os transtornos reais (ou, pelo menos, mais reais) seriam aqueles que apresentam maior estabilidade – supostamente articulada a bases fisiológicas e neuroquímicas – parece estar mudando nos últimos anos. Se esse tipo de pensamento era alvo de grandes investimentos por parte da indústria farmacêutica no final do século xx e na primeira década do xxi, isso teria mudado nos últimos dez anos, segundo Nikolas Rose[19].

O fôlego desse tipo de pensamento, segundo Rose, era majoritariamente advindo da eficácia farmacológica, não somente com os avanços de medicamentos antipsicóticos, mas em especial com antidepressivos. Essa eficácia norteava grande parte das explicações etiológicas, de modo que a causalidade dos transtornos era pensada a partir do fato de que as drogas funcionavam. Esse pensamento organicista ganhou um empurrão com a esperança de que exames de imagem levariam a uma melhor compreensão dos transtornos[20]. Porém, algo parece ter dado errado nessas duas apostas (farmacológica e exames por imagens), o que abre a questão sobre a pertinência da racionalidade organicista em si.

Expomos algumas questões relacionadas a isso no primeiro capítulo, as quais foram retomadas pontualmente no decorrer do livro. Agora, podemos aprofundar a questão. Para isso, comecemos com um caso paradigmático.

Depressão no Japão

Em seu livro *Crazy Like Us: The Globalization of the American Psyche* (Loucos Como Nós: A Globalização da Psique Estadunidense), Ethan Watters conta um caso que ilustra a articulação entre problemas de eficácia farmacológica, departamentos de marketing e criação de mercados. Afirma que, por volta do início dos anos 1990, o mercado japonês passou a ser visto como um alvo prioritário por certas empresas farmacêuticas, que viam ali uma situação de grande potencial de crescimento. Isso se dava tanto pelo alto poder aquisitivo da população quanto pelo fato de, até então, a depressão ser um transtorno praticamente ausente da cultura japonesa.

A partir de entrevistas com especialistas sobre expressões locais de depressão e com executivos de farmacêuticas, o autor detalha que a ausência da depressão era apresentada como uma resistência da cultura japonesa, a qual não parecia ser permeável à introdução de um quadro patológico nesses moldes. Frente a isso, as empresas produziram um plano de marketing para conseguir emplacar suas vendas naquele país.

PROBLEMAS E CAMINHOS 177

Havia dois problemas iniciais: o primeiro era a ausência de um quadro próximo ao transtorno. O quadro mais próximo da depressão era de gravidade extremamente elevada; algo que talvez pudesse ser descrito de forma mais adequada, na psiquiatria ocidental, como algum tipo de demência. Um quadro que, inclusive, resultava em internações de longa duração. Por outro lado, tristeza e modificações da volição eram tratadas de maneira privada, sendo culturalmente inadequado partilhá-las com outras pessoas. Havia, além dessas duas questões, uma alta taxa de suicídios, a qual, entretanto, não parecia estar ligada a transtornos relacionados à depressão, mas sim a uma organização social de extrema coesão, trazendo efeitos intensos de culpa e vergonha frente a frustrações e incapacidade de corresponder às expectativas.

O discurso oficial das farmacêuticas, aponta Watters, era de que havia um subdiagnóstico de depressão no Japão, que era causado por um *atraso científico*. Em uma entrevista com um diretor de uma empresa, este afirma que a causa do problema seria *junk science* (ciência lixo). O quadro que se pintava era de que, embora a cultura japonesa fosse extremamente desenvolvida em diversas áreas, a psiquiatria e a neurologia se mostrariam ultrapassadas, causando grande prejuízo à população.

Isso tocava um segundo aspecto da questão, que poderia ser entendido como mais complexo: os medicamentos. O governo japonês exigia que qualquer droga nova para ser vendida no país deveria passar por testes locais e comprovar sua eficácia. Algo que também era entendido, pelos executivos das farmacêuticas, como um entrave, um sinal de atraso da psiquiatria japonesa. Não confiar nos estudos realizados em outras localidades era não compreender a doença: algo biológico que acometia a todos os indivíduos de maneira similar. Se havia alguma variabilidade, seria em relação a formas de expressão e ao reconhecimento, ou não, da patologia em si, mas ela existiria independentemente disso. Entretanto, havia um ponto que complicava esse raciocínio: testes locais realizados por farmacêuticas falharam em demonstrar efeitos clínicos positivos das drogas: "Drogas como Zoloft, da Pfizer, que eram amplamente prescritas nos Estados Unidos, tiveram ao menos um fracasso em estudos de larga escala com seres humanos nos anos 1990 no Japão."[21]

O modo de ultrapassar tal problemática foi bastante criativo. Em primeiro lugar, foram feitos diversos convites a especialistas para discutir as expressões culturais de depressão. Esses convites eram feitos como se consistissem em palestras em congressos científicos, mas que se revelavam posteriormente reuniões fechadas acessíveis somente aos funcionários das empresas. Conforme os relatos, esses funcionários eram altamente qualificados; entretanto, não realizavam qualquer tipo de discussão sobre o que era apresentado. Eles somente tomavam notas e faziam perguntas visando a fazer os especialistas desenvolverem mais suas ideias. O objetivo, segundo um dos entrevistados por Watters, era claro: pensar um modo de emplacar a depressão como um produto viável no Japão.

Após esse primeiro momento, uma enorme campanha de marketing indireto – já que o marketing direto de produtos farmacêuticos era proibido no Japão – foi realizada. Programas de televisão, celebridades, matérias em jornais e revistas apresentavam a depressão como um problema real e que deveria ser tratado: nada demasiadamente grave; porém, que deveria ser cuidado para não virar um transtorno incontrolável. Nesse ponto, também fez parte dessa campanha um direcionamento da questão do suicídio para o quadro de depressão, sendo apresentado justamente como um possível destino terrível do não tratamento de algo incialmente simples. Em japonês, a expressão usada era *kokoro no kaze*, que significa algo como "um resfriado da alma": uma doença real e da qual não é necessário ter vergonha, mas que deve ser tratada para não resultar em complicações desnecessárias. Algo facilmente resolvível com uma ou duas pílulas por dia.

Ao que parece, a campanha foi muito bem-sucedida. Em 2002, após somente dois anos do lançamento do Paxil no mercado japonês, ele já consistia em parte significativa do faturamento internacional da GlaxoSmithKline, de 401 milhões de dólares (no mundo todo, exceto os EUA). Em 2008, apenas seis anos depois, o faturamento com a venda desse mesmo remédio, somente no Japão, ultrapassava 1 bilhão de dólares. Porém, mais expressivo do que o sucesso invejável dessa campanha, expresso pelo aumento do número de consumidores, é o fato de que não somente o consumo aumentou, mas também a eficácia medida nos testes. Afinal, se a validação não tivesse sido comprovada, a própria venda não seria permitida. Aconteceu que, após a campanha de marketing, novos testes foram feitos e produziram resultados diferentes dos anteriores, sustentando a eficácia dos medicamentos. O que coloca a questão, de saída, sobre se uma campanha publicitária poderia modificar o resultado de um teste de eficácia de um medicamento.

Se esse caso pode ser considerado um grande sucesso para os departamentos de marketing, pode também ser entendido como um prenúncio de uma crise por vir da psiquiatria biológica. Afinal, mesmo que a situação tenha sido manipulada com maestria, há uma instabilidade incontornável entre diagnóstico, etiologia e terapêutica que fica marcada na diferença entre o discurso e o próprio proceder das empresas: que o diagnóstico seja fruto de algum tipo de acordo social que atravessa o reconhecimento do sofrimento e define o campo sintomático, isso não é novidade[22]. Tampouco a relação íntima entre diagnóstico e terapêutica, uma vez que os avanços nos tratamentos funcionam como balizas – embora não sejam as únicas – na delimitação de uma categoria. Isso pode ser afirmado sobre a etiologia também, já que tanto as categorias diagnósticas quanto as terapêuticas são articuladas às hipóteses sobre causalidade. Porém, no momento em que a eficácia terapêutica é colocada em questão, há um efeito retroativo que coloca em questão a etiologia e a própria diagnóstica – especialmente nesse caso, em que a terapêutica parecia se sobrepor às outras. Isso tudo indica, no mínimo, uma presença muito maior do que a esperada de contingência e possíveis interações sociais num campo que se pretende inscrever, ao máximo, do lado do orgânico enquanto sinônimo de estável, exato.

O discurso que pôde ser enunciado sobre a questão gira em torno disso. O suposto atraso da psiquiatria e da neurologia japonesas era entendido como a desconsideração de uma doença com clara causalidade neuroquímica, ou seja, algo que estava lá presente o tempo todo, mas era ignorado. Uma ciência mais avançada provaria isso, e o fez. Exceto pelo detalhe de que os remédios não funcionavam antes de um processo de intervenção simbólica. Vê-se que não se tratou somente de uma campanha de conscientização, mas da ideia de que se tratava de um transtorno que poderia ser tratado pelas drogas disponíveis. Nesse sentido, a ação das farmacêuticas era contrária a seu discurso:

enquanto afirmavam uma causalidade orgânica, agiam na cultura para produzir os resultados esperados. A própria possibilidade de modificação de resultados dos testes com os mesmos medicamentos coloca em xeque a explicação oferecida sobre sua eficácia. Afinal, encontra-se uma eficácia absolutamente atravessada por questões não orgânicas.

Retomando a ideia da eficácia da terapêutica farmacológica como sinal de pertinência dos saberes baseados em hipóteses neuroquímicas e fisiológicas, há duas questões que se impõem de maneira irredutível: primeiramente, o que acontece caso essa eficácia não seja comprovada? Segundo, como pensar o fato de que uma campanha publicitária tenha resultado em mudanças na eficácia, ou seja, um efeito de *biolooping* ligado àquilo apontado como causa em um tipo indiferente?

O caso japonês é paradigmático, pois apresenta uma narrativa alternativa àquela do subdiagnóstico: deve-se considerar a possibilidade de que algumas doenças que são apresentadas enquanto orgânicas – e, portanto, indiferentes – sejam produzidas. Algo previsto em Hacking. Esse caso, porém, coloca alguns problemas em relação à sua aposta biológica sobre as psicopatologias, pois isso implica um efeito retroativo de maior amplitude que modifica elementos frequentemente apresentados como indiferentes. Isso não deslegitimaria o sofrimento dos indivíduos, mas apontaria uma direção absolutamente diferente em seu tratamento. Afinal, uma das possibilidades é considerar que a campanha de marketing produziu o sofrimento para o qual a indústria gostaria de vender remédios.

A maior amplitude do efeito retroativo permitiria, desse modo, um questionamento ético e político muito mais intenso desse tipo de discursividade, que contém duas afirmações que abarcam a questão da verdade: em primeiro lugar, a afirmação da causa orgânica enquanto uma "verdade", já que é algo que não pode ser colocado em questão; em segundo, que há um modo de produção de conhecimento autoconfirmador em relação a essa verdade inicial, porém com o detalhe de que aqueles que o controlam sabem que as coisas não funcionam do modo como afirmam funcionar. A circularidade entre a "boa ciência" (enquanto garantidora da verdade da causalidade orgânica) e os resultados dos testes (enquanto garantidores da verdade da boa ciência) explicita, nesse caso, a sua falha: sabe-se que, sem uma mobilização ativa de elementos simbólicos e culturais, os experimentos não produzem os resultados esperados. Fica claro, desse modo, a necessidade de que a verdade enquanto questão, e não enquanto argumento de autoridade, seja reintroduzida no debate. Isso permitiria não somente um questionamento dos interesses presentes nesse tipo de silenciamento, mas um modo mais franco de pensar a melhor maneira de produzir conhecimento sobre esse tipo de problema.

Isso porque, no limite, mostra-se que a causalidade orgânica não explica totalmente os fenômenos em questão, embora esse engodo seja sustentado por ser necessário à defesa do valor do conhecimento produzido; porque faz parte dessa circularidade a ideia de que alvos biológicos constituem tipos indiferentes, podendo produzir um conhecimento mais confiável. Além disso, ao se tratarem de tipos indiferentes, os indivíduos afetados e a sociedade são desresponsabilizados pelo que lhes acontece, e também não se questiona a pertinência ou os valores em jogo no tratamento proposto.

Isso é algo que, como temos afirmado, está absolutamente previsto dentro do nominalismo dinâmico de Hacking, desde que seu entendimento sobre o alcance do *biolooping* seja ampliado. Não se trata somente de modificações em marcadores biológicos realizadas a partir de terapêuticas comportamentais, mas de produção de sintomas e de sofrimento a partir da mobilização de elementos culturais.

Entretanto, uma resposta possível a essa crítica seria a deslegitimação do relato de Watters: apresentar o caso japonês como uma exceção, relacionar os fracassos dos testes iniciais a erros pontuais e tentar sustentar a ideia de subdiagnóstico e de atraso científico da comunidade científica japonesa. Tal defesa seria pertinente se esse não fosse apenas um caso que levanta sérias questões sobre a eficácia de medicamentos e sobre a capacidade explicativa de propostas etiológicas organicistas de diversos transtornos mentais. Ao que parece, o caso japonês soma-se a outros debates que vêm ganhando força, e que atingem diretamente esse modo de pensamento propagado pela psiquiatria biológica contemporânea.

A Questão do Placebo

Considerando a possibilidade de argumentação que apontaria certa singularidade do caso japonês, de modo que ele não poderia ser generalizável para uma discussão mais ampla sobre diagnóstico e tratamento de depressão, há alguns pontos a serem levantados. A primeira questão pode ser colocada enquanto um problema ético. A partir da lei de acesso à informação estadunidense, abriu-se a possibilidade de consultar documentos que, até então, tinham circulação restrita. Com isso, confirmou-se a suspeita – já há muito levantada – de que haveria um controle, por parte da indústria, sobre quais estudos eram, ou não, publicados. A atitude era simples: estudos que se mostravam demasiadamente prejudiciais aos interesses da empresa – seja por indicarem baixa eficácia das drogas, seja por efeitos colaterais etc. – eram deixados de lado. Isso inclui tanto estudos completos não publicados'quanto estudos que foram interrompidos por produzirem resultados parciais desfavoráveis aos interesses das empresas. Os dados revelados indicam problemas de diferentes gravidades. Um dos mais impactantes foi o caso da farmacêutica GlaxoSmithKline, investigada pelo senado americano por ter omitido que o uso de seu antidepressivo, conhecido como Paxil, estava correlacionado ao aumento de ideações suicidas em adolescentes[23]. Entretanto, mesmo os casos a princípio sem muito apelo – de estudos que não foram publicados sem motivo muito aparente, ou somente por alguma variação um pouco secundária em seus resultados – puderam ser mobilizados de modo a colocar importantes questões para as empresas, em especial sobre a eficácia clínica de seus remédios.

O exemplo mais paradigmático é a discussão liderada por Irving Kirsch, que apresentamos em "A Ciência entre Verdade e Veracidade". Recapitulando brevemente, trata-se de metaestudos sobre a eficácia de medicamentos antidepressivos, os quais levam à conclusão de que as drogas não comprovariam uma eficácia maior do que placebos ativos (aqueles que não contêm o princípio terapêutico da droga, mas que ativamente produzem os efeitos colaterais esperados).

Em um primeiro estudo, realizado em parceria com Guy Sapirstein em 1998, foram reunidos e analisados dezenove estudos clínicos duplo-cegos. Já nesse primeiro estudo, os pesquisadores encontraram uma similaridade desconcertante entre os medicamentos antidepressivos e placebos. Kirsch afirma que o fato de haver um efeito placebo significativo não foi uma grande surpresa; afinal, isso não somente já era esperado, como também é algo sempre presente em estudos sobre medicamentos. Entretanto, a relação entre o efeito placebo e a resposta aos medicamentos é que foi um choque. Como era de se esperar, essa publicação causou grande impacto na comunidade científica[24]. Outro estudo similar, submetido à Food and Drug Administration dos Estados Unidos, suscitou questionamentos frágeis que tentavam apontar problemas no estudo realizado. Mas, apesar dos comentários pouco consistentes, a precisão dos dados coletados foi reconhecida[25].

Há pouco tempo, uma resposta mais consistente foi apresentada por uma equipe de pesquisadores lideradas por Andrea Cipriani, pesquisador da Universidade de Oxford. A equipe publicou um estudo com o intuito de responder à pergunta "antidepressivos funcionam?"[26] Para tanto, foi realizado um metaestudo que reuniu mais de quinhentas pesquisas (publicadas ou não) em que testes com 21 drogas diferentes foram conduzidos. Foram considerados somente casos de depressão maior e em adultos, uma vez que os próprios autores fazem a ressalva de que a eficácia encontrada não pode ser considerada a mesma nem para casos de depressão menor, nem para adolescentes e crianças. Entretanto, dentro desses critérios, a resposta é que, sim, antidepressivos funcionam.

Porém, mesmo que a resposta tenha sido positiva, isso parece passar longe de encerrar a questão. O ponto sensível não é se há casos em que as drogas funcionam, mas sim em que medida elas funcionam, em quantos casos elas funcionam e em quantos elas não funcionam e, principalmente, por que funcionam? Tais perguntas são centrais não somente na avaliação da aplicabilidade dos medicamentos, mas também no tanto que a eficácia das drogas constitui um tipo de prova, de validação das explicações causais que fazem parte tanto do seu desenvolvimento quanto de suas vendas. Nesse sentido, os dados apresentados por Cipriani e seus colegas, de que as drogas apresentam uma eficácia de algo entre 55% e 60%, não deixariam dúvida; afinal, quem não tomaria um remédio para um transtorno grave com quase dois terços de chance de melhora? Contudo, quando os dados sobre placebo são considerados na equação, isso muda de figura. Segundo o metaestudo, haveria uma prevalência de em torno de 35% de efeito placebo, o que resulta em considerar que a eficácia real dos antidepressivos deveria ser considerada entre 20% e 25%. Isso sem o foco nos placebos ativos.

Cipriani e seus colegas entendem, entretanto, se tratar de uma diferença estatisticamente significativa da eficácia das drogas em relação a placebos. Afirmam, portanto, que, sim, as drogas funcionam[27]. Kirsch, por sua vez, comenta esse estudo junto com Janus Christian Jakobsen[28], e considera esses resultados clinicamente insignificantes. Os autores afirmam que não há comprovação de que o emprego de antidepressivos seja clinicamente benéfico. Afinal, se parece razoável usar um medicamento que tem quase dois terços de eficácia esperada, utilizar um que tenha entre um quinto e um quarto de chance de funcionar, e com alta taxa de efeitos colaterais, é discutível. Cipriani publica uma tréplica[29], afirmando que a significância estatística é relevante e que a questão dos benefícios clínicos é algo a ser avaliado em casos individuais, para cada paciente. Entretanto, isso não resolve os problemas apontados por Kirsch, que não discute a eficácia clínica dos tratamentos como um todo (incluindo a relação com médicos e outros atravessamentos), mas sim a questão da indiferenciação entre os resultados das substâncias ativas e placebos.

A grande questão está em por que havia essa relação tão alta entre as taxas de resposta às substâncias ativas e aos placebos. Voltando ao estudo de 1998, vê-se que suas ideias persistem após a defesa de Cipriani e seus colegas. A interpretação inicial, depois reforçada pelo livro de Kirsch, foi na direção de estudos já estabelecidos sobre placebo. Segundo o autor, isso deveria ser entendido como a conjunção de uma série de fatores que envolvem o efeito placebo, incluindo principalmente efeitos colaterais e certa expectativa dos pacientes em relação ao tratamento. Isso tudo sumarizado a partir do emprego de *placebos ativos*.

Kirsch constrói sua hipótese afirmando que o fato de que antidepressivos produzam muitos efeitos colaterais coloca um problema para os testes[30]. Por um lado, isso pode ser inferido pela taxa de melhora por antidepressivos ser estatisticamente superior

PROBLEMAS E CAMINHOS

à de placebos inativos (o que não significa que seja clinicamente relevante) e, entretanto, não ser significativamente diferente da taxa de melhoras de outras drogas ativas que não são antidepressivas. O fato de que uma substância ativa, independentemente de sua atuação química, produza efeitos tão similares é entendido pelo autor como um traço de efeito placebo.

Junto a isso, quando o teste é realizado com placebos ativos, é muito difícil diferenciar a eficácia. Ademais, duas afirmações completam o quadro: quanto mais efeitos colaterais experienciados pelos pacientes, maior a melhora; e, por fim, quando os efeitos colaterais são controlados, a diferença em relação a placebo é estatisticamente insignificante. Ou seja, se os placebos são produzidos de modo a causar os mesmos efeitos colaterais, a eficácia é estatisticamente igual à da substância ativa. Nesse sentido, o autor corrobora argumentos sobre a necessidade de efeitos colaterais para que a eficácia dos medicamentos seja maior que a de placebos[31].

Kirsch não deixa de apontar outros fatores envolvidos no efeito placebo, como cor das pílulas, custo da medicação, etc. Inclui-se aí a relação com aquele que prescreve e administra a droga, e também trocas de remédio ou mudanças de dose. Kirsch[32] relata, por exemplo, um estudo[33] em que pacientes que não estavam melhorando tiveram um aumento de dose; 72% deles apresentaram uma melhora significativa, entretanto somente metade deles realmente havia tido sua dose aumentada.

A partir desses argumentos rapidamente resumidos aqui, é possível concluir que não somente o funcionamento dos antidepressivos deve ser questionado, mas também as explicações fisiológicas e neuroquímicas da depressão. Kirsch não descarta a utilidade do emprego de antidepressivos, mas defende que sejam usados como "placebos honestos", eficazes, mas não por causa do princípio ativo relacionado aos sintomas. Para além da empregabilidade clínica, reafirma o estado de crise da teoria bioquímica da depressão, uma vez que os estudos sobre placebo enfraquecem sua base de sustentação, que era justamente o funcionamento das drogas[34].

Retornando a Hacking, parece-nos que Kirsch indica atravessamentos que devem ser considerados ao se tomar os resultados terapêuticos enquanto argumento central da defesa da pertinência de uma teoria. Como vemos, os elementos simbólicos que influenciam a eficácia das drogas são extremamente variados, de modo que depreender explicações etiológicas ou considerações sobre a natureza das classificações a partir somente disso pode ser problemático ao tratar de sofrimento e patologias "psíquicas". A interatividade mostra-se muito mais ampla do que as teorias biologicistas parecem perceber, de modo que tomar o orgânico enquanto justificação de indiferença revela-se um projeto frágil.

Crise da Psiquiatria

Entretanto, seria isso algo restrito à depressão? Como afirma Nikolas Rose, não: a psiquiatria biológica, como um todo, estaria passando por uma crise inédita[35]. O impasse enfrentado seria resultado de um esgotamento de modelos diagnósticos, explicativos e terapêuticos. Isso inclui, entre outros, a estagnação da inovação farmacológica, assim como problemas éticos e epistemológicos. O primeiro ponto diz respeito ao fato de que há muito tempo a indústria farmacêutica já não conseguiria oferecer nenhum grande avanço em termos de medicações e produtos, trabalhando somente com pequenas novidades e dependendo demasiadamente de seus departamentos de marketing para sua rentabilidade. Como mostra Silva Junior, ao invés de inovações que apresentem novas formas de tratar transtornos ou aumentos significativos na eficácia das drogas, os esforços têm sido direcionados para a criação de mercados consumidores – via a proposição de novos transtornos – ou para a reapresentação intensificada do sofrimento de transtornos tradicionalmente corriqueiros[36]. Tal reapresentação alçaria esses transtornos ao estatuto de questões urgentes, que deveriam, é claro, ser tratadas com os medicamentos comercializados pelas empresas.

Rose e Abi-Rached já haviam indicado que essa crise da psiquiatria seria multifacetada[37]. A estagnação da farmacologia seria um de seus aspectos, mas haveria ao menos outros três também relevantes: a decepção com a promessa localizacionista de compreensão de transtornos mentais a partir de imagens cerebrais; a dificuldade de avançar de modo produtivo na direção de componentes genéticos; e o caráter refratário que a ideia de plasticidade cerebral demonstraria em tornar vendáveis os tratamentos.

Se a estagnação farmacológica já foi explorada mais a fundo em relação à depressão, é importante indicar que o diagnóstico dos autores inclui também outros transtornos, apontando especialmente uma expectativa não satisfeita de inovação em relação a drogas antipsicóticas. Além disso, as apostas na localização cerebral de transtornos teriam contribuído muito pouco com a psiquiatria, daí a decepção causada[38].

Sobre genética e plasticidade, entretanto, o que se vê é um avanço diferente do esperado. O autor indica que os avanços mais interessantes consistem em estudos sobre epigenética que mostram como não se trata de objetos tão estáveis como se gostaria, respondendo a questões ambientais e sociais. Disso resulta, também, que a aplicabilidade ao campo da psiquiatria tem se mostrado praticamente nula.

E, em relação à plasticidade, o grande problema é que os avanços nesse campo produziriam mais indeterminação do que determinação em relação ao orgânico. Isso porque indicam que há plasticidade suficiente para que as causas não sejam tão estáveis em processos neuroquímicos, ao mesmo tempo que a plasticidade não seria tão manipulável a ponto de se produzirem tratamentos que a utilizem a seu favor.

Nesse sentido, essa problemática não diz respeito somente à clínica, mas também à pesquisa, ao apontar que os métodos até então empregados para a produção de conhecimento – ou mesmo de artefatos técnicos (como remédios) – não se mostram mais eficazes. Não é só a falta de eficácia que tem sido um problema, mas também outros acontecimentos que indicam que o modo como as pesquisas estavam sendo realizadas era problemático.

A questão é que os problemas parecem se acumular: a conjunção de casos "de sucesso de marketing" (como o do Japão), casos de graves falhas (como a omissão sobre o aumento da ideação suicida em adolescentes), o questionamento da eficácia das drogas existentes e a dificuldade em descobrir ou inventar uma droga nova que cause um impacto relevante no cenário torna a psiquiatria um mercado demasiadamente arriscado[39].

Segundo o sociólogo inglês, o indicativo mais direto para se constatar o desânimo da indústria farmacêutica em relação à psiquiatria pode ser visto na quantidade de drogas novas que estariam pedindo aprovação para serem testadas. Se em 2008 o número de medicamentos psiquiátricos no *pipeline* era próximo ao de medicamentos oncológicos (perto de 280), em 2013 já era a metade disso. A indústria tem dirigido sua preferência a outros tipos de doenças, ao mesmo tempo que uma crise paradigmática parece se instaurar. É nessa toada que Thomas Insel declara a ruptura do Instituto Nacional de Saúde Mental estadunidense (NIMH) com o DSM, defendendo que a psiquiatria precisava buscar bases menos especulativas[40]. A ideia é que deveriam ser buscadas bases etiológicas claras como as de outras áreas da medicina, como a cardiologia. Assim foi proposto o Research Domain Criteria, uma reestruturação dos parâmetros de pesquisa que aprofunda a aposta biológica.

Tal movimento também acontece em outros lugares, consolidando-se na virada do século XX para o XXI[41]. Resulta na centralização das neurociências para se pensar pesquisas e tratamentos em saúde mental, o que é sintetizado na expressão "o fardo do cérebro"[42]. Trata-se de uma tentativa de reunir diferentes quadros num campo comum de pesquisa e explicação, desde enfermidades neurológicas como Parkinson até transtornos psicopatológicos como depressão e esquizofrenia. Segundo os autores, nessa nova ramificação da biopolítica, haveria a instauração da ideia de os indivíduos poderem ser explicados a partir de estudos neuromoleculares do cérebro. Algo que produziu investimentos bilionários como no Human Brain Project, da União Europeia (que recebeu 1 bilhão de dólares). Entretanto, seus resultados não parecem tão animadores:

> Esses projetos de "big science" querem fazer para o cérebro o que o Projeto Genoma Humano fez para o genoma. Assim como no PGH, o sonho de entender o cérebro é ligado às questões práticas de encontrar novas explicações e terapias para doenças mentais – agora rotineiramente consideradas como acontecendo no ou através do cérebro. Essa é uma comparação interessante, já que o efeito inesperado do PGH foi de transformar radicalmente quase tudo que achávamos que sabíamos sobre genética, enquanto falhando em fornecer os benefícios prometidos em termos de entendimento e de tratamento de doenças humanas.[43]

Há pouco tempo, as empresas privadas parecem partilhar esse ceticismo: continuam defendendo a realização das pesquisas, mas afirmando que se trataria de pesquisa básica, e que portanto deveria ser financiada pelo governo. Rose não poupa críticas à escolha desse caminho, afirmando que há razão para crer que dobrar a aposta numa estratégia que até então tem se mostrado insuficiente seja uma escolha equivocada. Ele cita, inclusive, uma entrevista recente de Thomas Insel, dada em 2017, na qual o agora ex-diretor do NIMH faz uma espécie de *mea culpa*, ao dizer que, como diretor de institutos de pesquisa, pôde alocar um orçamento de algo em torno de vinte bilhões de dólares, mas não consegue afirmar se avançou sobre qualquer desafio reconhecido no campo da saúde mental[44].

Retomando o caso japonês e o trabalho de Kirsch e seus colegas, o argumento de Rose fica bastante claro: parece haver um problema grave na estruturação do argumento em prol da hegemonia da causalidade neuroquímica e fisiológica em relação a transtornos mentais. Por um lado, a contestação da eficácia de antidepressivos – especialmente os inibidores de recaptação de serotonina – coloca em xeque qualquer associação entre a eficácia farmacológica e as explicações causais baseadas nos efeitos terapêuticos dessas drogas. Para além disso, o caso japonês tem um alcance muito mais amplo sobre a influência de construções simbólicas no funcionamento orgânico, especialmente pela mudança da eficácia de antidepressivos em testes populacionais de larga escala antes e depois da campanha de marketing.

Isso não significa, evidentemente, que não existam doenças que apresentem causalidade neuroquímica. Tampouco que a parte neuroquímica não seja interessante. O problema reside na expansão desenfreada desse modo de entendimento, que força um tipo de racionalidade em casos que não a comportam. Nesse sentido, a ideia de Hacking de uma estabilidade explicativa a partir do reconhecimento de bases biológicas pode ser adequada a doenças como Alzheimer ou Parkinson. Entretanto, não parece ter tanta pertinência para casos como depressão – haja vista a querela sobre a eficácia dos medicamentos – ou mesmo a esquizofrenia, se tomarmos a argumentação de Rose[45], que afirma que a estagnação das terapêuticas farmacológicas indica a insuficiência desse modelo explicativo. Os medicamentos seriam capazes de tratar alguns sintomas, inibir certas atividades cerebrais, entre outros. Mas seu funcionamento passaria longe de corroborar qualquer tese etiológica sobre o quadro. A questão, assim como aponta

Rose[46], não deve ser buscada de modo exclusivo no orgânico, mas em algo que o articule ao social e ao cultural. Sua proposta é que a psiquiatria dê uma guinada em direção à sociologia, pautando-se nos elementos sociais que não podem ser ignorados quando se discute saúde mental. Isso representa não somente uma modificação de objeto ou de método, mas de racionalidade:

Há trabalho conceitual a ser feito aqui. Nós precisamos pensar em sequências de genes não como programas herdados que simplesmente se revelam, mas em como eles ativam e desativam, metilam e desmetilam no decorrer do desenvolvimento, e sempre em relação com seu meio. Nós precisamos reconhecer que a hipótese do neurotransmissor para psicopatologia é, no melhor dos casos, parcial, e falha em capturar a natureza complexa e distribuída dos circuitos cerebrais que auxiliam as funções cognitivas em muitas ordens de magnitude. Precisamos rejeitar uma concepção de funcionamentos cerebrais que é baseada na ideia de localizações – elas podem ter suporte das rotinas tecnológicas e metodológicas de imagens por ressonâncias magnéticas funcionais (fMRI), mas as ferramentas de visualização não deveriam moldar nossas teorias. Temos que nos dar conta de que, quando se trata de transtornos mentais, estamos lidando com organismos vivos e que existe um limite real sobre o que podemos aprender sobre estudos com animais em laboratórios onde um organismo vivo é desprovido das capacidades mais básicas que a vida exige – a capacidade de moldar e remoldar seu meio.[47]

Rose também apresenta uma série de estudos que mostram correlações entre prevalência de transtornos como alcoolismo, depressão e esquizofrenia e situações de vulnerabilidade social como desemprego ou insegurança habitacional[48]. O caminho proposto pelo autor é indiscutivelmente interessante e necessário; entretanto, não é o único possível para deslocar o pensamento sobre a causalidade para fora do reino da psiquiatria biológica. Sua afirmação de que diversos transtornos não serão elucidados somente a partir de marcadores genéticos ou de exames de imagens pode ser sustentada não somente a partir da intersecção da sociologia com as neurociências, como parece ser parte da aposta do autor. O modo como a psicanálise trata a causalidade parece ser compatível com isso, por centralizar, como vimos no capítulo anterior, uma dimensão conflitiva que não permite uma separação entre individual e social.

UM CAMINHO: A VERDADE COMO CAUSA

Rose é bastante preciso ao apontar a improdutividade de isolamento da questão orgânica para a compreensão de transtornos mentais e sofrimento psíquico[49]. De fato, a separação entre orgânico e psíquico – assim como seus efeitos na produção de conhecimento sobre as causas – é algo tão antigo quanto amplo. Nosso objetivo é entrar nesse debate a partir de um ponto bem definido, que diz respeito à sustentação de algo como o que Dunker defende enquanto um "monismo não reducionista"[50]. Isso significa uma não separação entre orgânico e psíquico, entendida de uma maneira que nenhum desses termos se sobreponha necessariamente ao outro.

Tendo em vista o que apresentamos até agora em relação à produção de conhecimento sobre sofrimento psíquico, essa posição se justifica, de saída, pelos impasses que um tipo de abordagem organicista tem enfrentado. Eles dizem respeito tanto aos problemas encontrados no desenvolvimento de suas pesquisas quanto à proposição um modo de tratamento que apresenta o sofrimento como destituído de uma dimensão conflitiva: algo cuja explicação goza de autonomia em relação à inserção dos indivíduos na cultura, às renúncias implicadas, aos efeitos de poder e à violência etc. Trata-se da recusa de uma dimensão conflitiva que pode ser reconhecida como efeito de relações sociais – violência e segregação, só para citar alguns casos apontados por Rose[51] –, mas também de um conflito constitutivo que remete à própria entrada na linguagem e na cultura, implicando diretamente os sujeitos em seu sofrimento.

Essa discussão diz respeito, acima de tudo, à questão da causa. Se esse debate foi inicialmente impulsionado por uma questão diagnóstica que concerne à causalidade do sofrimento psíquico, é porque os problemas que vêm sendo reconhecidos há mais de cem anos indicam haver algo que não funciona do modo como certos setores gostariam – embora, como vimos, haja uma grande insistência em fazer funcionar soluções que já fracassaram. De onde podemos recuperar a pergunta que Hacking deixa em aberto sobre uma teoria geral de construir pessoas: não seria, justamente, a ausência de um tratamento causal de seu nominalismo dinâmico que o faria tão vulnerável a uma compreensão frágil como a oferecida pela psiquiatria biológica? Nesse sentido, a psicanálise pode contribuir com um deslocamento bastante produtivo.

Trata-se, sobretudo, de pensar a causalidade a partir de "algo que não funciona"; entretanto, algo que não funciona constitutivamente. Um impossível inescapável, que localiza uma dimensão conflitiva enquanto elemento central etiológico. Como apresentamos antes, a clínica e o pensamento psicanalíticos irão tratar seus problemas a partir do reconhecimento de uma negatividade constitutiva, que se faria presente nas diferentes formas disruptivas que podemos considerar como falas da verdade. O que Lacan centraliza em "A Ciência e a Verdade" é que a verdade deve ser tomada enquanto ligada à causa[52].

A primeira questão que deve ser esclarecida é a seguinte: a que Lacan está se referindo quando diz "causa"? Há alguns indícios que podem ser reconhecidos, embora não estejam claramente sistematizados. A princípio, a sua afirmação de que seria "não a categoria da lógica, mas causando todo efeito"[53] – frase que fica mais clara quando o autor recupera as quatro causas aristotélicas para elaborar a questão: a causa se localiza enquanto ligada à transformação de algo em algo diferente. Segundo Lacan, seria possível pensar que diferentes saberes sempre lidam, de alguma maneira, com a verdade como causa, mas de modos distintos. A ciência, em particular, trataria a verdade como causa formal. Isso significa que ela se propõe a pensar a transformação a partir do reconhecimento de elementos formais da diferença entre os objetos, estabelecendo teorias sobre o modo como eles se relacionam. A matemática seria, nesse sentido, um modo adequado de tratar esses elementos formais.

Vale dizer, ainda que rapidamente, que Lacan reconhece na religião um tratamento da causa final (a transformação é pensada a partir de sua finalidade), e na magia a consideração da causa eficiente. Por outro lado, a psicanálise trataria da causa enquanto causa material, observando a incidência do significante como correlato a esse "material". Nessa divisão estaria implícito, entretanto, que haveria, por parte da ciência, da magia e da religião, algum tipo de recusa em tratar a verdade como causa. Segundo Lacan, ao mesmo tempo que elas tratam a verdade como causa de modos distintos – o psicanalista emprega o termo "refração" para indicar isso (refrações da verdade como causa) –, haveria

PROBLEMAS E CAMINHOS 193

algo que seria deixado de fora. Recusa que não estaria presente na psicanálise, o que indicaria que a verdade como causa material é apresentada enquanto um modo central de tratamento da verdade como causa.

O que apontamos, no início do capítulo anterior, sobre a rejeição da questão da verdade a partir do comentário de Françoise Balibar articula-se diretamente a essa questão[54]. Como ela bem indica, a ciência seria bastante eficaz em produzir axiomas matemáticos, algo adequado ao tratamento da causalidade formal. Entretanto, o ponto que a autora afirma ser necessário para que se pense a passagem da matemática ao mundo – aquilo que Helmholtz afirmaria ser uma questão de crença – diria respeito à vertente material. Isso é, inclusive, o que Balibar reconhece enquanto a verdade, a qual seria contornada nas explicações de Helmholtz, mas retornaria inevitavelmente. A causa formal não explicaria por que o saber produzido a partir de uma depuração dos fenômenos em elementos formais teria efetividade em seu "retorno" aos objetos. De fato, pode-se pensar aqui em duas vertentes da causa material: uma delas diz respeito à incompatibilidade entre significante e coisa, ou seja, ao fato de que a representação se mostra inevitavelmente inadequada em relação ao mundo. Mas, ainda assim, há algo que pragmaticamente funciona, o que estaria presente na afirmação de Helmholtz sobre "acreditar e fazer"[55]. Por outro lado, há uma dimensão da causa material que concerne ao campo da psicanálise de forma singular, pois diz respeito à materialidade significante enquanto algo que engloba a própria substancialização do corpo. Nesse sentido, a ideia de monismo não reducionista mostra sua força, uma vez que se trata de uma não separação entre aquilo que seria da linguagem e aquilo que seria do corpo.

A primeira vertente pode ser reconhecida quando Hacking aponta o problema da verdade como adequação na passagem da teoria para a existência[56]. Hacking diferencia verdade de veracidade, indicando que a veracidade consistiria nas possibilidades contextuais de enunciação do verdadeiro, as quais sempre seriam incompletas e equívocas – algo coerente com sua rejeição de um realismo científico. Pode-se admitir que Lacan reconhece um funcionamento análogo nas ciências em geral, mas indicará que isso não pode ser simplesmente contornado na psicanálise, uma vez que a verdade, enquanto aquilo que não é comportado na enunciação do verdadeiro, irrompe colocando problemas ao que fora enunciado. Ou seja, no caso da psicanálise, o tensionamento existente entre significante e significação produz efeitos, mostrando sempre que há algo conflitivo atuando.

Ademais, se ambos partilham da ausência de garantia do saber produzido como ponto central, a própria concepção de verdade em Lacan recoloca, a todo momento, esse problema. Algo que afirmamos anteriormente constituir uma diferença no modo como os autores trabalham a questão da negatividade, de maneira que essa centralização, no pensamento psicanalítico, consistiria numa negatividade forte. O que se desenha, nesse momento, é o modo como essa negatividade forte relaciona-se à verdade como causa material: se há algum tipo de recusa nos outros modos de tratamento da verdade como causa a partir de suas diferentes refrações (final, eficiente e formal), é porque seria a causa material que permitiria dar um passo a mais para compreender a emergência de conflitos resultantes de tentativas de significação – algo que localiza a negatividade forte no cerne do modo como a psicanálise compreende a questão da verdade.

Verdade Como Causa Formal e Material

Voltando ao "A Ciência e a Verdade", deve-se lembrar que a referência principal de Lacan no presente texto não é o pensamento de Helmholtz. Ele deixa claro que seu diálogo seria com o estruturalismo, ciência que lhe teria aberto a possibilidade, inclusive, de elaboração lógica da separação entre verdade e saber[57]. Isso é retomado no texto para apontar que a antropologia estrutural realizaria uma operação de separação entre o mitante (enquanto aquele envolvido na mitogênese) e o sujeito que produz o saber da mitogênese, o sujeito da ciência. Essa colocação de Lacan é relevante por ressaltar o fato de que haveria a recusa de uma dimensão da verdade como causa nesse tipo de operação.

Algo correlato ao que vimos com Milner, ao afirmar que a linguística estrutural de Saussure descarta a fala para poder estabelecer as relações formais entre os significantes[58]. Essa separação seria possível apenas parcialmente, e com prejuízos mesmo na linguística. Afinal, alguém só pode ser linguista se for um sujeito falante. Algo que se intensifica em certos casos, como, por exemplo, estudar sua própria língua, o que implica inevitavelmente um movimento de voltar-se para si. Ou então quando alguém se propõe a estudar uma língua que não fala, o que demanda um aprendizado (ainda que mínimo) da língua que é seu objeto. Há um encontro entre observador e observado em momentos como esse, o que cria, segundo o linguista, uma demanda paradoxal: produzir conhecimento retirando o sujeito que dá o suporte necessário ao conhecimento que será produzido. Na linguística, afirma ele, é possível subjugar esse sujeito, mas não na psicanálise: "A linguística tem de suportar esse paradoxo; mas a psicanálise encontra um paradoxo aparentado, visto que apenas um ser afetado por um inconsciente pode ser analista. Porém, diferentemente da linguística, ela não se limita a subjugá-lo: ela o trata empírica e teoricamente."[59]

Essa é uma maneira clara de colocar o problema, haja vista, inclusive, que está em jogo na psicanálise algo que não seria somente a produção de um saber, mas também sua clínica. Não se pode silenciar o sujeito. Se isso constitui, como acabamos de afirmar, um paradoxo no estruturalismo – pelo fato de o próprio sujeito que deve ser retirado ser, ele mesmo, necessário para que o conhecimento seja produzido –, há algo que contornaria esse problema: o sujeito seria retirado no momento da comunicação do saber, de modo que, na leitura de Lacan, a divisão do sujeito seria suturada na comunicação do saber em sua forma lógica[60]. Ou seja, a formalização permitiria contornar os impasses ligados à significação presentes na produção de conhecimento, ao retirar o sujeito da equação. Algo coerente, já que é justamente o sujeito que emerge enquanto efeito desses impasses.

Ao fazer as reduções necessárias para a comunicação da causa formal, sutura-se verdade e saber; e nessa sutura perde-se a verdade como causa material, uma vez que seria ela que indicaria o problema na passagem do conhecimento formalizado para os objetos. Se tomamos em conta o modo como Hacking pensa a validade das teorias e a existência de entidades teóricas a partir dos efeitos que podem ser produzidos, há uma presença do sujeito enquanto elemento produtor de decidibilidade sobre o valor do que é reconhecido ou não. Em outras palavras, é necessário um sujeito para afirmar que algo se transformou, para chancelar o que aconteceu. E isso, que seria retirado na comunicação formal, seria justamente onde residem os conflitos ligados à significação – à causalidade material ligada à incidência significante. Na psicanálise, quando a causa material é retirada, resta a causa formal, mas perde-se algo essencial à verdade.

O significante, como vimos, indica a possibilidade de uma materialidade corpórea que não responda à biologia[61] – algo indispensável à psicanálise, uma vez que seu sujeito não pode ser reduzido à estrutura. Isso indica que a linguagem não se limita a comunicação: a linguagem, os significantes, se entrelaçam à matéria corpórea, passando a constituí-la de maneira irreversível. Daí se pensar a materialidade a partir do significante. Ademais, a verdade enquanto causa material implica uma relação não unívoca entre significante e significado. Nesse sentido, a afirmação de que a psicanálise trata a verdade como causa material pode ser localizada enquanto fundamento do que temos defendido sobre um estilo de raciocínio específico: a causa material abarcaria tanto a impossibilidade de definição absoluta do sentido, como a materialidade corpórea; instaurando, assim, a negatividade em torno da qual esse estilo se constitui, negatividade essa que aponta à incompletude do conhecimento ao mesmo tempo que dá destino à questão da materialidade e inseparabilidade entre psíquico e orgânico. Ou seja, uma negatividade que demanda que se pense a partir da própria opacidade do sentido, uma vez que, no limite, os próprios objetos são produzidos a partir dos conflitos provenientes dos impossíveis ligados à habitação do sujeito pela linguagem. É nessa materialidade que não responde a uma causalidade orgânica, mas sim a uma inadequação incontornável presente na relação do sujeito com a linguagem, que a verdade implica seu caráter de impossível, de heterogeneidade radical.

Não se trata de afirmar uma incompatibilidade de psicanálise e ciência – nada no texto lacaniano leva a acreditar nisso. Se há uma sutura da divisão subjetiva que pode ser vista como um modo de recusa da verdade enquanto causa material, isso se deve a modos específicos de constituição, não à incompatibilidade entre as diferentes causas. Lembremos, inclusive, que Lacan imputa à recusa da causa material uma questão de "fecundidade" da ciência, não uma condição de possibilidade. Essa fecundidade diz respeito, retomando o que foi apresentado sobre um diagnóstico da modernidade presente em Koyré via Husserl, a um modo de lidar com a verdade, excluindo certos tipos de questionamento.

Ao se incluir a verdade como causa material – mesmo que articulada à formal –, a causalidade seria inevitavelmente ligada à negatividade. Como já vimos, o desejo se liga à falta, mas não só ele: o sintoma também. E a verdade exerce essa dupla função: ao mesmo tempo que apresenta novidades positivadas – em oposição ao que estava estabelecido –, tem também o efeito de remeter a essa falta constitutiva, produzindo sintomas. Essa falta que, como vimos, marca-se na divisão do sujeito. Como vimos em "Um Sujeito Histórico", o significante é apontado enquanto a causa do sujeito[62], pois sem ele não haveria sujeito no real[63]. Ou seja, a causa liga-se à ausência de sentido (real); a causa em sua dimensão mais ampla: essa ausência de sentido que é inseparável da produção do sujeito, e também do desejo, dos sintomas etc. Desse modo, o sofrimento psíquico seria causado por algo em parte inevitável, pois trata da impossibilidade de definição de sentido a algo que simplesmente não o tem[64].

Tomar o sofrimento psíquico enquanto objeto de conhecimento instaura, assim, a necessidade de consideração de uma causalidade que aborde a negatividade em seu sentido forte. Esta deve ser tomada como traço constitutivo que inclui a impossibilidade enquanto tensionador de qualquer saber que possa se produzir, além de a causalidade do próprio sofrimento ser remetida a essa impossibilidade. Algo que, como tentamos demonstrar, pode ser realizado pela introdução da questão da verdade na produção de conhecimento.

Verdade, Causa e Ética

Esse modo de pensar a causalidade, além de ser compatível com o modo de estabelecer os objetos e a racionalidade clínica, também apresenta uma dimensão de implicação do sujeito. Nesse ponto, deve-se considerar a acumulação dos desenvolvimentos sobre a verdade que foram apresentados até aqui: a oposição entre verdade e saber, com a particularidade de que não haveria um final possível a esse processo dialético; a inexistência de uma instância garantidora da verdade do saber; a incompatibilidade entre significado e significante, colocando a negatividade enquanto motor causal; e, finalmente, a dimensão material do significante, de modo que os impossíveis acima descritos devam ser entendidos enquanto causa dos sujeitos, do sofrimento, dos sintomas etc. A recuperação da questão da causalidade, nessa esteira – reconhecendo o imperativo de Lacan, segundo o que, os psicanalistas deveriam "assumir" a verdade como causa enquanto elemento central da psicanálise[65] –, estabelece uma relação direta entre o modo de compreensão da causalidade e a implicação do sujeito em seu sofrimento.

Tal posicionamento fica mais claro se confrontado a modos de tratamento da verdade despreocupados tanto com os efeitos ontológicos da produção de conhecimento, quanto com os efeitos dos conflitos inerentes às tentativas de significação e estabilização de saberes sobre os indivíduos. Como aponta Hacking, tal posicionamento centrado no estabelecimento de causas "alheias" –aqui, entendido enquanto aquilo que não diria respeito ao indivíduo, seja porque responde a fatores externos, seja porque responde a fatores internos porém indiferentes (biológico) – produz uma possibilidade de desimplicação. Por um lado, a própria crença numa verdade absoluta pode ser entendida como uma instância de alienação, que desimplica o sujeito do conhecimento produzido a partir de um terceiro que garantiria sua verdade. Por outro, a indiferença e o caráter alheio da causa do sofrimento também produz alienação de algo próprio ao sujeito.

Se a construção de uma noção de verdade que se organiza a partir da negação de uma instância que garanta sua veracidade carrega implicações éticas singulares, o recurso a instâncias garantidoras pode ser apontado enquanto alienação. Inclusive porque, como afirma Iannini, negar a impossibilidade de dizer a verdade absoluta estaria ligada ao recalcamento originário: recalca-se essa impossibilidade, não somente do sujeito, mas desse Outro que garantiria a verdade – recalcamento que, a partir da assimilação da linguística estrutural, diz respeito à negação da própria disjunção entre significado e significante enquanto traço constitutivo[66]. O recalcado seria, nesse sentido, a ausência de sentido *a priori*, o que situaria qualquer significado como apenas um momento de um processo de significação infinito.

PROBLEMAS E CAMINHOS

Assim, o recurso à metalinguagem, ou à verdade da verdade, seria um modo de negar essa opacidade do recalque, a opacidade da ausência de um sentido original, de uma essência. Como afirmado, a psicanálise não se ocupa da recuperação de um sentido, mas sim do deslocamento para a materialidade significante enquanto modo de tratamento desse impossível. Por isso, diz Iannini, o analista não deve ocupar esse lugar de Outro do Outro, pois tal atitude teria como resultado o silenciamento do sujeito, o apagamento do desejo, disso que se constitui como pura falta[67].

Assim, carrega-se junto com essas considerações acerca da inexistência de uma instância garantidora a possibilidade do estabelecimento de uma garantia moral para o sujeito. Algo que toca diretamente a inexistência da verdade da verdade, nisso em que ela pode ser articulada à inexistência do Outro do Outro: uma vez que não há um ponto estável que possa garantir ou clarificar a verdade de um discurso, tampouco existe uma instância que garanta a correção de nossos atos – algo trabalhado por Lacan em seu seminário sobre a ética da psicanálise[68] e em "Kant com Sade"[69].

Nesse desenvolvimento, haveria uma articulação entre a impossibilidade de estabelecimento de uma garantia transcendental e a localização do ato enquanto possibilidade de delineamento de uma ética que não demande uma sustentação moral externa. Ressalta-se que o termo "ato" diz respeito a um modo de ação marcado pela falta de previsibilidade sobre seus efeitos, em que haveria um tipo de suspensão da possibilidade de adequação a padrões normativos. Trata-se de um desenvolvimento central à clínica, uma vez que possibilitará algum tipo de horizonte terapêutico que estabeleça, a todo momento, tensionamentos com o potencial normativo que a própria palavra "terapêutico" coloca em questão. Não se trataria, desse modo, de um horizonte de adequação normativa a certos ideais, mas de um processo que visaria à transformação do modo de lidar criticamente com horizontes morais.

O ato, nesse sentido, não se configura nos termos de adequação ou inadequação à Lei (enquanto código instituído), mas justamente na possibilidade de experiência para além disso: "o ato moral é aquele que *deve ser assumido* como falível, como se racional fosse saber agir sem garantias. *Como se só houvesse ato moral lá onde o sujeito é chamado a agir sem garantias*"[70]. O ato carrega sempre algum tipo de fracasso em sua relação com a Lei. Ele não funciona nem como adequação nem como negação opositora, mas como a possibilidade de atuação para além da adequação, conservando sua dimensão conflitiva.

Pode-se reconhecer, portanto, uma dupla inscrição ética da questão da verdade: por um lado, a opacidade do recalque compreendida a partir da materialidade significante indica a impossibilidade de determinação de um horizonte normativo que não consista em uma tentativa de subjugação. Em outras palavras, se o sofrimento e os sintomas respondem a uma impossibilidade de adequação a identificações e normas estabelecidas, o tratamento não pode ser uma tentativa de restauração de um horizonte normativo ou identificatório, mas sim a abertura para outro modo de lidar com isso. A outra inscrição da questão da verdade se dá em relação à impossibilidade de garantia do saber, algo amplamente partilhado nas ciências em geral, mas centralizado de modo particular na psicanálise. Trata-se, assim, não somente de atestar a incompletude dos conhecimentos produzidos, mas também do potencial normativo do conhecimento, o qual inclui os seus efeitos ontológicos. Essa inscrição se mostra solidária à primeira, de modo que o tensionamento do saber, dentro da psicanálise, responde a um imperativo ético de não normalização de modos de experiência. Uma ética que tem a alteridade enquanto elemento central, e não a adaptação ou adequação a ideais.

Nesse sentido, a posição do sujeito frente a essa recusa, essa falta, mostra-se como um posicionamento ético do sujeito frente à inconsistência do Outro. A consideração do debate sobre a verdade acarreta, além de suas dimensões epistemológica e ontológica, um efeito de implicação ética, no quanto o conhecimento produzido não responde por si mesmo, nem a qualquer instância garantidora. Isso não implica, entretanto, uma redução do conhecimento à ética, tampouco uma posição melancólica de negação do valor do conhecimento por sua falta de garantia transcendental – algo em que temos insistido desde o início deste trabalho, ao pautar nossa discussão em torno de uma crítica ao modo como se entende a produção de conhecimento científico que não produza um tipo de relativismo radical.

Verdade, Negatividade e Estabilidade

Em específico sobre a verdade como causa material, o que isso implica em relação ao saber sobre sofrimento psíquico? De início, que há uma estabilidade naquilo que se pode reconhecer como causa, e que ela está ligada ao fato de que o sujeito habita a linguagem. A incidência do significante causa o sujeito enquanto dividido; logo, também seu desejo, seus sintomas etc. Os sintomas, portanto, remontam a uma falta estrutural, algo que nos aproxima da concepção que apresentamos de Freud sobre a falta de verdade enquanto um núcleo patogênico[71] – aqui já não restrita a uma concepção de verdade histórica, mas enquanto algo que foi rejeitado no modo de estruturação do sujeito da ciência. A terapêutica, a partir dos desenvolvimentos de Lacan, não pode funcionar com base em uma ideia de restituição da verdade, mas na direção da abertura de possibilidades de outros modos de lidar com a falta. Desse modo, não é possível alienar-se na garantia de um saber; afinal, esse próprio funcionamento é refratário à tomada do sujeito enquanto um objeto. Tampouco há uma garantia do saber.

Se tomarmos a obra de Hacking, vemos que sua justificação da estabilidade do conhecimento científico não lança mão de qualquer tipo de garantia: ele reputa a estabilidade à efetividade, algo fruto de renegociações constantes a partir daquilo que o conhecimento produzido oferece. A ausência de garantia fica clara na própria ideia de autoestabilização de um estilo de raciocínio; por outro lado, sua diferença com a psicanálise explicita-se em alguns momentos de seu trabalho sobre as patologias transientes. A diferença se presentifica, desse modo, na falta de articulação, em Hacking, disso que ficaria de fora da veracidade com a questão da causa. Se a veracidade é um efeito da impossibilidade de enunciação da verdade sobre as coisas – algo que pode ser visto na separação radical entre significante e significado –, falta reconhecer os efeitos que os modos de lidar com essa impossibilidade causam. E é disso, segundo Lacan, que a psicanálise não pode abrir mão; algo que implica uma intensificação dessa impossibilidade, o que pode ser reconhecido pelo caráter ativo de sua oposição ao saber.

Desse modo, pode-se afirmar que Lacan desloca a questão da estabilidade para a incidência significante. Haveria um efeito causado pelo fato de que o sujeito habita a linguagem, o que implica uma divisão: por um lado, há os saberes possíveis (inclusive sobre si mesmo); por outro, há algo que não se reduz a esses saberes e que se manifesta enquanto uma verdade que afirma a ausência de um sentido original. O modo como a relação entre o saber e a verdade se estabelece é histórico, produzindo modos distintos de subjetividade. Mesmo em nosso contexto, marcado por aquilo que é nomeado enquanto "sujeito da ciência", há diferentes modos de estabelecer essa divisão, que respondem a modos distintos de negação. Mais especificamente, de modos de relação com a própria linguagem da castração. É, em linhas gerais, o que Lacan tenta estabilizar com seu recurso às estruturas clínicas, de maneira que uma estrutura comporta uma ampla variabilidade de expressões, embora a estrutura em si demonstre maior estabilidade. Vê-se, assim, que a centralização da causa material permite outra maneira de se pensar a estabilidade e a variabilidade.

Veem-se, então, diferentes graus de estabilidade, algo análogo ao que Hacking argumenta para diferenciar patologias transientes e não transientes: seu reconhecimento em diferentes tempos e lugares. Se tomamos as estruturas clínicas, é possível afirmar essa presença mais ampla, de modo que muito do que Hacking trata enquanto "patologias transientes" seria considerado como sintomas, numa leitura estrutural. A depressão seria, acima de tudo, um sintoma. Assim como a fuga histérica, um conjunto de expressões possíveis de alguns impasses contidos em uma estrutura clínica. Algo, por um lado, compatível com o argumento do filósofo de que os sintomas das patologias não transientes se modificam com o tempo, mas de que há algo que se mantém constante. A psicanálise oferece uma possibilidade de pensar a constância sem ter de recorrer ao biológico: tratando a causalidade a partir da relação do sujeito com a linguagem e em seus efeitos.

O deslocamento realizado leva a outro modo de consideração da relação entre tipos interativos e indiferentes. O sujeito da ciência não deixa de ser o alvo de um tipo interativo de classificação, mas isso não significa que não se possam produzir saberes estáveis sobre ele. O curioso é que, na psicanálise, aquilo que haveria de mais estável entre os saberes produzidos é o fato de que esses saberes sempre serão, de alguma maneira, rejeitáveis. Não importa o que se diga sobre eles. Não é uma estabilidade que se

PROBLEMAS E CAMINHOS

dá a partir da indiferença, mas sim a partir do reconhecimento de algo que estruturaria a interatividade. Isto é, se existe algum tipo de indiferença – no sentido de algo que não se modifica com o discurso produzido –, seria em relação à impossibilidade, tomada justamente enquanto elemento central da causalidade. A estabilidade está na causa, mas na causa como algo que nega o saber e que se interrompe na produção de um saber estanque.

Deve-se reconhecer, entretanto, que não se define um modo para produzir o conhecimento ou considerar a questão da verdade enquanto ético, em detrimento de outros que não o seriam. Observa-se que o tipo de debate ético produzido também responde ao modo como a questão da verdade é mobilizada. Por exemplo, levar em consideração os efeitos ontológicos do conhecimento produzido abre uma série de questões que podem não estar presentes em compreensões desavisadas sobre esses efeitos. A abertura dessas questões pode substanciar um posicionamento crítico em relação às terapêuticas propostas, questionando-se sobre qual deve ser, afinal, a finalidade das terapêuticas. Vê-se, por exemplo, que o direcionamento da psiquiatria contemporânea hegemônica parece mirar em ideais de adequação e produtividade[72], o que não necessariamente reflete o posicionamento ético de todos os profissionais envolvidos. Algo que demanda considerar a dimensão política da produção de conhecimento, que, muitas vezes, é relegada a um lugar menos importante do que deveria ter. O qual, como temos argumentado, ganharia centralidade a partir da consideração da verdade enquanto uma questão a ser tratada.

MAIS UM CAMINHO: VERDADE E POLÍTICA

O primeiro desafio que se coloca é como pensar a dimensão política sem produzir efeitos de deslegitimação do conhecimento produzido. Usar a dimensão política tem se mostrado um subterfúgio recorrente em posicionamentos negacionistas[73], e que pode ser evitado pela consideração de conceitos discutidos neste livro. Por exemplo, quando Rose afirma que a centralização das neurociências responderia a uma nova vertente biopolítica, isso significa que o conhecimento produzido não tem validade? Como vemos na argumentação do próprio Rose, não se trata da validade do conhecimento, mas sim de disputas presentes na definição dos campos de estudo, daquilo que será legitimado enquanto prioritário[74].

De modo mais geral, a questão se formula nos termos de como é possível pensar a decidibilidade entre modos concorrentes de produção de conhecimento. Algo que, dentro do pensamento psicanalítico, reintroduz o sujeito na produção científica. E que foi contornado pelo pensamento de Hacking diversas vezes: afinal, faz parte da própria definição de técnicas de autoestabilização de um estilo de raciocínio – e da contingência presente (ainda que em pequeno grau) nas explicações de estabilidade de ciências específicas – que o conhecimento seja avaliado também a partir de sua empregabilidade política. Vê-se, dessa maneira, que a dimensão política se faz presente tanto na eleição de particulares específicos em ciências específicas, como a eleição da biologia enquanto juiz final na psiquiatria; mas também na tomada de decisão sobre a pertinência de modos de pensar, como na definição de um estilo de raciocínio. Pode-se afirmar que se trata de pensar como o conhecimento pode ser produzido de modo a criar novas possibilidades (próximo à ideia de verdade disruptiva), e não como um instrumento de reprodução ideológica.

Propor essa passagem da ética para a política não diz respeito somente a admitir que o conhecimento se torna, inevitavelmente, um instrumento de poder. Trata-se, sobretudo, de dar um destino a esse imperativo ético sem que isso resulte numa apatia em relação à produção de conhecimento. Como afirma Iain Mackenzie, essa apatia pode resultar: por um lado, numa desistência em relação à proposição de novos saberes, uma vez que sempre há o risco de que esses saberes sejam assimilados com traços absolutos e contrários ao posicionamento ético; por outro, pode levar a uma hiperinflação da dimensão ética, como se ela fosse capaz de responder a demandas que não lhe dizem respeito[75]. Ambas as alternativas desembocam em uma redução de outros campos à ética, especialmente a epistemologia[76]. Acreditamos que recuperar a política enquanto campo de disputa de poder onde se faz possível a efetivação de preceitos éticos é um modo de enfrentar esse risco, contribuindo também para o não abandono das disputas existentes no campo da produção de saber – abandono esse que já trouxe muitos prejuízos à psicanálise e às pessoas que poderiam usufruir dela em políticas públicas de saúde mental[77].

Não se deve perder de vista que essa abordagem da política se dá a partir da centralização da verdade enquanto questão. Isso porque, como temos argumentado, a questão da verdade presentifica a reciprocidade entre epistemologia, ontologia e ética, calcada nos efeitos da consideração de três elementos trabalhados: 1. a ausência de uma instância garantidora do valor do conhecimento; 2. os efeitos ontológicos produzidos pelos discursos e práticas do saber científico; e 3. a causalidade como consideração de uma dimensão negativa que inclui o caráter conflitivo do sofrimento e a implicação do sujeito. A tomada dessas três dimensões enquanto recíprocas insere a política como quarto termo inseparável, uma vez que o modo como essas dimensões se articulam entre si comporta também as disputas de poder inerentes a qualquer produção de saber. Nesse sentido, a dimensão política deve ser tomada em duas vertentes diferentes. Trata-se, por um lado, da potência crítica do saber, nisso em que ele pode se contrapor e resistir a normas e padrões estabelecidos; e, por outro, tem-se o próprio potencial normativo do conhecimento – potencial de estabelecer novos padrões não somente de normalidade, mas também de legitimidade em relação àquilo que merece e deve ser pesquisado.

Retomando a noção de estilo de raciocínio de Hacking, são suas considerações sobre a autoestabilização de um estilo que abrem a discussão para a dimensão política, embora isso não seja aprofundado pelo autor. Subjacente ao encaixe mínimo necessário entre o saber produzido e o mundo sobre o qual ele precisa ter algum tipo de efetividade, há a negociação necessária para a definição desse mundo: lembremos que ele sempre recorre à ideia de que a realidade seria algo em constante renegociação. Desse modo, se é possível reconhecer que a dimensão da negociação não se opõe à ideia de objetividade, ela tampouco esgota o que pode ser pensado sobre os atravessamentos políticos: se o estilo define modalidades de experimentação, de validação e de comunicação, padrões de objetividade etc., pode-se afirmar que essa própria definição se inclui num campo político, à medida que ela mesma confere poder.

O Conhecimento e a Política

Tal questão é abordada frontalmente por Isabelle Stengers, ao propor que a política é algo incontornável para se pensar a produção de conhecimento[78]. Partilhando com Hacking uma posição não unicista nem normativa em relação à epistemologia e à metodologia, Stengers argumenta que a impossibilidade de separação entre conhecimento e política se dá justamente porque não se pode estabelecer um ponto externo que defina o valor dos saberes produzidos. Para tanto, a autora define a emergência da ciência moderna justamente como uma disputa de poder, uma disputa que teria por objeto nada menos que a verdade: ser aquele capaz de enunciar o verdadeiro era algo extremamente valioso. Isso não significa que a ciência possa ser reduzida a isso, mas tampouco ser separada dessa dimensão.

Nesse sentido, seria central para a constituição da ciência moderna a separação (e sua justificação) entre o saber científico e outros modos de saber, que seriam considerados de menor valor. A esse processo, nomeado como *demarcação*, Stengers articula os projetos de normatização epistemológica e metodológica da ciência. Contudo, nenhum desses projetos teria tido êxito em encontrar uma ancoragem suficiente que sustentasse a separação entre o conhecimento científico e conhecimentos considerados não científicos.

O modo principal de realizar tal demarcação seria a partir da separação entre ficções e não ficções: uma tática retórica empregada já por Galileu, ao afirmar que a matemática faria coisas falarem por si mesmas (não ficção). O conhecimento científico não seria ficcional, além de ser capaz de silenciar as ideias concorrentes que "não passam de ficção"[79]. Vê-se, assim, uma clara disputa de poder concernente à legitimidade de enunciação do verdadeiro e silenciamento dos concorrentes. Para tanto, como afirma a autora, o procedimento científico consistiria num modo de construção da apresentação dos fatos que seria adequado somente a uma narrativa. Há escolhas feitas para que a matemática possa se adequar aos objetos empíricos; entretanto, não são apresentadas enquanto escolhas, mas como se fossem o estado natural das coisas:

O mundo fictício criado por Galileu não é apenas o mundo que Galileu sabe como interrogar: é um mundo que ninguém pode interrogar diferentemente dele. É um mundo cujas categorias são práticas, porque são as do dispositivo experimental que ele inventou. É, na realidade, um mundo concreto, a saber, um mundo que permite acolher a multidão das ficções rivais concernentes aos movimentos que o acompanham e estabelecer a diferença entre eles, designar aquela que o representa de modo legítimo.[80]

Nesse sentido, o modo como se pode representar e demonstrar um fato não deixa de ser uma ficção. Isso não significa, entretanto, que todas as ficções devam ser tomadas como se tivessem igual valor. Essa retórica não somente seria dispensável, mas inclusive contraproducente, pois limitaria as possibilidades de descobertas. Nesse ponto, a dimensão política explicitaria sua potência opressiva: nisso em que o valor do conhecimento científico consistiria no poder de dizer "o verdadeiro" e silenciar os concorrentes. Tal posicionamento provém de um duplo atravessamento político: 1. primeiramente, apresentar-se como não ficção seria um modo de estabelecer, de saída, um nível hierárquico superior, pois indicaria uma relação direta com a verdade (político, portanto, por se tratar de uma disputa de poder); 2. tal hierarquização depende da defesa de um caráter necessário proveniente de uma diferenciação epistemológica, o que demanda a autonomia da ciência em relação não somente a disputas "externas" (a política enquanto campo geral de negociação e poder), mas também retirando a política de seu funcionamento "essencial", uma vez que seus avanços poderiam ser medidos em referências puramente epistemológicas.

A proposta de Stengers recoloca a política como ponto fundamental da prática, uma vez que priva a epistemologia normativa de um real poder decisório, demandando que a escolha dos vencedores responda também a outras disputas. Não se trata de um ataque ao valor do conhecimento científico, mas da afirmação de seu valor incluindo esse campo de disputa. Não significa separar ficções de não ficções, mas escolher as ficções mais valiosas, explicitando o porquê da escolha.

A política é tomada, então, enquanto um elemento constitutivo do fazer científico. Política aqui definida como espaço de produção e disputa de interesses: algo sempre presente no momento em que um enunciado se propõe a ter autoridade suficiente para a determinação de um programa de investigação. Se não há garantia externa do valor, a decisão sobre a qualidade de uma teoria apresenta, no limite, uma dimensão política; ademais, a própria aceitação de perguntas e temas como pertinentes também não é totalmente explicável somente pela epistemologia, como bem apontava Hacking[81]. A dimensão política também é constituinte do modo como um problema será abordado, de quais serão seus critérios de veracidade, dos métodos aceitos etc. Isso não significa o apagamento da epistemologia ou de outros procedimentos que tentam dar estabilidade ao fazer científico, mas sobretudo a afirmação de que esses atravessamentos são inevitáveis. Algo que só é possível, como coloca Stengers, com um olhar atento ao poder[82].

Conclui-se, assim, que o modo de compreender a decidibilidade do valor do conhecimento demanda, necessariamente, a consideração da política. Algo que Stengers imputa ao próprio funcionamento da ciência, pois seria solidário à abertura crítica necessária à produção de conhecimento: "se já não se trata de eliminar o poder da ficção, trata-se, porém, de o pôr à prova, de sujeitar as razões que inventamos a um terceiro capaz de as pôr em risco"[83]. A ciência apresentaria esse potencial de um conhecimento criticável, acima de tudo. Essa crítica deve carregar a marca de sua inscrição política, uma vez que tanto sua constituição como seus efeitos são inseparáveis de disputas de poder.

A questão que permanece, entretanto, diz respeito a como realizar tal abertura crítica constante. Reconhecer a dimensão política da produção de conhecimento não significa, necessariamente, sanar o problema. Talvez porque, como é possível observar com clareza na clínica psicanalítica, algo que emerge como verdade num momento poderá se cristalizar enquanto saber no momento seguinte. O conhecimento continua, assim, numa certa indecidibilidade entre crítica e reprodução.

Hacking não deixa de reconhecer essa dimensão. Assegura o poder disruptivo do conhecimento, o qual ele liga à questão da verdade[84]. Faz isso, entretanto, de modo bastante apático, comentando uma divisão recorrente entre posturas supostamente "de direita" e "de esquerda": por um lado, haveria uma tradição de consideração da verdade enquanto um elemento revolucionário – encampado por pessoas "de esquerda" –, nisso em que a verdade conteria o potencial de crítica e resistência ao poder estabelecido; e, por outro, ele relata sua percepção de que, com o decorrer dos anos, a questão da verdade teria passado a ser vista como um instrumento de opressão utilizado por conservadores ("de direita"), nisso que a afirmação do verdadeiro consistiria em uma forma de opressão e dominação. Embora demonstre sua simpatia com a compreensão mais "à esquerda", sua posição final é apática, quase melancólica: o autor afirma estar velho demais para essa discussão[85].

A Verdade e o Político

Esse tipo de posicionamento apático não parece ser incomum, sendo apontado por Iain Mackenzie como um problema recorrente em relação à consideração da verdade na política[86]. Afirma, assim, a necessidade de que o debate sobre a verdade ultrapasse esse limite da opressão, buscando maneiras de lidar com a questão da verdade sem que elas resultem em mecanismos de opressão e dominação.

De fato, se a dimensão política da verdade for tomada somente enquanto um movimento de substituição de diferentes formas de saber que impõem suas regras sobre os outros, haverá sempre um horizonte opressivo que dificilmente será evitado. Entretanto, a limitação desse processo de substituições por opostos é uma compreensão parcial do que está em jogo ao se tratar da dimensão política da verdade. Essa limitação consiste no que nomeamos anteriormente como uma *negatividade fraca*, a qual se limita ao fato de que pode haver uma nova verdade – uma vez que a verdade absoluta seria inalcançável –, mas não considera os efeitos disso sobre o próprio valor que a "verdade" assume nesse processo.

Como vimos no capítulo anterior, a consideração desses efeitos resulta no reconhecimento de que o processo de substituição de verdades não se limita à simples passagem ao oposto, mas estabelece uma impossibilidade originária de adequação. Dentro disso que nomeamos como *negatividade forte*, a verdade carrega esse duplo funcionamento: por um lado, nega a adequação de um enunciado positivo pela oposição de outro enunciado positivo; e, por outro, aponta para a infinitude do potencial negativo, estabelecendo um horizonte de diferença radical.

Como afirma Mackenzie, essa acepção pode ser bastante útil na efetivação de uma política que assimile a questão da verdade[87]. Recorre, para tanto, à obra de Alain Badiou, para quem a verdade seria um efeito de um evento disruptivo[88], que comportaria não somente a instauração de uma nova forma de organização simbólica, mas também a possibilidade de disrupção de qualquer forma estabelecida, implatando a falta enquanto ponto estruturante. Deve-se considerar que Badiou toma a categoria de evento enquanto algo raro, que teria como resultado o estabelecimento de uma novidade não prevista e inegável. A instauração dessa novidade sem precedentes demandaria uma reorganização dos saberes, uma vez que a introdução de um novo elemento levaria a uma reestruturação da dimensão simbólica. Ao mesmo tempo, haveria também o reconhecimento de que essa nova (ou qualquer) organização simbólica pode ser alvo de um novo evento disruptivo, indicando que sempre há um elemento deixado de fora na constituição de formas de explicar e experienciar o mundo. Esse elemento é ligado, por Badiou, à ideia de falta, uma vez que se refere à impossibilidade de recobrimento completo do simbólico, indicando que há sempre uma diferença possível.

Essa falta, que remete ao fato de que um novo elemento pode sempre irromper e explicitar que é dado como necessário e natural algo que pode ser entendido e experienciado de modo completamente diferente. Esse caráter não necessário das formas estabelecidas de pensar e experienciar será localizado, segundo Mackenzie, enquanto fundamento do *político*: trata-se de um campo de disputa e negociação que se constitui a partir da impossibilidade de uma única forma de determinação normativa[89]. O político seria, portanto, o campo inaugurado pela negatividade em seu sentido forte, uma vez que seria o reconhecimento de que o único traço que poderia ser generalizado enquanto característico do ser seria a multiplicidade: aquilo que pode ser afirmado é que sempre é possível ser diferente do que se julga ser. Voltamos, portanto, à ideia da diferença ou da heterogeneidade radical. Ou seja, as disputas de poder existem e se justificam por não ser possível garantir que uma forma de existência seja mais valiosa que outra.

Isso não significa que o estabelecido deva ser deslegitimado. Mackenzie indica que a forma positivada desse efeito de verdade produzido pelo evento não deve ser desconsiderado, ao contrário: o novo elemento introduzido deve ser considerado enquanto verdadeiro, e nortear, assim, a reconstrução do sistema simbólico.

PROBLEMAS E CAMINHOS 211

Por outro lado, o efeito de diferença radical que também o marca deve se fazer presente a todo momento. Trata-se, portanto, de uma verdade que, ao mesmo tempo que apresenta possibilidades de construção, também carrega a marca de sua negação sempre em potência. Algo que pode ser construído, mas sem perder o horizonte de sua possível liquidação, o que faz com que a diferença radical seja colocada em cena o tempo todo.

Essa apresentação sintética da articulação entre a verdade e o político não deixa de reconhecer a pertinência de afirmações positivadas, ao mesmo tempo que as coloca em constante tensionamento com a negatividade em seu sentido forte, apontando para um horizonte de diferença radical. Em relação à questão da verdade para a produção de conhecimento sobre sofrimento, vê-se que a delineação da dimensão política da verdade é capaz de estabelecer um campo de debate crítico, capaz de articular proposições positivadas a um horizonte negativo. Vê-se, assim, que os problemas apresentados nesse capítulo em relação a questões epistemológicas, ontológicas, éticas e políticas são passíveis de serem enfrentados, desde que não recuemos frente à complexidade necessária para tal enfrentamento. Não abandonar a verdade, mas sim tomá-la enquanto questão a todo e qualquer momento, sem medo de seus efeitos.

A psicanálise não pode escapar, nesse sentido, de um posicionamento político: por um lado, em acordo com a obra de Hacking, indica a necessidade de consideração da contingencialidade do conhecimento, a qual já considera os efeitos ontológicos, éticos e políticos da produção de saber; e, por outro, ao levar a seus limites a negatividade imposta pelo modo como a causalidade pode ser tratada na clínica, sustenta a alteridade enquanto único horizonte terapêutico possível. Trata-se de uma inserção política que é efeito da ética clínica[90], e que não pode se dar ao luxo de desconsiderar seus efeitos de poder[91].

Fazendo uma pequena inversão com o título do livro de Iain Mackenzie, propomos que a verdade, enquanto questão, possa ser compreendida como uma forma de resistência[92]. Por um lado, a resistência como aquilo que deve ser atravessado na produção de um saber: aqui temos a ideia de Hacking de que a produção de conhecimento é restringida tanto por sua relação com seus objetos, como pelos acordos sociais da comunidade em que se insere – o que implica que o conhecimento existe por estar a serviço de algo, indicando que a verdade diz respeito a algum tipo de efetividade, ela mesma, fruto de aspirações e negociações coletivas. Por outro lado, o questionamento sobre a verdade funciona enquanto resistência no sentido de oposição ao poder: a verdade presentifica a potência da negatividade, a diferença radical que deve ser tomada como fundamento e horizonte da função do conhecimento, a abertura constante à crítica. Talvez essa seja uma das grandes contribuições que a psicanálise pode fazer à ciência, incluindo aí outras ciências específicas mas também, é claro, ela mesma.

Menos Certezas, Mais Ciência

Após um caminho longo e variado, talvez a única conclusão possível seja que a verdade, enquanto questão, tende a produzir um tipo de crítica sobre a própria produção de conhecimento. Uma reflexão que não deve levar à deslegitimação do conhecimento, mas sim produzir pontos de abertura lá onde qualquer esforço de estabilização de saberes apresenta um potencial normativo ou normalizante. Se trazemos o sofrimento à cena, tal abertura ganha dramaticidade, pois não se trata somente de poder pensar de maneiras diferentes, mas de existir e experienciar para além daquilo que tende à reprodução.

A primeira questão levantada foi sobre o valor de verdade do conhecimento. Com Hacking, foi possível estabelecer um entendimento do valor do conhecimento científico a partir de uma filosofia da ciência não normativa. Junto a isso, seu projeto de estilos apresenta as bases para pensar a relação entre contingência e necessidade do conhecimento considerando-se uma dimensão de negociação que envolve aquilo que seria indiferente e aquilo que interage com os discursos produzidos. Entretanto, nunca é demais reforçar, sem cair em algum tipo de relativismo radical.

Essa leitura geral sobre o funcionamento das ciências se situa dentro de uma compreensão de uma verdade marcada pela incompletude e pela historicidade. Algo que instaura um movimento entre noções que tentam estabilizar positivamente modos de acesso e comunicação do verdadeiro, além do próprio movimento do fazer científico que demanda que essas noções sejam revisitadas. Não obstante, a definição da veracidade como possibilidades de enunciação do verdadeiro organiza o campo, reafirmando-se, inclusive, a ausência de garantia da verdade da veracidade. Desse modo, a crítica à verdade como adequação e o estabelecimento do valor do conhecimento como separado de sua consideração enquanto verdade absoluta já indicavam a necessidade de consideração da verdade (ou da veracidade) como a reunião de questões epistemológicas (as possibilidades de verdade ou falsidade desenham-se dentro do estilo de raciocínio), ontológicas (as possibilidades de consideração dos objetos são recíprocas à definição de verdade e falsidade; logo, também se inserem no estilo de raciocínio) e éticas e políticas (um estilo de raciocínio se autoestabiliza, de modo que não há critério exterior de sustentação).

A partir daí, a consideração do trabalho do filósofo sobre a *ontologia histórica* centralizou o sofrimento, tendo como baliza principal a noção de nominalismo dinâmico. Se uma apreciação crítica sobre a questão da verdade já se havia feito presente, a proposição de Hacking sobre tipos interativos aprofundou drasticamente essa necessidade: uma vez que o conhecimento produz efeitos retroativos em certos tipos de classificação, a questão da verdade se desdobra. Para além do abandono de qualquer ilusão de estabelecimento de uma verdade absoluta, deve-se considerar um potencial ontológico específico, dado que há a produção de possibilidades de experiência a partir da produção de conhecimento. Nesse sentido, não somente a relação entre epistemologia e ontologia se intensifica, mas a ética se faz incontornável.

Ponto em que o diálogo com a psicanálise se fez urgente, porém, atentando-se ao fato de que há uma diferença naquilo que é chamado de verdade. Centralizando a concepção lacaniana de que a verdade se liga ao inconsciente, apresentou-se uma noção calcada na negatividade e que comporta um potencial de disrupção em relação ao saber. Pudemos apresentar como isso se desenvolve a partir da clínica e algumas influências teóricas, de modo a indicar tanto a compatibilidade com Hacking em relação

MENOS CERTEZAS, MAIS CIÊNCIA

ao reconhecimento da historicidade das formas de sofrimento, quanto indicar alguns pontos de distanciamento. Note-se, aí, que a psicanálise constitui uma forma específica de definição de verdades e falsidades recíproca a seus objetos, e também apresenta técnicas de estabilização – indicando um estilo de raciocínio específico.

Tal consideração leva a uma crítica e a uma possível contribuição em relação à ontologia histórica de Hacking, que diz respeito à ausência de uma teoria causal que dê conta de explicar os fenômenos concernidos. Ausência que se faz notar no recurso à efetividade da psiquiatria biológica enquanto diferenciação de tipos interativos e indiferentes, apresentando uma relação entre biologia e indiferença. Pudemos, em relação a isso, apresentar motivos que indicam a insuficiência – ou mesmo a inadequação – de uma abordagem biologicista de certas questões. A inadequação diz respeito aos efeitos que o discurso da psiquiatria biológica pode produzir, o que foi mostrado na discussão sobre a depressão. Já a insuficiência pode ser reconhecida a partir dos apontamentos de Nikolas Rose sobre a crise da psiquiatria. Longe de negar que haja uma dimensão biológica atuante nas questões trabalhadas, trata-se de afirmar a interatividade do biológico e a necessidade de consideração do social.

Nessa toada, sublinha-se o modo como a psicanálise trata a questão da causalidade, indicando sua pertinência para abordar o sofrimento. Apresentou-se uma racionalidade clínica que propõe objetos e modos de pensamento atravessados pela articulação entre causalidade e a questão da verdade. Tal maneira de tratamento (teórico) do sofrimento apresenta a possibilidade de um questionamento permanente dos efeitos do conhecimento. O entendimento da causa enquanto algo que implica o sujeito é recíproco a um tratamento crítico do saber, reconhecendo seus efeitos ontológicos e a ausência de uma instância garantidora. Nesse sentido, ética e política foram convocadas à discussão, em algo que pode ser considerado como uma dupla inscrição: por um lado, trata-se de questionar constantemente os efeitos de poder e os pressupostos éticos que se realizam (ou não) na produção de conhecimento, com especial atenção ao fato de que os modos como tratamos o sofrimento (tanto teoricamente como em intervenções clínicas) sempre carrega um potencial de normatização das formas de experiência; por outro lado, é necessário pensar nessas questões não enquanto efeitos que deverão ser enfrentados após sua produção – como se fossem uma espécie de subproduto indesejável da produção de conhecimento –, mas como algo a ser cuidado no próprio processo de produção de conhecimento. Ou seja, trata-se de equacionar epistemologia, ontologia, ética e política nos processos de produção de conhecimento, a qual deve ser pensada de modo a atualizar essas questões a todo instante.

É desnecessário dizer que o percurso realizado – e brutalmente reduzido nos parágrafos acima – não permite qualquer tentativa de estabilização estanque ou definitiva daquilo que deveria ser considerado enquanto verdade. Se podemos afirmar que se trata de recuperar a verdade enquanto um conceito capaz de produzir abertura em debates cristalizados, tampouco afirmamos que seja a única forma de perseguir tal objetivo. Ou sequer que o modo como mobilizamos os conceitos utilizados seja o único, ou o mais correto: restringindo-nos às duas referências principais – Ian Hacking e Jacques Lacan –, basta lembrar que o autor deste livro não tem formação em filosofia da ciência, e muito menos se localiza como um lacaniano ortodoxo que teria estudado cada vírgula já proferida (ou inferida) pelo psicanalista francês. O leitor pôde encontrar, isso sim, uma leitura bastante singular de Hacking, embora rigorosamente comprometida com a discussão proposta. Do lado da psicanálise, basta dizer que o material mobilizado é extremamente reduzido em relação a discussões já realizadas, para além de conjugar autores que não necessariamente se consideram parte da mesma tradição de leitura da obra do próprio Lacan. De novo, o que interessa não é qualquer palavra final, mas sim a produção de movimento.

Demandar uma reflexão crítica que escrutine os efeitos ontológicos, éticos e políticos da produção de conhecimento é uma herança que pode ser localizada tanto na psicanálise como na filosofia da ciência. Entretanto, as dificuldades históricas em realizar trocas menos desarmadas entre esses dois campos produzem choques intensos quando são aproximados. Isso pode ser visto nas contribuições psicanalíticas ao pensamento de Hacking, mas também deve ser encarado no sentido inverso. Um bom exemplo são as contribuições críticas realizadas por Paul B. Preciado em relação a efeitos normatizadores e segregadores da teoria e da clínica psicanalíticas; algo que, não obstante, não parece ter sido bem recebido pelos psicanalistas[1]. Mesmo nos campos ativamente engajados com tais questões, a complexidade dos problemas muitas vezes camufla as armadilhas.

Num momento em que o conhecimento científico é ferozmente atacado, o que se consegue reconhecer é que aquilo que anima os ataques não é excesso de dúvidas, mas excesso de certezas. A certeza inabalável é o maior obstáculo do questionamento científico, o que indica que, além de produzir conhecimentos valiosos, também é necessário produzir modos condizentes de relação com a própria ciência. Isso passa pela presença da dúvida, do questionamento, do erro e do inesperado. Afinal, se a ciência se faz através de um movimento entre verdade e saber, deve-se cuidar tanto daquilo que está estabelecido quanto daquilo que pode irromper. Quem sabe, com esse cuidado, sofrimentos e sintomas possam ser experienciados como prenúncios de novos ares, de novos mundos – a serem inventados, é claro. Por isso, talvez, este livro não combine com uma conclusão; afinal, trata-se de poder sempre passar a uma nova conclusão que ressignifique o que veio antes. Mas, como diria Foucault, ainda assim é uma conclusão. Pelo menos, uma conclusão curta.

Notas

PREFÁCIO

1. Psicanalista, professor titular do Departamento de Psicologia Social e do Trabalho do Instituto de Psicologia da USP.

2. De fato, seu autor foi recentemente chamado a tomar parte de um debate que, com regularidade espaçada, retoma a cena midiática: os ataques à psicanálise em razão de sua não cientificidade. Nessa ocasião tratou-se do livro *Que Bobagem!: Pseudociências e Outros Absurdos Que Não Merecem Ser Levados a Sério*, de autoria de Natália Pasternak e Carlos Orsi (Contexto, 2023). Suas intervenções, ao lado daquelas de Mário Eduardo Pereira, Christian Dunker e Vladimir Safatle, foram fundamentais na leitura da função exclusivamente midiática desses novos ataques, demonstrando que a consistência dos argumentos e a honestidade na análise das referências não permitiriam considerar o livro em questão como um exemplo de obra científica.

3. Publicada em livro: Paulo Beer, *Psicanálise e Ciência: Um Debate Necessário*. São Paulo: Blucher, 2017.

4. O último caso havia sido provocado pela obra *O Livro Negro da Psicanálise: Viver e Pensar Melhor Sem Freud*, organizado por Catherine Meyer e publicado na França em 2005, cuja tradução pela Civilização Brasileira saiu em 2011.

5. World Health Organization, *The International Pilot Study of Schizophrenia*. Geneva: World Health Organization. 1973; Assen Jablensky et al., Schizophrenia: Manifestations, Incidence and Course in Different Cultures – A World Health Organization Ten-Country Study, *Psychological Medicine*, v. 20 (Monograph Supplement), 1992, p. 1-97.

6. Ver Hannah Arendt, *Entre o Passado e o Futuro*. São Paulo: Perspectiva, 1997.

7. Em sua última versão, esse sujeito sem corpo e sem alma, apenas com raciocínio e cálculo, se reencarna na definição de *unidade decisória entre possibilidades excludentes pelo cálculo de custo-benefício,* segundo a fórmula de Gary Becker. Vemos nessa exclusão do contingente uma das continuidades entre a emergência do sujeito do conhecimento e o sujeito-empresa, esse recém-nascido do discurso neoliberal.

INTRODUÇÃO: A VERDADE E SUAS QUESTÕES

1. Ver P. Beer, From Negation to Negationism, *Journal of Psychosocial Studies*, v. 14, n. 3.
2. Ver N. Rose, *Our Psychiatric Future*.
3. Ibidem.
4. Ibidem.
5. Ver P. Beer, op. cit.
6. Ver I. Stengers, *As Políticas da Razão*.
7. Ver C. Kupfer, Prefácio, em C. Dunker, *A Psicose na Criança*.
8. Ambas as tendências podem ser encontradas na nota técnica sobre saúde mental n. 11/2019-CGMAD/DAPES/SAS/MS.
9. Ver N. Rose, op. cit.
10. Ver E. Watters, *Crazy Like Us*.
11. Ver I. Stengers, op. cit.
12. Ver N. Rose, op. cit.
13. Ver K.W. Fulford, Values-Based Practice, *Mens Sana Monographs*, v. 6, n. 1.
14. Ver P. Beer, *Psicanálise e Ciência*; idem, Validação em Psicanálise e Causalidade em Psicopatologia, *Acta Psicossomática*, n. 1.
15. Ver R.L. Kirkham, *Theories of Truth*.
16. Ver A. Badiou, *A Aventura da Filosofia Francesa no Século XX*.
17. Ibidem, p. 62.
18. Ver L.C. Figueiredo; I. Loureiro, *Os Saberes Psi em Questão*.
19. Ver I. Hacking, *Ontologia Histórica*.
20. Ver N. Rose, op. cit.
21. Ver I. Hacking, *Representar e Intervir*.
22. *Véracité*, Aula dada no Collège de France em 31 jan. 2006.
23. Ver J. Breuer; S. Freud, Estudos Sobre a Histeria, em S. Freud, *Obras Completas*, v. 2.
24. Ver N. Silva Junior, O Sofrimento Como Hífen na Teoria Social Freudiana e sua Atualidade, em N. Silva Junior; W. Zangari (orgs.), *A Psicologia Social e a Questão do Hífen*.
25. Ver J. Lacan, *O Mito Individual do Neurótico*.
26. Ver, *O Seminário, Livro 17: O Avesso da Psicanálise*.
27. Ver N. Silva Junior, O Sofrimento Como Hífen na Teoria Social Freudiana e sua Atualidade, op. cit.
28. Ver J. Lacan, Intervenção Sobre a Transferência, *Escritos*, p. 215.
29. Ver L. Silveira Sales, Passagem da Compreensão à Verdade, *Ágora*, v. 10, n. 2.
30. Ibidem, p. 212.
31. Ver J. Lacan, Função e Campo da Fala e da Linguagem em Psicanálise, *Escritos*.
32. Ver Intervenção Sobre a Transferência, *Escritos*, p. 217-218.
33. Ver de Lacan, A Ciência e a Verdade, *Escritos*.
34. Ver N. Silva Junior, O Sofrimento Como Hífen na Teoria Social Freudiana e sua Atualidade, op. cit.
35. J. Breuer; S. Freud, Estudos sobre a Histeria, op. cit., p. 231.
36. Ver J. Forrester, If P, Then What?, *History of the Human Sciences*, v. 9, n. 3.
37. Ver O Sofrimento Como Hífen na Teoria Social Freudiana e Sua Atualidade, op. cit.

1. A CIÊNCIA ENTRE VERDADE E VERACIDADE

1. Ver R.L. Kirkham, *Theories of Truth*.
2. Ver I. Hacking, *Representar e Intervir*.
3. Ver *The Social Construction of What?*
4. Ver *Representar e Intervir*.
5. Ver *Logic of Statistical Inference*; idem, *The Emergence of Probability*; e idem, *The Taming of Chance*.
6. I. Hacking, "Vrai", les Valeurs et les sciences, *Actes de la Recherche en sciences sociales*, v. 141-142, n. 1, p. 14-15.
7. Ibidem, p. 15.
8. Idem, *Véracité*, aula dada no Collège de France em 31 jan. 2006, p. 3; tradução nossa sempre que uma edição em português não for referenciada.
9. Idem, "Vrai", les Valeurs et les sciences, op. cit p. 17.
10. Ver E. Erwin, Psychoanalysis and Philosophy of Science, em S. Boag; L. Brakel; V. Talvitie, *Philosophy, Science, and Psychoanalysis*.
11. Vale lembrar rapidamente certa proximidade com a divisão proposta por Granger em *Pensée Formelle et sciences de l'homme* (Pensamento Formal e Ciências Humanas) e *A Ciência e as Ciências*, que coloca a matemática como um polo de formalização em relação ao qual sempre haveria algum tipo de perda ao se passar às ciências empíricas. Granger, por sua vez, encaminha essa questão ressaltando a importância de outros procedimentos que deveriam fazer parte da prática científica, especialmente a experimentação e a reprodutibilidade de experimentos.
12. Ver P. Benacerraf, Mathematical Truth, *The Journal of Philosophy*, v. 70, n. 19.
13. I. Hacking, Truthfulness, *Common Knowledge*, v. 11, n. 1, p. 3.
14. Ibidem, p. 4.
15. Ver "Vrai", les Valeurs et les sciences, op. cit.

NOTAS

16. Ibidem.
17. Idem, *Representar e Intervir*, p. 93.
18. Ver, do mesmo autor, Introdução à Edição Brasileira, *Representar e Intervir*.
19. Ver D. Resnik, Hacking's Experimental Realism, *Canadian Journal of Philosophy*, v. 24, n. 3; R. Reiner; R. Pierson, Hacking's Experimental Realism, *Philosophy of Science*, v. 62, n. 1.
20. Ver M. Suárez, *Experimental Realism Defended*, Technical Report (01/06). Contingency And Dissent in Science Project, CPNSS.
21. Ver I. Hacking, *Véracité*, Aula dada no Collège de France em 31 jan. 2006.
22. Idem, *Representar e Intervir*, p. 83.
23. Ibidem, p. 87.
24. Como indicado anteriormente, podemos pensar isso sobre a depressão, não necessitando, portanto, de uma confirmação de imagens cerebrais para considerar que ela exista.
25. I. Hacking, *Representar e Intervir*, p. 107.
26. Ver N. Rose, *Our Psychiatric Future*.
27. De modo mais detalhado, o autor afirma: "As principais ideias em questão são as seguintes: 1. Ênfase na *verificação* (ou alguma variante dela, como a *falsificação*): proposições significativas são aquelas cuja verdade e falsidade podem ser determinadas de alguma forma; 2. *Pró-observação*: o que podemos ver, sentir, tocar etc., nos fornece o melhor conteúdo ou fundação para todo o resto de nosso conhecimento não matemático; 3. *Anticausação*: não existe na natureza uma causalidade para além da simples constância segundo a qual eventos de determinado tipo são seguidos por eventos de outro tipo; 4. *Desprezo por explicações*: as explicações podem ajudar a organizar os fenômenos, mas não apresentam respostas para questões de *por que*, exceto quando dizem que os fenômenos regularmente ocorrem de tal e tal forma; 5. *Antientidades teóricas*: os positivistas tendem a ser não realistas, e isso não apenas porque restringem a realidade ao observável, mas também porque são contra as causas e duvidam das explicações. Eles se recusam a inferir a existência dos elétrons porque rejeitam a causação, mantendo que o que existe são tão somente regularidades constantes entre fenômenos; e 6. os itens 1 e 5 são colidigos pelos positivistas, e o resultado é que eles são *antimetafísicos*. Proposições não estáveis, entidades inobserváveis, causas, explicações profun-

das – tudo isso, nos diz o positivista, é coisa de metafísica e deve ser deixado para trás." (I. Hacking, *Representar e Intervir*, p. 108.)
28. Ibidem.
29. Ibidem, p. 119.
30. Ver T. Kuhn, *A Estrutura das Revoluções Científicas*.
31. Ver H. Putnam, The Meaning of "Meaning", *Philosophical Papers, Mind, Language and Reality*.
32. Idem, *Reason, Truth and History*.
33. Ver I. Hacking, *Representar e Intervir*, p. 189.
34. Ver J. Mendonça, Apresentação, em I. Hacking, *Representar e Intervir*.
35. I. Hacking, *Representar e Intervir*, p. 327.
36. Ibidem, p. 373.
37. Ibidem, p. 384.
38. Ver N. Rose, *Our Psychiatric Future*.
39. Ver I. Hacking, *Ontologia Histórica*.
40. Ibidem, p. 202.
41. Idem, Language, Truth and Reason 30 Years Later, *Studies in History and Philosophy of Science*, v. 43, p. 599.
42. Idem, *Ontologia Histórica*, p. 180.
43. Ibidem.
44. Ibidem, p. 203: "a. O método simples de postulação exemplificado pelas ciências matemáticas gregas; b. O emprego de experimentos tanto para controlar a postulação quanto para explorar por observação e mensuração; c. Construção hipotética de modelos analógicos; d. Ordenamento da variedade por comparação e taxonomia; e. Análise estatística das regularidades das populações, e o cálculo das probabilidades; f. A derivação histórica do desenvolvimento genético."
45. Ver J. Forrester, If *P*, Then What?, op. cit.
46. I. Hacking, Language, Truth and Reason 30 Years Later, op. cit., p. 601.
47. Idem, *Ontologia Histórica*, p. 181.
48. Ver T. Kuhn, *A Tensão Essencial*.
49. I. Hacking, *Objets*, Aula dada no Collège de France em 7 fev. 2006, p. 7.
50. Idem, *Ontologia Histórica*, p. 188.
51. Idem, Language, Truth and Reason 30 Years Later, op. cit., p. 602.
52. Idem, *Ontologia Histórica*, p. 210.
53. Ver "Vrai", les Valeurs et les sciences, op. cit.; *Objets*, aula no Collège de France em 7 fev. 2006; e *Méthodes de Raisonnement*, aula no Collège de France em 14 fev. 2006.
54. Ver *Méthodes de Raisonnement*, aula no Collège de France em 14 fev. 2006, p. 14.
55. Idem, *Ontologia Histórica*, p. 213.

56. Idem, Language, Truth and Reason 30 Years Later, op. cit., p. 605.
57. Ver Statistical Language, Statistical Truth and Statistical Reason, em E. McMullin (ed.), *Social Dimensions of Science*.
58. Ver The Self-Vindication of the Laboratory Sciences, em A. Pickering (ed.), *Science as Practice and Culture*. Há também um terceiro texto em que Hacking aborda diretamente essa questão em relação à matemática, trata-se de "Immagini radicalmente costruzionaliste del progresso matematico".
59. Idem, Truth and Reason 30 Years Later, p. 605.
60. Idem, "Vrai", les Valeurs et les sciences, op. cit., p. 19.
61. Idem, *Ontologia Histórica*, p. 215.
62. Ibidem, p. 219.
63. Ver *Múltipla Personalidade e as Ciências da Memória*.
64. Ver *Logic of Statistical Inference*.
65. Ver *The Emergence of Probability*.
66. Ver *Por que a Linguagem Interessa à Filosofia?*
67. Ver Language, Truth and Reason, em M. Hollis; S. Lukes, (eds.), *Rationality and Relativism*.
68. Ver "Style" for Historians and Philosophers, *Studies in History and Philosophy of Science Part A*, v. 23, n. 1.
69. Ver Language, Truth and Reason 30 Years Later, op. cit.
70. Idem, *The Social Construction of What?*, p. 19.
71. Ver A. Pickering, *Constructing Quarks*.
72. A. Pickering apud I. Hacking, *The Social Construction of What?*, p. 30.
73. I. Hacking, *The Social Construction of What?*, p. 31.
74. Ibidem, p. 58.
75. Ibidem, p. 78.
76. Ver I. Lakatos, Falsification and the Methodology of Scientific Research Programmes, em I. Lakatos; A. Musgrave (eds.), *Criticism and the Growth of Knowledge*.
77. Ver I. Stengers, *As Políticas da Razão*.
78. I. Hacking, How Inevitable Are the Results of Successful Science?, *Philosophy of Science*, v. 67, p. 69.
79. Ibidem, p. 71.

2. ONTOLOGIA HISTÓRICA E PATOLOGIAS TRANSIENTES

1. Ver J. Lacan, A Ciência e a Verdade, *Escritos*.
2. Como afirma Lacan, "a psicologia [...] descobriu meios de se perpetuar nos préstimos que oferece à tecnocracia, e até, como concluiu, com humor realmente swiftiano um artigo sensacional de Canguilhem, numa deslizada de tobogã do Panteão à Chefatura de Polícia". Ibidem, p. 873-874.
3. Ver N. Rose, *Our Psychiatric Future*; N. Silva Junior, Epistemologia Psiquiátrica e Marketing Farmacêutico, *Stylus*, n. 33.
4. Ver E. Erwin, Psychoanalysis and Philosophy of Science, em S. Boag; L. Brakel; V. Talvitie, *Philosophy, Science, and Psychoanalysis*.
5. Ver T. Insel, *Director's Blog*.
6. Como apontado na introdução, essas vertentes apresentam um deslocamento do emprego original de práticas "baseadas em evidências", que teriam como objeto, majoritariamente, o recurso a estudos epidemiológicos. Entretanto, o resultado de silenciamento de discussões pertinentes parece ser o mesmo.
7. Lembremos que, nessa construção, o Eu aqui é tomado em seu sentido metapsicológico, indicando que não é uma das instâncias psíquicas que detêm o controle sobre o que se passa.
8. Ver S. Freud, Uma Dificuldade da Psicanálise, *Obras Completas, v. 14*.
9. Ver G.G. Granger, *A Ciência e as Ciências*.
10. Ibidem.
11. Especificamente, afirma o autor: "É por isso que não acreditei poder caracterizar a unidade da ciência por um verdadeiro método, e sim, de preferência, indicar mais geralmente sua visão. De sorte que esta unidade do pensamento científico aparece mais como um projeto do que como um dogma. Projeto cujo vigor tentamos mostrar, mas que não poderia ocultar-nos a extraordinária diversidade das formas do conhecimento científico." Ibidem, p. 51.
12. Ver K. Popper, *A Lógica da Pesquisa Científica*.
13. Ver A. Grünbaum, *The Foundations of Psychoanalysis*.
14. Vale lembrar que Grünbaum é um crítico tenaz do pensamento psicanalítico, e que embora tenha desautorizado as críticas de Popper, isso foi parte da construção de suas próprias críticas – as quais, por sua vez, foram respondidas por Shevrin em "Subliminal Unconscious Conflict Alpha Power Inhibits Supraliminal Conscious Symptom Experience", *Frontiers in Human Neuroscience*, v. 7. Sobre isso, ver de P. Beer, Validação em Psicanálise e Causalidade em Psicopatologia, *Acta Psicossomática*, n. 1; *Psicanálise e Ciência*; e *Questões e Tensões entre Psicanálise e Ciência*.
15. Algo nada surpreendente, já que esse tipo de posicionamento parece ser recorrente na his-

NOTAS

223

16. tória da psicanálise, como pode ser visto em S. Freud, Uma Dificuldade da Psicanálise, op. cit.
16. Pode-se encontrar críticas à unicidade popperiana em G.G. Granger, *A Ciência e as Ciências; Pensée Formelle et sciences de l'homme*; A. Grünbaum, op. cit; I. Hacking, *Representar e Intervir*, entre muitos outros.
17. Ver I. Hacking, *Representar e Intervir*.
18. Ver B.P.M. Fernandez, Popper, Hayek e a (Im) possibilidade de Predições Específicas em Ciências Sociais, *Cadernos de Pesquisa Interdisciplinar em Ciências Humanas*, v. 1, n. 5.
19. Ver F. Hayek, Scientism and the Study of Society – Part I, *Economica*, N.S.
20. Ver B.P.M. Fernandez, Popper, Hayek e a (Im)possibilidade de Predições Específicas em Ciências Sociais, op. cit.
21. Ver I. Hacking, Language, Truth and Reason, em M. Hollis; S. Lukes (eds.), *Rationality and Relativism*.
22. Ver F. Hayek, *The Sensory Order*.
23. Ver T. Insel, op. cit.
24. Ver N. Rose, op. cit.
25. Ver J. Lacan, *O Seminário, livro 3: As Psicoses*.
26. Ver Formulações sobre a Causalidade Psíquica, *Escritos*.
27. Ver I. Hacking, *Logic of Statistical Inference*; idem, *The Emergence of Probability*.
28. Ver *Ontologia Histórica*.
29. Ver R. Simanke, *Metapsicologia Lacaniana*; G. Iannini, *Estilo e Verdade em Jacques Lacan*.
30. Ver J. Lacan, A Ciência e a Verdade, op. cit.
31. Ver, de A. Koyré, *Études Galiléennes; Do Mundo Fechado ao Universo Infinito*; e *Estudos de História do Pensamento Científico*.
32. Ver L.H. Lacerda Abrahão, Koyré e a "Epistemologia Histórica de Kuhn e Feyerabend", em M.L. Leitão Condé; M. Salomon, *Alexandre Koyré: História e Filosofia das Ciências*, p. 203.
33. Ibidem, p. 210.
34. Lembremos do que apontamos anteriormente, a partir de I. Hacking, *Representar e Intervir*, sobre a antecedência com que esse tipo de pensamento apareceu na cena intelectual continental, cujos traços já podiam ser reconhecidos em autores como Ludwik Fleck e Bachelard. Entretanto, esse debate parece ganhar maior potência somente com a publicação de T. Kuhn, *A Estrutura das Revoluções Científicas*, sendo introduzido como uma grande novidade no cenário anglo-saxão, e iniciando aquilo que seria posteriormente conhecido como "guerra das ciências" (*science wars*).
35. Ver I. Hacking, *The Social Construction of What?*
36. Ver A.C. Crombie, *Styles of Scientific Thinking in the European Tradition*.
37. Ver A. Koyré, *Estudos de História do Pensamento Científico*.
38. Ver J. Lacan, *O Seminário, livro 17: O Avesso da Psicanálise*.
39. I. Hacking, *Ontologia Histórica*, p.55.
40. Ibidem, p. 16.
41. Ibidem, p. 36.
42. Vale notar, inclusive, a proximidade com conceito foucaultiano de modos de subjetivação. Segundo Foucault, o objeto de sua obra foi o de tentar "produzir uma história dos modos de subjetivação do ser humano em nossa cultura [isto é,]dos modos de objetivação que transformam seres humanos em sujeitos". *Ditos e Escritos IX*, p. 118-119.
43. I. Hacking, *Ontologia Histórica*, p. 31.
44. "O conceito de trauma psicológico tem sido sempre apresentado como libertador. Não precisamos discordar para vermos os efeitos de poder que ele produz. Aquelas crianças e famílias de uma região devastada pelas enchentes na Nicarágua irão, pela primeira vez, viver em um mundo em que elas vivenciam a si mesmas não apenas como destroçadas pelas enchentes, mas como tendo sofrido um trauma". Ibidem, p. 32.
45. I. Hacking, *Ontologia Histórica*, p. 32.
46. Ibidem, p. 33.
47. Ibidem, p. 116.
48. Ibidem, p. 39.
49. Ver A. Goodman, *Fact, Fiction and Forecast*.
50. I. Hacking, *The Social Construction of What?*, p. 103.
51. Ibidem, p. 105.
52. Ibidem, p. 104.
53. Retomaremos essa questão, de maneira crítica, mais à frente.
54. I. Hacking, *The Social Construction of What?*, p. 123. A partir do que apresentamos em "A Ciência entre Verdade e Veracidade", supra, vemos como essa discussão pode ser complexificada. Isso será feito mais à frente.
55. I. Hacking, *The Social Construction of What?*, p. 119.
56. Ibidem, p. 122.
57. Ver *Ontologia Histórica*.
58. Ver *Representar e Intervir*.
59. Idem, *Mad Travelers*, p. 1.
60. Idem, *Múltipla Personalidade e as Ciências da Memória*, p. 109.
61. Ibidem, p. 108.

62. Ibidem.
63. Ibidem, p. 146.
64. I. Hacking, *Mad Travelers*, p. 47.
65. Ibidem, p. 13.
66. Ibidem, p. 2.
67. "Nicho" vai além da linguagem. "Claro que a linguagem tem muito a ver com a formação de um nicho ecológico, mas isso também conta para o que as pessoas fazem, como vivem, o mundo mais amplo de existência material que habitam. Esse mundo deve ser descrito em todos seus detalhes peculiares e idiossincráticos". Ibidem, p. 86.
68. Ibidem, p. 26-27.
69. I. Hacking, *Múltipla Personalidade e as Ciências da Memória*, p. 76
70. Idem, *The Social Construction of What?*, p. 139.
71. Idem, *Múltipla Personalidade e as Ciências da Memória*, p. 77.
72. Idem, *The Social Construction of What?*, p. 144.
73. Ibidem, p. 162.
74. Idem, *Múltipla Personalidade e as Ciências da Memória*, p. 103.
75. Ibidem, p. 108.
76. F. Putnam, *Diagnosis and Treatment of Multiple Personality Disorder and Other State-Change Disorders*.
77. I. Hacking, *Múltipla Personalidade e as Ciências da Memória*, p. 114.
78. Ibidem, p. 120.
79. Ver T.-A. Ribot, *Les Maladies de la mémoire*.
80. Ver J. Rancière, *O Inconsciente Estético*.
81. I. Hacking, *Múltipla Personalidade e as Ciências da Memória*, p. 228.
82. Ibidem, p. 217.

83. Ibidem.
84. Em relação ao modo como Hacking apresenta essa divisão, vale notar que diferentes termos parecem ocupar papéis similares na obra de Foucault. Tomando, por exemplo, o vocabulário de E. Castro, *Vocabulário de Foucault*, como referência, o que é aqui nomeado como *savoir* muitas vezes é apresentado como verdade (*vérité*). De qualquer maneira, parece que o filósofo canadense é bastante claro em relação ao sentido do emprego que faz.
85. Um estilo de raciocínio seria, nesse sentido, algo que pode emergir a partir das possibilidades do conhecimento profundo, e que, ao mesmo tempo, tem o poder de modificá-lo. Hacking não mobiliza esse conceito nessa discussão, mas é possível reconhecer sua presença como algo que interage com o conhecimento profundo e com os superficiais.
86. I. Hacking, *Múltipla Personalidade e as Ciências da Memória*, p. 233.
87. Ibidem, p. 239.
88. Ver *Mad Travelers*.
89. Idem, *Ontologia Histórica*, p. 116.
90. Idem, *Múltipla Personalidade e as Ciências da Memória*, p. 213.
91. Ibidem, p. 215.
92. Ver H. Kohut, The Two Analyses of Mr Z, *The International Journal of Psychoanalysis*, n. 60.
93. Ver J. Lacan, *O Seminário, Livro 1: Os Escritos Técnicos de Freud*.
94. Ver S. Freud, Construções em Análise, *Obras Completas*, v. 19.
95. Ver P. Ambra; C. Paulon, O Analista é o Historiador, *Psicologia USP*, v. 29, n. 3.

3. UMA FORMA PRÓPRIA DE VERDADE

1. Ver J. Lacan, A Ciência e a Verdade, *Escritos*.
2. Ver P.L. Assoun, *Introdução à Epistemologia Freudiana*.
3. Ver F. Balibar, La Vérité, toute la vérité, rien que la vérité, *La Vérité*.
4. Ver J. Lacan, A Ciência e a Verdade, op. cit.
5. F. Balibar, La Vérité, toute la vérité, rien que la vérité, op. cit., p. 90 , todas as traduções do inglês e do francês são nossas.
6. Ibidem, p. 92.
7. Ibidem, p. 96.
8. Ibidem, p. 98.
9. Ibidem, p. 100.
10. Ibidem, p. 104.
11. Ver I. Hacking, *Truthfulness*.
12. Ver de Hacking, Language, Truth and Reason, em M. Hollis; S. Lukes (eds.), op. cit.; e *Representar e Intervir*.
13. Ver *Representar e Intervir*.
14. Ver *Múltipla Personalidade e as Ciências da Memória*.
15. Ver J. Lacan, A Ciência e a Verdade, op. cit.
16. Ver Intervenção sobre a Transferência, *Escritos*.
17. Ver A Ciência e a Verdade, op. cit.
18. Ver S. Askofaré, *D'un Discours l'autre*.
19. Ver S. Freud. A Questão de uma Weltanschauung, *Obras Completas*, v. 18.
20. Ver R. Simanke, *Metapsicologia Lacaniana*.
21. Mais detalhes sobre isso foram apresentados em P. Beer em *Psicanálise e Ciência* e em *Questões e Tensões entre Psicanálise e Ciência*.

NOTAS

22. Ver J. Lacan, Os Quatro Conceitos Fundamentais de Psicanálise, *Outros Escritos*.
23. Idem, *Seminário, Livro 13: O Objeto*.
24. Há, inclusive, diferentes modos de abordar as maneiras como Lacan desenvolve a questão da verdade, não somente em relação ao texto em questão, mas também em relação à própria obra de Lacan. Em seu artigo "A Ronda dos Semi-Ditos Claros", Erik Porge, por exemplo, apresenta cinco: 1. a verdade tem estrutura de ficção; 2. a verdade fala; 3. não há verdade da verdade; 4. verdade e saber são incompatíveis; 5. a verdade se sustenta em um semidizer. G. Iannini, *Estilo e Verdade em Jacques Lacan*, afirma que há duas sentenças gerais: 1. há verdade; e 2. não há verdade da verdade. Apresenta, também, diferentes possibilidades de organização de como a verdade aparece na obra do psicanalista: uma delas, cronológica (entre os anos 1950 e 1970, ligada ao equívoco e à contingência, a partir dos anos 1970 ligada ao impossível); outra, a partir dos debates em que se insere (dialética, linguagem, estilo, lógica etc.).
25. N. Silva Junior, O Sofrimento como Hífen na Teoria Social Freudiana e sua Atualidade, em N. Silva Junior; W. Zangari (orgs.), *A Psicologia Social e a Questão do Hífen*.
26. J. Lacan, A Coisa Freudiana, *Escritos*, p. 410.
27. Ver E. Porge, A Ronda dos Semi-Ditos Claros, *Literal 13*.
28. J. Lacan, A Coisa Freudiana, op. cit., p. 411.
29. Ver M. Safouan, *La Psychanalyse*; idem, *Les Puits de la vérité*.
30. A ideia da clínica como um espaço de indeterminação certamente não se restringe à tradição lacaniana, ver W.A.C. Franco, *Os Lugares da Psicanálise*, o que não impediu, entretanto, que fosse um tema de embate entre Lacan e a IPA.
31. S. Ferenczi, Princípios de Relaxamento e Neocatarse, *Psicanálise IV*; idem, Confusão de Língua entre os Adultos e a Criança, *Psicanálise IV*.
32. Ver J. Lacan, *O Seminário, Livro 1*.
33. Ver S. Freud, Construções em Análise, *Obras Completas, v. 19*.
34. Ver Recordar, Repetir, Elaborar, *Obras Completas, v. 10*.
35. Ver J. Breuer; S. Freud, Estudos sobre a Histeria, em S. Freud, *Obras Completas, v. 2*.
36. É justamente em relação a esse ponto que Hyppolite coloca sua questão, perguntando se o enfrentamento da resistência na psicanálise (portanto, resistência de um sujei-

to) não seria um ato de poder ainda mais agressivo do que na hipnose, em que a resistência seria de um sujeito objetificado e não seria enfrentada.
37. Ver S. Freud, Três Ensaios Sobre a Teoria da Sexualidade, *Obras Completas, v. 6*.
38. Idem, Recordar, Repetir, Elaborar, *Obras Completas, v. 10*, p. 209.
39. Idem, Construções em Análise, op. cit.
40. Ver J. Lacan, *O Mito Individual do Neurótico*.
41. S. Freud, *A Negação*, p. 21.
42. Ver N. Silva Junior, *Linguagens e Pensamento*.
43. J. Lacan, Introdução ao Comentário de Jean Hyppolite sobre a "Verneinung" de Freud, *Escritos*, p. 373.
44. J. Hyppolite, Comentário Falado sobre a "Verneinung" de Freud, em J. Lacan, *Escritos*, p. 895.
45. Ver V. Safatle, Aquele que diz "Não", em S. Freud, *A Negação*.
46. Ibidem, p. 49.
47. Ver V. Safatle, *A Paixão do Negativo*; idem, A Teoria das Pulsões como Ontologia Negativa, *Discurso*, n. 36.
48. Vale notar que se é possível reconhecer algum tipo de negatividade da obra de Hacking, especialmente em sua apresentação sobre a diferença entre verdade e veracidade, é necessário pontuar que a negatividade exerce aí um papel secundário: o pensamento continua tentando buscar a positividade, os objetos são tomados a partir de sua positividade, embora haja uma incompletude incontornável. Em Lacan, isso não é um contratempo, mas o ponto estruturante.
49. Ver J. Lacan, *O Seminário, Livro 1*.
50. Idem, Direção do Tratamento e os Princípios de seu Poder, *Escritos*. Há algumas diferenças no modo como Lacan relata o caso nas duas ocasiões, além de ênfases dadas pelo psicanalista francês que não necessariamente são as mesmas que as dadas por Kris. Seguimos a linha de pensamento de Lacan, pois compreendemos que esta importa mais, em nossa discussão, do que a discussão do caso em si. Mas recomendamos, aos interessados, a leitura do texto de E. Kris, Psicologia do Ego e a Interpretação na Terapia Psicanalítica, *Lacuna*, n. 12.
51. Ver E. Kris, Psicologia do Ego e a Interpretação na Terapia Psicanalítica, op. cit.
52. Ver V. Safatle, Aquele Que diz "Não", op. cit.
53. Ibidem, p. 38.
54. Ver I. Hacking, Language, Truth and Reason, em M. Hollis; S. Lukes (eds.), op. cit.

55. Lembremos que esse é, inclusive, o caminho indicado por Lacan, após retomar a prosopopeia do "Eu, a verdade, falo…": "Isso quer dizer, muito simplesmente, tudo o que há por dizer da verdade – da única –, ou seja: que não existe metalinguagem (afirmação feita para situar todo lógico-positivismo); que nenhuma linguagem pode dizer o verdadeiro sobre o verdadeiro, uma vez que a verdade se funda pelo fato de que fala, e não dispõe de outro meio para fazê-lo. É por isso mesmo que o inconsciente que a diz, o verdadeiro sobre o verdadeiro, é estruturado como uma linguagem, e é por isso que eu, quando ensino isso, digo o verdadeiro sobre Freud que soube deixar, sob o nome de inconsciente, que a verdade falasse." J. Lacan, A Ciência e a Verdade, op. cit., p. 882.

56. Ver Função e Campo da Fala e da Linguagem em Psicanálise, *Escritos*.

57. Ver J.-C. Milner, Linguística e Psicanálise, *Estudos Lacanianos*, v. 3, n. 4.

58. Ibidem.

59. Ibidem.

60. Ibidem.

61. Ibidem.

62. Ibidem.

63. A título de exemplo, pode-se indicar as críticas de Michael Löwy ao marxismo estruturalista de Althusser, nisso em que o último, segundo Löwy, defenderia uma visão mecanicista sem espaço para intervenção do sujeito.

64. Ver J.-C. Milner, Linguística e Psicanálise, op. cit.

65. Ver J. Lacan, *O Seminário, Livro 3: As Psicoses*.

66. Ver J.-C. Milner, Linguística e Psicanálise, op. cit.

67. J. Lacan, A Ciência e a Verdade, op. cit., p. 882.

68. Ver G. Iannini, *Estilo e Verdade em Jacques Lacan*.

69. Como observa Iannini: "O que Lacan encontra em Heidegger é muito mais uma crítica da redução da linguagem à sua estrutura proposicional e o afastamento da noção de verdade como adequação do que propriamente uma concepção de verdade como *alétheia*, ainda que fosse pelo simples fato de que o que a clínica psicanalítica nos confronta é com a gênese empírica, melhor, material, da subjetividade, totalmente insensível quanto à diferença ontológica enquanto tal." Ibidem, p. 72.

70. Ver J. Van Rillaer, *Freud & Lacan des charlatans?*

71. Ver A. Grünbaum, *The Foundations of Psychoanalysis*.

72. Ver S. Freud, Uma Dificuldade da Psicanálise, *Obras Completas, v. 14*.

73. Ver J. Breuer; S. Freud, Estudos Sobre a Histeria, op. cit.

74. Ver A. Grünbaum, op. cit.

75. Ver C. Dunker, *Estrutura e Constituição da Clínica Psicanalítica*.

76. Ver G.G. Granger, *A Ciência e as Ciências*.

77. Ver M. Rustin, *Researching the Unconscious*.

78. Ver I. Hacking, *Representar e Intervir*.

79. Ver C. Dunker, *Mal-estar, Sofrimento e Sintoma*; W.A.C. Franco, op. cit.

80. Ver S. Freud, Construções em Análise, op. cit.

81. Ver Observações sobre um Caso de Neurose Obsessiva (O Homem dos Ratos), *Obras Completas, v. 9*.

82. Ver Sobre a Psicogênese de um Caso de Homossexualidade Feminina, *Obras Completas, v. 15*.

83. Ver P. Van Haute; T. Geyskens, *Psicanálise sem Édipo?*.

84. Ver W.A.C. Franco, op. cit.

85. Ver P.B. Preciado, Um Apartamento em Urano (Conferência), *Lacuna*, n. 8.

86. Ver P. Beer; P. Ambra, Perguntas que Importam, *Recherches en Psychanalyse*, n. 32.

87. J. Forrester, If P, Then What?, *History of the Human Sciences*, v. 9, n. 3, p. 10.

88. Ver E. Porge, A Ronda dos Semi-Ditos Claros, op. cit.

89. Ver C. Dunker; T. Ravanello, A Garrafa de Klein como Método para Construção de Casos Clínicos em Psicanálise, *Ágora*, v. 22, n. 1.

90. Ver E. Porge, A Ronda dos Semi-Ditos Claros, op. cit.

91. Ver I. Hacking, The Self-Vindication of the Laboratory Sciences, em A. Pickering (ed.), *Science as Practice and Culture*.

92. Ver A. Badiou, As Fórmulas de "O Aturdito", em A. Badiou; B. Cassin, *Não Há Relação Sexual*.

93. Ver J.D. Nasio, *Introdução à Topologia de Lacan*.

94. Ver E. Porge, A Ronda dos Semi-Ditos Claros, op. cit.

95. Ver G. Iannini, op. cit.

96. Ver I. Hacking, *Ontologia Histórica*.

97. Para além da simples concordância no emprego do termo "estilo" em I. Hacking (Language, Truth and Reason 30 Years Later, *Studies in History and Philosophy of Scien-

NOTAS

ce, v. 43, n. 4) e G. Iannini (op. cit.), acreditamos que o modo como o psicanalista e filósofo brasileiro encaminha a questão poderia abrir outras possibilidades de discussão, não menos interessantes ou pertinentes. Se pudemos contar com seu trabalho enquanto um guia nesse campo, infelizmente não foi possível, dadas as limitações de nosso projeto, enveredar por essas vias.

98. Ver D. Nobus, O "Escritos" de Lacan Revisitado, *Lacuna*, n. 7.

99. Ver B. Vincent, *Lacan: Style des écris*.

100. Ver L.F.G. Andrade, *Lacan: Um Novo Freud?*.

101. Ver A. Grünbaum, op. cit.

102. Para mais detalhes, P. Beer, Validação em Psicanálise e Causalidade em Psicopatologia, *Acta Psicossomática*, n. 1; idem, *Psicanálise e Ciência*; idem, *Questões e Tensões entre Psicanálise e Ciência*; A. Bazan, Alpha Synchronization as a Brain Model for Unconscious Defense, *The International Journal of Psychoanalysis*, n. 98; e L. Brakel, Critique of Grünbaum's "Critique of Psychoanalysis", em S. Boag; L. Brakel; V. Talvitie (eds.), *Philosophy, Science, and Psychoanalysis*.

103. Ver H. Shevrin et al., Subliminal Unconscious Conflict Alpha Power Inhibits Supraliminal Conscious Symptom Experience, *Frontiers in Human Neuroscience*, v. 7.

104. Ver L. Brakel, Critique of Grünbaum's "Critique of Psychoanalysis",, op. cit.; A. Bazan, Alpha Synchronization as a Brain Model for Unconscious Defense, op. cit., n. 98.

105. Ver H. Shevrin et al., Subliminal Unconscious Conflict Alpha Power Inhibits Supraliminal Conscious Symptom Experience, op. cit., p. 8.

106. Ver M. Winograd, Matéria Pensante, *Arquivos Brasileiros de Psicologia*, v. 56, n. 1.

107. Ver A. Johnston; C. Malabou, *Self and Emotional Life*; S. Ribeiro, *O Oráculo da Noite*.

108. Ver I. Hacking, Language, Truth and Reason, em M. Hollis; S. Lukes (eds.), op. cit.

---

4. UM SUJEITO HISTÓRICO

1. Ver J. Lacan, A Ciência e a Verdade, *Escritos*.

2. Ibidem, p. 870.

3. Ibidem.

4. Em *Études galiléennes*.

5. Em *Introduction à la lecture de Platon suivi d'Entretiens sur Descartes*.

6. Em *Études newtoniennes*.

7. Ver L.H. Lacerda Abrahão, Koyré e a "Epistemologia Histórica de Kuhn e Feyerabend", em M.L. Leitão Condé; M. Salomon, *Alexandre Koyré: História e Filosofia das Ciências*.

8. A. Koyré, *Estudos de História do Pensamento Científico*, p. 77.

9. Ibidem, p. 302.

10. R. Biazin; C. Kessler, Psicanálise e Ciência, *Psicologia USP*, v. 28, n. 3, p. 417.

11. Ver J. Lacan, A Ciência e a Verdade, op. cit.

12. A título de exemplo, ver C. Dunker, Descartes e o Método Psicanalítico, *Estudos Lacanianos*, v. 1; R. Biazin; C. Kessler, Psicanálise e Ciência, *Psicologia USP*, v. 28, n. 3; J. Cunha; L. Silveira, Revolução Científica e Condições de Possibilidade da Psicanálise, *Ética e Filosofia Política*, v. 1, n. 20.

13. R. Biazin; C. Kessler, Psicanálise e Ciência, op. cit., p. 417.

14. Ver C. Dunker, Descartes e o Método Psicanalítico, op. cit.

15. Ibidem.

16. Ver I. Hacking, *Múltipla Personalidade e as Ciências da Memória*.

17. J. Lacan, A Ciência e a Verdade, op. cit.

18. Ibidem, p. 885.

19. Ver O Tempo Lógico e a Asserção da Certeza Antecipada, *Escritos*. Destacam-se, neste texto sobre "o tempo lógico", as críticas de Lacan dirigidas a Sartre.

20. Isso pode ser visto, por exemplo, em sua afirmação inicial presente em J. Lacan, O Estádio do Espelho como Formador da Função do Eu, *Escritos*, p. 96, ao defini-la como uma "experiência sobre a qual convém dizer que nos opõe a qualquer filosofia diretamente oriunda do *Cogito*".

21. R. Biazin; C. Kessler, Psicanálise e Ciência, op. cit., p. 421.

22. C. Dunker, Descartes e o Método Psicanalítico, op. cit., p. 171.

23. Ibidem, p. 184.

24. J. Cunha; L. Silveira, Revolução Científica e Condições de Possibilidade da Psicanálise, op. cit, p. 72: "Todo leitor de 'A Ciência e a Verdade' sabe que, ao remeter a psicanálise à separação entre saber e verdade, Lacan a está remetendo não apenas à estratégia metódica da dúvida que se desvencilha de qualquer saber de tese e da qual resultará algo indubitável, mas, crucialmente, à tese de Koyré em torno da natureza da revolução científica do século XVII [...]. O que não se costuma explicitar, por outro lado, quando se trata de compreender o ponto central de 'A Ciência e a Verdade', é que jaz em Husserl (e, por seu intermédio, nas leituras que os neokantianos fizeram de

228

Galileu) a origem da inspiração de Koyré. É nisso que reside, do ponto de vista da discussão ora proposta, a importância da pista."

25. Ibidem, p. 77.
26. Ibidem, p. 78.
27. Ver C. Dunker, *Mal-estar, Sofrimento e Sintoma*.
28. Ver V. Safatle, *A Paixão do Negativo*.
29. Ver J. Lacan, *Séminaire, Livre 12: Les problèmes cruciaux de la psychanalyse*.
30. Idem, A Ciência e a Verdade, op. cit.
31. J. Cunha; L. Silveira, Revolução Científica e Condições de Possibilidade da Psicanálise, op. cit., p. 80-81.
32. C. Dunker, Descartes e o Método Psicanalítico, op. cit., p. 184.
33. Ibidem, p. 177.
34. Ver J. Lacan, Função e Campo da Fala e da Linguagem em Psicanálise, *Escritos*.
35. Idem, Posição do Inconsciente, *Escritos*.
36. Como indicado ao final do capítulo anterior, J. Lacan, A Ciência e a Verdade, op. cit., articula o *cogito* à inexistência da metalinguagem – apontada, por sua vez, em relação ao positivismo lógico. Esta entendida na esteira de desenvolvimentos que afirmam a impossibilidade de compreensão total e a decifração da verdade de um código a partir de outro código mais "apropriado": num primeiro momento, a inexistência do sentido verdadeiro de uma fala que poderia ser compreendido por outro, desdobrando-se na impossibilidade de estabelecimento de uma linguagem que possa enunciar a verdade de algo enunciado em outra linguagem (como, por exemplo, no projeto fracassado do positivismo lógico de definição de uma língua comum para as ciências). Essa impossibilidade se desdobraria, no limite, na precariedade de qualquer estabelecimento de uma garantia transcendental, tanto em relação ao sentido de uma fala quanto em relação ao conhecimento.
37. Ver J. Lacan, *Séminaire, Livre 12: Les problèmes cruciaux de la psychanalyse*.
38. Idem, *Séminaire, Livre 15: L'acte psychanalitique*.
39. Ver C. Dunker, Descartes e o Método Psicanalítico, op. cit.; D. Rabinovich, *O Desejo do Psicanalista*.
40. Ver I. Hacking, *The Social Construction of What?*
41. Ver M. Safouan, *Les Puits de la vérité*.
42. Ver P. Beer, From Negation to Negationism, *Journal of Psychosocial Studies*, v. 14, n. 3.
43. J. Lacan, A Ciência e a Verdade, op. cit., p. 877.
44. O que se mantém, inclusive, em relação à aproximação com o pensamento de Husserl,

como indicam J. Cunha; L. Silveira, Revolução Científica e Condições de Possibilidade da Psicanálise, op. cit., p. 83: "O outro pilar daquilo que é excluído pela ciência moderna é a forma de visar o objeto. O modo de sua consideração não poderá ser desvencilhado de uma experiência de perda no sentido de ser uma perda daquilo que, para a psicanálise, é fundante de qualquer experiência. A ciência moderna, diz Lacan, produz um objeto cujo estatuto ainda não teria sido elucidado. Esse objeto (que Lacan nomeia objeto a) é um objeto de perda; não de uma perda empírica, mas de uma perda desde sempre havida. Para Lacan, a fantasia de se ter perdido um objeto precisa ser reconhecida em seu estatuto de fantasia e, portanto, como algo que já se constitui como defesa. Trata-se de uma defesa contra uma condição mais fundamental de falta – não a falta de um objeto, um objeto que teria sido perdido, mas falta de ser, que antecederia qualquer ideia relacionada a qualquer objeto, seja ele considerado perdido ou não. Quando nos referimos à existência de um corpo, nessa existência, a linguagem já está implicada e a ruptura entre significante e coisa deve contar como prévia àquilo que vai aparecer como existência. Por isso, a condição de perda antecede tanto a noção de objeto quanto o lugar do objeto na fantasia."

45. C. Dunker, Descartes e o Método Psicanalítico, op. cit., p. 184.
46. J. Lacan, A Ciência e a Verdade, op. cit., p. 877.
47. Ver L. Silveira Sales, Ainda o Sujeito, *Revista de Filosofia*, v. 18, n. 20; L.F.B. Garcia, *Despertar do Real*.
48. Ver L. Silveira Sales, Ainda o Sujeito, op. cit., p. 119.
49. Ver G. Iannini, *Estilo e Verdade em Jacques Lacan*.
50. Ver I. Hacking, *Representar e Intervir*.
51. Ver C. Dunker, *Mal-estar, Sofrimento e Sintoma*.
52. Ver I. Hacking, *Ontologia Histórica*.
53. Ver C. Dunker, Mal-estar, Sofrimento e Sintoma, *Tempo Social*, v. 23, n. 1; idem, *Mal-estar, Sofrimento e Sintoma*.
54. Ver I. Hacking, *Múltipla Personalidade e as Ciências da Memória*.
55. Ver I. Hacking, *Mad Travelers*.
56. Ver S. Freud, O Sentido dos Sintomas, *Obras Completas, v. 13*.
57. Ibidem, p. 361.
58. Ibidem.
59. Ibidem, p. 363.

NOTAS

60. Ibidem.
61. J. Lacan, Função e Campo da Fala e da Linguagem em Psicanálise, op. cit., p. 322.
62. S. Freud, O Sentido dos Sintomas, op. cit., p. 373.
63. Ver R. Zygouris, A Gata de Schrödinger, *Lacuna*, n. 0.
64. S. Freud, O Sentido dos Sintomas, op. cit., p. 379.
65. Idem, Os Caminhos da Formação de Sintomas, *Obras Completas, v. 13*.
66. Idem, Psicologia das Massas e Análise do Eu, *Obras Completas, v. 15*.
67. Ver J. Lacan, Do Sujeito Enfim em Questão, *Escritos*, p. 234-235.
68. D. Nobus, A Matter of Cause, em J. Glynos; Y. Stavrakakis (eds.), *Lacan and Science*, p. 108-109. (Tradução nossa, quando não for informada nenhuma edição brasileira.)
69. Ver J.-C. Milner, Linguística e Psicanálise, *Estudos Lacanianos*, v. 3, n. 4.
70. Ver S. Freud, Construções em Análise, *Obras Completas, v. 19*.
71. Idem, Formulações sobre a Causalidade Psíquica, *Escritos*.
72. Ver *O Seminário, Livro 3: As Psicoses*.
73. Ver *O Seminário, Livro 1: Os Escritos Técnicos de Freud*; idem, Direção do Tratamento e os Princípios de seu Poder, *Escritos*.
74. Ver ibidem, Intervenção sobre a Transferência, *Escritos*.
75. Ibidem, p. 216.
76. Ver J. Lacan, Intervenção sobre a Transferência, op. cit.
77. Ver Televisão, *Outros Escritos*.
78. Ver V. Safatle, Aquele que diz "Não", em S. Freud, *A Negação*.

79. Ver S. Freud, Mal-estar na Civilização, *Obras Completas, v. 18*.
80. Ibidem, p. 45.
81. Ver Análise Terminável e Interminável, *Obras Completas, v. 19*.
82. Ver A Questão de uma Weltanschauung, *Obras Completas, v. 18*.
83. C. Dunker, Mal-estar, Sofrimento e Sintoma, op. cit., p. 123.
84. Ver J. Lacan, *O Seminário, Livro 17: O Avesso da Psicanálise*.
85. C. Dunker, *Mal-estar, Sofrimento e Sintoma*, p. 34.
86. É também por essa função de explicitação da disfuncionalidade que o sintoma, em sua compreensão psicanalítica, é muitas vezes remetido às proposições de Marx sobre a mais-valia enquanto expressão de uma perda inerente ao sistema econômico. Ver ibidem.
87. C. Dunker, *Mal-estar, Sofrimento e Sintoma*, p. 234.
88. Ibidem, p. 25.
89. Ibidem, p. 190.
90. Ver V. Safatle, A Teoria das Pulsões como Ontologia Negativa, *Discurso*, n. 36.
91. Ver A. Badiou, As Fórmulas de "O Aturdito", em A. Badiou; B. Cassin, *Não Há Relação Sexual*; E. Porge, A Ronda dos Semi-ditos Claros, *Literal 13*.
92. Ver J.O. Boni Junior, *As Estruturas Clínicas na Obra de Jacques Lacan*.
93. Ver C. Dunker, Ontologia Negativa em Psicanálise, *Discurso*, n. 36; V. Safatle, *A Paixão do Negativo*; idem, A Teoria das Pulsões como Ontologia Negativa, op. cit.
94. C. Dunker, *Mal-estar, Sofrimento e Sintoma*, p. 24.

5. PROBLEMAS E CAMINHOS

1. Ver C. Dunker, *Mal-estar, Sofrimento e Sintoma*.
2. I. Hacking, *The Social Construction of What?*, p. 100.
3. Idem, *The Social Construction of What?*, p. 114.
4. Ibidem.
5. Ver N. Rose, *Our Psychiatric Future*.
6. I. Hacking, *The Social Construction of What?*, p. 107.
7. Ver J.T. Tsou, Hacking on the Looping Effects of Psychiatric Classifications *International Studies in the Philosophy of Science*, v. 21, n. 3, p. 336.
8. Ibidem, p. 336.
9. I. Hacking, *The Social Construction of What?*, p. 122.

10. Ibidem, p. 100.
11. Idem, *Mad Travelers*, p. 11.
12. Ibidem, p. 95.
13. Ibidem, p. 99.
14. Ibidem, p. 99.
15. Ver *The Social Construction of What?*
16. Ibidem, p. 123.
17. Ibidem, p. 124.
18. Ver Canguilhem Amid the Cyborgs, *Economy and Society*, v. 27, n. 2-3.
19. Ver N. Rose, *Our Psychiatric Future*.
20. Ver N. Rose; J. Abi-Rached, Governing Through the Brain. *Cambridge Anthropology*, v. 32, n. 1.
21. E. Watters, *Crazy Like Us*, p. 224.
22. Ver C. Dunker, *Mal-estar, Sofrimento e Sin-*

toma; N. Silva Junior, Epistemologia Psiquiátrica e Marketing Farmacêutico, *Stylus*, n. 33.

23. Ver E. Watters, op. cit.

24. Ver I. Kirsch; G. Sapirstein, Listening to Prozac but Hearing Placebo, *Prevention & Treatment*, v. 1, n. 2.

25. I. Kirsch, *The Emperor's New Drugs*, p. 37-38.

26. Ver A. Cipriani et al., Comparative Efficacy and Acceptability of 21 Antidepressant Drugs for the Acute Treatment of Adults With Major Depressive Disorder, *The Lancet*, v. 391, n. 10.128.

27. É também necessário apontar, em respeito aos pesquisadores, que eles afirmam claramente que as medicações não devem ser empregadas como tratamento único, mas sempre acompanhadas de um tratamento psicoterapêutico.

28. Ver I. Kirsch; J. Jakobsen, Network Meta--Analysis of Antidepressants, *The Lancet*, v. 392, n. 10.152.

29. Ver A. Cipriani et al., Network Meta-Analysis of Antidepressants, Authors' reply. *The Lancet*, v. 392, n. 10.152.

30. I. Kirsch, *The Emperor's New Drugs*, p. 21.

31. M.S. Kramer et al., Distinct Mechanism for Antidepressant Activity by Blockade of Central Substance P Receptors, *Science*, v. 281, n. 5.383. Isso é apresentado por Kirsch a partir de um caso curioso: "Em setembro de 1998 a companhia farmacêutica Merck anunciou a descoberta de um novo antidepressivo com um modo de ação completamente diferente de outros medicamentos para depressão. Essa nova droga – a qual mercantilizaram depois, com o nome de 'Emend', para a prevenção de náusea e vômitos causados por quimioterapia – parecia ser uma promessa considerável como um antidepressivo nos testes clínicos iniciais. Quatro meses depois, a companhia anunciou sua decisão de puxar o plugue da droga enquanto um tratamento de depressão. O motivo? Ela não conseguia encontrar um benefício significativo para a substância ativa em relação a placebos em testes subsequentes. Foi uma infelicidade por diversas razões. Uma é que o anúncio causou uma queda de 5% no valor das ações da empresa. Outra é que a droga tinha uma vantagem importante sobre os antidepressivos em voga – ela produzia substancialmente menos efeitos colaterais. A relativa falta de efeitos colaterais havia sido uma das razões para o entusiasmo com o novo antidepressivo da Merck. Contudo, isso também pode ter sido a razão de seu fracasso subsequente em testes clínicos controlados. Parece que efeitos colaterais facilmente notáveis são necessários para mostrar o benefício antidepressivo de uma substância ativa em relação a placebo." (*The Emperor's New Drugs*, p. 14.)

32. Ver ibidem.

33. Bernkert et al., Dose Escalation vs. Continued Doses of Paroxetine and Maprotiline, *Acta psychiatrica scandinavica*, v. 95, n. 4, April 1997, p. 288-296.

34. Ver I. Kirsch, Antidepressants and the Placebo Effect, *Zeitschrift fur Psychologie*, v. 222, n. 3.

35. Ver N. Rose, op. cit.

36. Ver N. Silva Junior, Epistemologia Psiquiátrica e Marketing Farmacêutico, op. cit.

37. Ver N. Rose; J.M. Abi-Rached, *Neuro*.

38. Ver N. Rose, op. cit.

39. Ibidem, p. 131.

40. Ver T. Insel, *Director's Blog: Transforming Diagnosis*.

41. Ver N. Rose; J. Abi-Rached, *Neuro*.

42. Ver N. Rose, Neuroscience and the Future for Mental Health?, *Epidemiology and Psychiatric Sciences*, v. 25, n. 2.

43. Ver N. Rose; J. Abi-Rached, Governing through the Brain, op. cit., p. 5.

44. Ver A. Rogers, Star Neuroscientist Tom Insel Leaves the Google-Spawned Verily For... A Startup?, *Wired*, 11 May 2017.

45. Ver N. Rose, *Our Psychiatric Future*.

46. Ibidem.

47. Ibidem, p. 98-99.

48. Ibidem.

49. Ibidem.

50. Ver C. Dunker, *Mal-estar, Sofrimento e Sintoma*.

51. Ver N. Rose, *Our Psychiatric Future*.

52. Ver J. Lacan, A Ciência e a Verdade, *Escritos*.

53. Ibidem, p. 883.

54. Ver F. Balibar, La Vérité, toute la vérité, rien que la vérité, *La Vérité*.

55. Ibidem.

56. Ver I. Hacking, "Vrai", les Valeurs et les sciences, *Actes de la Recherche en sciences sociales*, v. 141-142, n. 1.

57. J. Lacan, A Ciência e a Verdade, op. cit., p. 870.

58. Ver J.-C. Milner, Linguística e Psicanálise, op. cit.

59. Ibidem.

60. J. Lacan, A Ciência e a Verdade, op. cit., p. 891.

61. Ver J.-C. Milner, Linguística e Psicanálise, op. cit.

62. Sobre a materialidade significante e o papel da língua na constituição subjetiva, reco-

NOTAS

mendamos N.V.A. Leite; P.S. Silva Jr., Corpo e Língua Materna, em D. Teperman; T. Garrafa; V. Iaconelli, *Corpo*.

53. J. Lacan, Posição do Inconsciente, *Escritos*, p. 849.

54. A partir dos anos 1970, Lacan se debruçará com maior intensidade em tentativas de tratamento dessa ausência de sentido constitutiva, muitas vezes nomeada como "não relação sexual". (Ver J. Lacan, *O Seminário, Livro 20, O Aturdito, Outros Escritos*.) Isso se dá via uma aproximação com a sofística, ver B. Cassin, O Ab-senso ou Lacan de A a D, em A. Badiou; B. Cassin, *Não Há Relação Sexual*, mas também Silva Junior, *Fernando Pessoa e Freud: Diálogos Inquietantes*; ou por meio de formalização matemática, ver A. Badiou, As Fórmulas de "O Aturdito", em A. Badiou; B. Cassin,op. cit. Entretanto, como bem aponta M. Dolar, The Sophist's Choice, *Crisis and Critique*, nenhuma das vertentes resolve completamente a questão, que gira em torno da possibilidade de comunicação desse impossível. Como afirmado, trata-se de uma discussão de grande valor, embora acreditemos que, no escopo deste trabalho, a comunicação desse impossível seja secundária. Acreditamos ser mais importante nos debruçar sobre o tensionamento entre os conhecimentos positivados que são produzidos e a negatividade que deve ser considerada, do que aprofundar na questão da transmissibilidade dessa negatividade, como afirma A. Badiou, As Fórmulas de "O Aturdito", op. cit.

Por outro lado, um tipo de encaminhamento interessante se faz presente na leitura de P. Van Haute; T. Geyskens, *Psicanálise sem Édipo?*, sobre as fórmulas da sexuação, defendendo seu potencial no estabelecimento de uma antropologia clínica. Recomendamos fortemente a leitura desse livro junto a nossas considerações.

65. Ver J. Lacan, A Ciência e a Verdade, op. cit.

66. Ver G. Iannini, *Estilo e Verdade em Jacques Lacan*.

67. Ibidem.

68. Ver J. Lacan, *Seminário Livro 7: A Ética da Psicanálise*.

69. Ver J. Lacan, Kant com Sade, *Escritos*.

70. V. Safatle, *A Paixão do Negativo*, p. 169.

71. Ver N. Silva Junior, O Sofrimento Como Hífen na Teoria Social Freudiana e sua Atualidade, em N. Silva Junior; W. Zangari (orgs.), *A Psicologia Social e a Questão do Hífen*.

72. Ver A. Neves et al., A Psiquiatria sob o Neoliberalismo, em V. Safatle; N. Silva Junior; C. Dunker (orgs.), *Neoliberalismo como Gestão do Sofrimento Psíquico*.

73. Ver P. Beer, From Negation to Negationism, *Journal of Psychosocial Studies*, v. 14, n. 3.

74. Ver N. Rose, *Our Psychiatric Future*.

75. Ver I. Mackenzie *Resistance and the Politics of Truth*

76. Ver C. Dunker, Ontologia Negativa em Psicanálise, *Discurso*, n. 36.

77. Ver P. Beer, *Questões e Tensões entre Psicanálise e Ciência*; idem, *Psicanálise e Ciência*.

78. Ver I. Stengers, op. cit.

79. Ibidem, p. 93.

80. Ibidem, p. 99.

81. Ver I. Hacking, *Múltipla Personalidade e as Ciências da Memória*.

82. I. Stengers, *As Políticas da Razão*, p. 87.

83. Ibidem, p. 154.

84. Ver I. Hacking, *The Social Construction of What?*

85. Ibidem, p. 95-96.

86. Ver I. Mackenzie, op. cit.

87. Ibidem.

88. "Para que se inicie o processo de uma verdade, é preciso que algo aconteça. Pois, o que existe, a situação do saber tal como está, dá-nos apenas a repetição. Para que uma verdade afirme sua novidade, tem de haver um suplemento, o qual está entregue ao acaso. Ele é imprevisível, incalculável. Situa-se para além daquilo que existe, chamo-o evento." A. Badiou, Verdade e Sujeito, *Estudos Avançados*, v. 8, n. 21., p. 178.

89. Ver I. Mackenzie, op. cit.

90. Ver S. Frosh, *As Políticas da Psicanálise*.

91. Ver J. Lacan, Direção do Tratamento e os Princípios de seu Poder, *Escritos*; M. Checchia, *Poder e Política na Clínica Psicanalítica*.

92. Ver I. Mackenzie, op. cit.

MENOS CERTEZAS, MAIS CIÊNCIA

1. Ver P. Beer; P. Ambra, Perguntas que Importam, *Recherches en Psychanalyse*, n. 32.

Referências

LIVROS

ANDRADE, L.F.G. *Lacan: Um Novo Freud? O Paradigma Lacaniano e Seu Alcance Clínico*. São Paulo: Annablume, 2016.

ASKOFARE, S. *D'un Discours l'autre: La Science à l'épreuve de la psychanalyse*. Toulouse: Presses Universitaires du Mirail, 2013.

ASSOUN, P.L. *Introdução à Epistemologia Freudiana*. Rio de Janeiro: Imago, 1983.

BADIOU, A. As Fórmulas de "O Aturdito". In: BADIOU, A.; CASSIN, B. *Não Há Relação Sexual: Duas Lições Sobre "O Aturdito" de Lacan*. Rio de Janeiro: Jorge Zahar, 2013.

BALIBAR, F. [2007]. La Vérité, toute la vérité, rien que la vérité. In: PLON, M.; REYFLAUD, H. (dir.). *La Vérité: Entre psychanalyse et philosophie*. Toulouse: Érès, 2012.

BEER, P. *Psicanálise e Ciência: Um Debate Necessário*. São Paulo: Blucher, 2017.

BEER, P.A.C. *Questões e Tensões Entre Psicanálise e Ciência: Considerações Sobre Validação*. Dissertação (Mestrado em Psicologia Social). Instituto de Psicologia, Universidade de São Paulo. São Paulo: 2015. Disponível em: <http://www.teses.usp.br/teses/disponiveis/47/47134/tde-04042016-122531/>. Acesso em: maio 2016.

BENKERT, Otto et al. Dose Escalation vs. Ccontinued Doses of Paroxetine and Maprotiline: A Prospective Study in Depressed Out-Patients with Inadequate Treatment Response. *Acta psychiatrica scandinavica*, v. 95, n. 4, April 1997. Disponível em: <doi: 10.1111/j.1600-0447.1997.tb09634.x. PMID: 9150822>. Acesso em: out. 2023.

BHASKAR, R. [1975] *A Realist Theory of Science*. London: Verso, 2008.

BONI JUNIOR, J.O. *As Estruturas Clínicas na Obra de Jacques Lacan: Enodamentos do Real, Simbólico e Imaginário?* Tese (Doutorado em Psicologia: Processos Culturais e Subjetivação). Faculdade de Filosofia, Ciências e Letras de Ribeirão

Preto, Universidade de São Paulo. Ribeirão Preto: 2018. Disponível em: <https://doi.org/10.11606/T.59.2019.tde-29032019-165701>. Acesso em: out. 2023

BRAKEL, L. Critique of Grünbaum's "Critique of Psychoanalysis". In: BOAG, S.; BRAKEL, L.; TALVITIE, V. (eds.). *Philosophy, Science, and Psychoanalysis: A Critical Meeting*. London: Karnak Books, 2015.

BREUER, J.; FREUD, S. [1895]. Estudos Sobre a Histeria. In: FREUD, S. *Obras Completas, v. 2*. São Paulo: Companhia das Letras, 2016.

CASSIN, B. O Ab-senso ou Lacan de A a D. In: BADIOU, A.; CASSIN, B. *Não Há Relação Sexual: Duas Lições Sobre "O Aturdito" de Lacan*. Rio de Janeiro: Jorge Zahar, 2013.

CASTRO, E. [2004]. *Vocabulário de Foucault: Um Percurso Pelos Seus Temas, Conceitos e Autores*. Trad. Ingrid Xavier. Belo Horizonte: Autêntica, 2009.

CHECCHIA, M. *Poder e Política na Clínica Psicanalítica*. São Paulo: Annablume, 2015.

CROMBIE, A.C. *Styles of Scientific Thinking in the European Tradition: The History of Argument and Explanation Especially in the Mathematical and Biomedical Sciences and Arts*. London: Duckbacks, 1994.

DUNKER, C. *Mal-estar, Sofrimento e Sintoma: Uma Psicopatologia do Brasil Entre Muros*. São Paulo: Boitempo, 2015.

_____. *Estrutura e Constituição da Clínica Psicanalítica*. São Paulo: Annablume, 2012.

ERWIN, E. Psychoanalysis and Philosophy of Science: Basic Evidence. In: BOAG, S.; BRAKEL, L.; TALVITIE, V. *Philosophy, Science, and Psychoanalysis: A Critical Meeting*. Londres: Karnak Books, 2015.

FERENCZI, S. [1933]. Confusão de Língua Entre os Adultos e a Criança. *Psicanálise IV*. Trad. A. Cabral. São Paulo: Martins Fontes, 1992.

_____. [1930]. Princípios de Relaxamento e Neocatarse. *Psicanálise IV*. Trad. A. Cabral. São Paulo: Martins Fontes, 1992.

FEYERABEND, P. [1975]. *Contra o Método*. São Paulo: Editora Unesp, 2007.

FIGUEIREDO, L.C.; LOUREIRO, I. *Os Saberes Psi em Questão: Sobre o Conhecimento em Psicanálise e Psicologia*. Petrópolis, RJ: Vozes, 2018.

FOUCAULT, M. [1966]. *As Palavras e as Coisas: Uma Arqueologia das Ciências Humanas*. São Paulo: Martins Fontes, 2016.

FOX-KELLER, E. *Reflections on Gender and Science*. New Haven / London: Yale University Press, 1985.

FRANCO, W.A.C. *Os Lugares da Psicanálise: A Inscrição Clínica e Cultural do Pensamento Psicanalítico*. Tese (Doutorado em Psicologia Clínica), Instituto de Psicologia, Universidade de São Paulo. São Paulo: 2018. Disponível em: <https://doi.org/10.11606/T.47.2019.tde-19122018-095103>. Acesso em out. 2023.

FREUD, S. [1939]. Moisés e o Monoteísmo. *Obras Completas, v. 19*. Trad. Paulo César de Souza. São Paulo: Companhia das Letras, 2018.

_____. [1937]. Construções em Análise. *Obras Completas, v. 19*. Trad. Paulo César de Souza. São Paulo: Companhia das Letras, 2018.

_____. [1937]. Análise Terminável e Interminável. *Obras Completas, v. 19*. Trad. Paulo César de Souza. São Paulo: Companhia das Letras, 2018.

_____. [1905]. Três Ensaios Sobre a Teoria da Sexualidade. *Obras Completas, v. 6*. Trad. Paulo César de Souza. São Paulo: Companhia das Letras, 2016.

_____. [1925]. *A Negação*. Trad. Marilene Carone. São Paulo: Cosac Naif, 2014.

_____. [1917]. O Sentido dos Sintomas. *Obras Completas, v. 13*. Trad. Sergio Tellaroli. São Paulo: Companhia das Letras, 2014.

_____. [1917]. Os Caminhos da Formação de Sintomas. *Obras Completas, v. 13*. Trad. Sergio Tellaroli. São Paulo: Companhia das Letras, 2014.

REFERÊNCIAS

_____. [1909]. Observações Sobre um Caso de Neurose Obsessiva (O Homem dos Ratos). *Obras Completas, v. 9.* Trad. Paulo César de Souza. São Paulo: Companhia das Letras, 2013.

_____. [1921]. Psicologia das Massas e Análise do Eu. *Obras Completas, v. 15.* Trad. Sergio Tellaroli. São Paulo: Companhia das Letras, 2011.

_____. [1920]. Sobre a Psicogênese de um Caso de Homossexualidade Feminina. *Obras Completas, v. 15.* Trad. Sergio Tellaroli. São Paulo: Companhia das Letras, 2011.

_____. [1933]. A Questão de uma Weltanschauung. *Obras Completas, v. 18.* Trad. Paulo César de Souza. São Paulo: Companhia das Letras, 2010.

_____. [1930]. Mal-estar na Civilização. *Obras Completas, v. 18.* Trad. Paulo César de Souza. São Paulo: Companhia das Letras, 2010.

_____. [1917]. Uma Dificuldade da Psicanálise. *Obras Completas, v. 14.* Trad. Paulo César de Souza. São Paulo: Companhia das Letras, 2010.

_____. [1914]. Recordar, Repetir, Elaborar. *Obras Completas, v. 10.* Trad. Paulo César de Souza. São Paulo: Companhia das Letras, 2010.

FROSH, S. *As Políticas da Psicanálise.* Trad. Cristiane Nakagawa. São Paulo: Benjamin, 1999.

GARCIA, L.F.B. *Despertar do Real: A Invenção do Objeto a.* Dissertação (Mestrado em Filosofia), Faculdade de Filosofia, Letras e Ciências Humanas, Universidade de São Paulo. São Paulo: 2015. Disponível em: <https://doi.org/10.11606/D.8.2016.tde-22082016-111115>. Acesso em: out. 2023.

GOODMAN, A. *Fact, Fiction and Forecast.* London: Athlone, 1954.

GRANGER, G.G. *A Ciência e as Ciências.* São Paulo: Editora Unesp, 1993.

_____. [1960]. *Pensée Formelle et sciences de l'homme.* Paris: Harmattan, 1967.

GRÜNBAUM, A. *The Foundations of Psychoanalysis: A Philosophical Critique.* Oakland: University of California Press, 1984.

HACKING, I. [1982]. *Representar e Intervir: Tópicos Introdutórios de Filosofia da Ciência Natural.* Rio de Janeiro: Editora UERJ, 2012.

_____. [1975]. *The Emergence of Probability.* Cambridge: Cambridge University Press, 2006.

_____. Introdução à Edição Brasileira. In: *Representar e Intervir: Tópicos Introdutórios de Filosofia da Ciência Natural.* Rio de Janeiro: Editora UERJ, 2012.

_____. *Why is There a Philosophy of Mathematics at all?* Cambridge: Cambridge University Press, 2014.

_____. [2002]. *Ontologia Histórica.* Porto Alegre: Editora Unisinos, 2009.

_____. [1995]. *Múltipla Personalidade e as Ciências da Memória.* São Paulo: José Olympio, 2000.

_____. *The Social Construction of What?* Cambridge: Harvard University Press, 1999.

_____. [1975]. *Por Que a Linguagem Interessa à Filosofia?* São Paulo: Editora Unesp, 1999.

_____. *Mad Travelers: Reflections on the Reality of Transient Mental Illness.* London: University Press of Virginia, 1998.

_____. Immagini radicalmente costruzionaliste del progresso matematico. In: PAGNINI, A. *Realismo/Antirealismo.* Firenze: La Nuova Italia, 1995.

_____. The Self-Vindication of the Laboratory Sciences. In: PICKERING, A. (ed.). *Science as Practice and Culture.* Chicago: University of Chicago Press, 1992.

_____. Statistical Language, Statistical Truth and Statistical Reason: The Self-Authentication of a Style of Reasoning. In: MCMULLIN, E. (ed.). *Social Dimensions of Science.* Notre Dame, Ind.: Notre Dame University Press, 1992.

_____. *The Taming of Chance.* Cambridge: Cambridge University Press, 1990.

_____. Language, Truth and Reason. In: HOLLIS, M.; LUKES, S. (eds.). *Rationality and Relativism*. Oxford: Blackwell, 1982.

_____. *Logic of Statistical Inference*. Cambridge: Cambridge University Press, 1965.

HANLY, C. *O Problema da Verdade na Psicanálise Aplicada*. São Paulo: Imago, 1995.

HAYEK, F. *The Sensory Order: An Inquiry into the Foundations of Theoretical Psychology*. Chicago: The University of Chicago Press, 1952.

HYPPOLITE, J. [1953]. Comentário Falado Sobre a "Verneinung" de Freud. In: LACAN, J. [1966]. *Escritos*. Rio de Janeiro: Jorge Zahar, 1998.

IANNINI, G. *Estilo e Verdade em Jacques Lacan*. Rio de Janeiro: Autêntica, 2012.

JOHNSTON, A.; MALABOU, C. *Self and Emotional Life: Philosophy, Psychoanalysis, and Neuroscience*. New York: Columbia University Press, 2019.

KIRKHAM, R.L. *Theories of Truth: A Critical Introduction*. Cambridge, MA: MIT Press, 1992.

KIRSCH, I. *The Emperor's New Drugs: Exploding the Antidepressant Myth*. Philadelphia: Basic Books, 2009.

KOYRÉ, A. [1961]. *Estudos de História do Pensamento Científico*. Rio de Janeiro: Forense Universitária, 2011.

_____. [1957]. *Do Mundo Fechado ao Universo Infinito*. Rio de Janeiro: Forense Universitária, 2006.

_____. [1962]. *Introduction à la lecture de Platon suivi d'Entretiens sur Descartes*. Paris: Gallimard, 1991.

_____. [1968]. Études newtoniennes. Paris: Gallimard, 1985.

_____. [1939]. Études *galiléennes*. Paris: Hermann, 1966.

KUHN, T. [1962]. *A Estrutura das Revoluções Científicas*. São Paulo: Perspectiva, 2013.

_____. [1977]. *A Tensão Essencial*. Trad. Marcelo Amaral Penna-Forte. São Paulo: Editora Unesp, 2011.

KUPFER, C. Prefácio. In: DUNKER, C. *A Psicose na Criança: Tempo, Linguagem e Sujeito*. São Paulo: Zagodoni, 2013.

LACAN, J. [1953]. *O Mito Individual do Neurótico*. Rio de Janeiro: Jorge Zahar, 2007.

_____. [1973]. Televisão. *Outros Escritos*. Trad. Vera Ribeiro. Rio de Janeiro: Zahar, 2003.

_____. [1972]. O Aturdito. *Outros Escritos*. Trad. Vera Ribeiro. Rio de Janeiro: Zahar, 2003.

_____. [1965]. Os Quatro Conceitos Fundamentais de Psicanálise. *Outros Escritos*. Trad. Vera Ribeiro. Rio de Janeiro: Zahar, 2003.

_____. [1966]. A Ciência e a Verdade. *Escritos*. Trad. Vera Ribeiro. Rio de Janeiro: Jorge Zahar, 1998.

_____. [1966]. Do Sujeito enfim em Questão. *Escritos*. Trad. Vera Ribeiro. Rio de Janeiro: Jorge Zahar, 1998.

_____. [1964] [1966]. Posição do Inconsciente. *Escritos*. Trad. Vera Ribeiro. Rio de Janeiro: Jorge Zahar, 1998.

_____. [1963] [1966]. Kant com Sade. *Escritos*. Trad. Vera Ribeiro. Rio de Janeiro: Jorge Zahar, 1998.

_____. [1958] [1966]. Direção do Tratamento e os Princípios de seu Poder. *Escritos*. Rio de Janeiro: Jorge Zahar, 1998.

_____. [1957]. De uma Questão Preliminar a Todo Tratamento Possível das Psicoses. *Escritos*. Rio de Janeiro: Jorge Zahar, 1998.

_____. [1955] [1966]. A Coisa Freudiana. *Escritos*. Rio de Janeiro: Jorge Zahar, 1998.

_____. [1953] [1966]. Função e Campo da Fala e da Linguagem em Psicanálise. *Escritos*. São Paulo: Jorge Zahar, 1998.

REFERÊNCIAS

_____. [1953] [1966]. Introdução ao Comentário de Jean Hyppolite Sobre a "Verneinung" de Freud. *Escritos*. Rio de Janeiro: Jorge Zahar, 1998.

_____. [1951] [1966]. Intervenção Sobre a Transferência. *Escritos*. Rio de Janeiro: Jorge Zahar, 1998.

_____. [1949] [1966]. O Estádio do Espelho como Formador da Função do Eu. *Escritos*. São Paulo: Jorge Zahar, 1998.

_____. [1946] [1966]. Formulações Sobre a Causalidade Psíquica. *Escritos*. São Paulo: Jorge Zahar, 1998.

_____. [1945]. O Tempo Lógico e a Asserção da Certeza Antecipada. *Escritos*. São Paulo: Jorge Zahar, 1998.

_____. [1969-1970]. *O Seminário, Livro 17: O Avesso da Psicanálise*. Rio de Janeiro: Jorge Zahar, 1992.

_____. [1960-1961]. *O Seminário, Livro 8: A Transferência*. Trad. Vera Ribeiro. Rio de Janeiro: Zahar, 1992.

_____. [1960-1961]. *O Seminário, Livro 7: A Ética da Psicanálise*. Trad. Vera Ribeiro. Rio de Janeiro: Zahar, 1988.

_____. [1953-1954]. *O Seminário, Livro 1: Os Escritos Técnicos de Freud*. Rio de Janeiro: Jorge Zahar, 1986.

_____. [1971-1972]. *O Seminário, Livro 20: Mais, Ainda*. Rio de Janeiro: Zahar, 1985.

_____. [1955-1956]. *O Seminário, Livro 3: As Psicoses*. Rio de Janeiro: Jorge Zahar, 1985.

LACERDA ABRAHÃO, L.H. Koyré e a "Epistemologia Histórica de Kuhn e Feyerabend". In: LEITÃO CONDÉ, M.L.; Salomon, M. *Alexandre Koyré: História e Filosofia das Ciências*. Belo Horizonte: Traço Fino, 2015.

LAKATOS, I. Falsification and the Methodology of Scientific Research Programmes. In: LAKATOS, I.; MUSGRAVE, A. (eds.). *Criticism and the Growth of Knowledge*. Cambridge: Cambridge University Press, 1970.

LATOUR, B.; WOOLGAR, S. [1979]. *A Vida de Laboratório: a Produção dos Fatos Científicos*. Trad. Angela R. Vianna. Rio de Janeiro: Relume Dumará, 1997.

LEITE, N.V.A.; SILVA Jr., P.S. Corpo e Língua Materna. In: TEPERMAN, D.; GARRAFA, T.; IACONELLI, V. *Corpo*. São Paulo: Autêntica, 2021. (Col. Parentalidade e Psicanálise.)

MACKENZIE, Iain. *Resistance and the Politics of Truth: Foucault, Deleuze, Badiou*. New York: Columbia University Press, 2018.

MENDONÇA, J. Apresentação. In: HACKING, I. *Representar e Intervir: Tópicos Introdutórios de Filosofia da Ciência Natural*. Rio de Janeiro: Editora UERJ, 2012.

MONTGOMERY, K. *How Doctors Think: Clinical Judgment and the Practice of Medicine*. Oxford: Oxford University Press, 2005.

NASIO, J.D. *Introdução à Topologia de Lacan*. Rio de Janeiro: Zahar, 2011.

NEVES, A., ISMERIM, A., DONIZETE DA COSTA, F., PEDROSO DOS SANTOS, L.R., SENHORINI, M., BEER, P., BAZZO, R., COELHO, S.P.; CARNIZELO, V.C.R. A Psiquiatria sob o Neoliberalismo: Da Clínica dos Transtornos ao Aprimoramento de Si. In: SAFATLE, V.; SILVA JUNIOR, N.; DUNKER, C. (orgs.). *Neoliberalismo como Gestão do Sofrimento Psíquico*. Belo Horizonte: Autêntica, 2021.

NOBUS, D. A Matter of Cause: Reflections on Lacan's "Science and Truth". In: GLYNOS, J.; STAVRAKAKIS, Y. (eds.). *Lacan and Science*. London: Karnak Books, 2002.

PICKERING, A. *Constructing Quarks: A Sociological History of Particle Physics*. Chicago: University of Chicago Press, 1984.

POPPER, K. [1963]. *Conjecturas e Refutações*. Brasília: Editora UnB, 1994.

_____. [1934]. *A Lógica da Pesquisa Científica*. São Paulo: Cultrix, 2013.

PUTNAM, F. *Diagnosis and Treatment of Multiple Personality Disorder and Other State-Change Disorders*. New York: The Guilford Press, 1989.

PUTNAM, H. *Reason, Truth and History*. Cambridge: Cambridge University Press, 1982.

_____. The Meaning of "Meaning". *Philosophical Papers, Mind, Language and Reality*. Cambridge: Cambridge University Press, 1979.

RABINOVICH, D. *O Desejo do Psicanalista*. São Paulo: Companhia de Freud, 2000.

RANCIÈRE, J. [2001]. *O Inconsciente Estético*. São Paulo: Editora 34, 2009.

RIBOT, T.-A. *Les Maladies de la mémoire*. Paris: Baillière, 1881.

RIBEIRO, S. *O Oráculo da Noite: A História e a Ciência do Sonho*. São Paulo: Companhia das Letras, 2019.

ROSE, N. *Our Psychiatric Future: The Politics of Mental Health*. Cambridge, UK: Polity Press, 2018.

ROSE, N.; ABI-RACHED, J.M. *Neuro: The New Brain Sciences and the Management of the Mind*. Princeton: Princeton University Press, 2013.

RUSTIN, M. *Researching the Unconscious: Principles of Psychoanalytic Method*. London: Routledge, 2019.

SAFATLE, V. Aquele que diz "Não": Sobre um Modo Peculiar de Falar de Si. In: FREUD, S. *A Negação*. São Paulo: Cosac Naif, 2014.

_____. *A Paixão do Negativo: Lacan e a Dialética*. São Paulo: Editora Unesp, 2006.

SAFATLE, V.; DUNKER, C.; SILVA JUNIOR, N. (orgs.) *Patologias do Social: Arqueologias do Sofrimento Psíquico*. Belo Horizonte: Autêntica, 2018.

SAFOUAN, M. *Les Puits de la vérité: La Psychanalyse et la science*. Paris: Hermann, 2017.

_____. *La Psychanalyse: Science, thérapie – Et cause*. Paris: Thierry Marchaisse, 2014.

SILVA JUNIOR, N. *Fernando Pessoa e Freud: Diálogos Inquietantes*. São Paulo: Blucher, 2019.

_____. O Sofrimento como Hífen na Teoria Social Freudiana e sua Atualidade: O Exemplo das Modificações Corporais. In: SILVA JUNIOR, N.; ZANGARI, W. (orgs.) *A Psicologia Social e a Questão do Hífen*. São Paulo: Blucher, 2017.

_____. *Linguagens e Pensamento*. São Paulo: Casa do Psicólogo, 2007.

SIMANKE, R. *Metapsicologia Lacaniana: Os Anos de Formação*. São Paulo: Discurso; Curitiba: Editora UFPR, 2002.

STENGERS, I. *As Políticas da Razão*. Lisboa: Edições 70, 1993.

VAN HAUTE, P.; GEYSKENS, T. *Psicanálise Sem Édipo? Uma Antropologia Clínica da Histeria em Freud e Lacan*. Trad. Mariana Pimentel. São Paulo: Autêntica, 2016.

VAN RILLAER, J. *Freud & Lacan des charlatans? Faits et légendes de la psychanalyse*. Bruxelles: Mardaga, 2019.

VINCENT, B. *Lacan: Style des écris*. Paris: Le Bord de l'Eau, 2019.

WATTERS, E. *Crazy Like Us: The Globalization of American Psyche*. New York: Free Press, 2010.

WILLIAMS, B. *Truth and Truthfulness: An Essay in Genealogy*. Princeton, NJ: Princeton University Press, 2002.

YOUNG, A. *The Harmony of Illusions: Inventing the Post-Traumatic Disorder*. New Jersey: Princeton University Press, 1997.

ZYGOURIS, R. *Psicanálise e Psicoterapia*. São Paulo: Via Lettera, 2011.

PERIÓDICOS

AMBRA, P.; PAULON, C. O Analista é o Historiador. *Psicologia USP*, v. 29, n. 3, 2018. Disponível em: <https://doi.org/10.1590/0103-656420180012>. Acesso em: out. 2023.

BADIOU, A. Verdade e Sujeito. *Estudos Avançados*, v. 8, n. 21, 1994. Disponível em: <http://www.revistas.usp.br/eav/article/view/9668>. Acesso em: out. 2023.

BAZAN, A. Alpha Synchronization as a Brain Model for Unconscious Defense: An Overview of the Work of Howard Shevrin and his Team. *The International Journal of Psychoanalysis*, n. 98, 2017. Disponível em: <https://doi.org/10.1111/1745-8315.12629>. Acesso em: out. 2023.

BEER, P. From Negation to Negationism: The Covid-19 Pandemic in Brazil, *Journal of Psychosocial Studies*, v. 14, n. 3, 2021. Disponível em: <https://bristoluniversitypressdigital.com/view/journals/jps/14/3/article-p187.xml>. Acesso em: out. 2023.

____. Validação em Psicanálise e Causalidade em Psicopatologia: Efeitos de um Debate. *Acta Psicossomática*, São Paulo, n. 1, jul.-dez. 2018.

BEER, P.; AMBRA, P. Perguntas Que Importam: O Gênero e as Fronteiras Teóricas da Psicanálise. *Recherches en Psychanalyse*, n. 32, 2021. Disponível em: <https://doi.org/10.3917/rep2.032.0105>. Acesso em: out. 2023.

BENACERRAF, P. Mathematical Truth. *The Journal of Philosophy*, v. 70, n. 19, 1973, Seventieth Annual Meeting of the American Philosophical Association Eastern Division. (nov. 8, 1973). Disponível em: <http://links.jstor.org/sici?sici=0022-362X%2819731108%2970%3A19%3C661%3AMT%3E2.0.CO%3B2-V>. Acesso em: out. 2023.

BIAZIN, R.; KESSLER, C. Psicanálise e Ciência: A Equação dos Sujeitos. *Psicologia USP*, v. 28, n. 3, 2017. Disponível em: <https://doi.org/10.1590/0103-656420160184>. Acesso em: out. 2023.

CIPRIANI, A.; FURUKAWA, T.A.; SALANTI, G.; CHAIMANI, A.; ATKINSON, L.Z.; OGAWA, Y.; LEUCHT, S.; RUHE, H.G.; TURNER, E.H.; HIGGINS, J.P.T.; EGGER, M.; TAKESHIMA, T.; HAYASAKA, Y.; IMAI, H.; SHINOHARA, K.; TAJIKA, A.; IOANNIDIS, J.P.A.; GEDDES, J.R. Comparative Efficacy and Acceptability of 21 Antidepressant Drugs for the Acute Treatment of Adults With Major Depressive Disorder: A Systematic Review and Network Meta-Analysis. *The Lancet*, v. 391, n. 10.128, Apr. 2018. Disponível em: <https://doi.org/10.1016/S0140-6736(17)32802-7>. Acesso em: out. 2023.

CIPRIANI, A.; FURUKAWA, T.A.; SALANTI, G.; TURNER, E.H.; IOANNIDIS, J.P.A.; GEDDES, J.R. Network Meta-Analysis of Antidepressants – Authors' reply. *The Lancet*, v. 392, n. 10.152, Sept. 22, 2018. Disponível em: <https://doi.org/10.1016/S0140-6736(18)31780-X>. Acesso em: out. 2023.

CUNHA, J.; SILVEIRA, L. Revolução Científica e Condições de Possibilidade da Psicanálise: Sobre a Presença de Husserl em "A Ciência e a Verdade". Ética e Filosofia Política, v. 1, n. 20, 2017.

DOLAR, M. The Sophist's Choice. *Crisis and Critique*, v. 6, n. 1, Apr. 2019. Disponível em: <https://www.crisiscritique.org/storage/app/media/2019-04-02/dolar.pdf>. Acesso em: out. 2023.

DUNKER, C. Ontologia Negativa em Psicanálise: Entre Ética e Epistemologia. *Discurso*, n. 36, 2007. Disponível em: <https://doi.org/10.11606/issn.2318-8863.discurso.2007.38078>. Acesso em: out. 2023.

____. Mal-Estar, Sofrimento e Sintoma: Releitura da Diagnóstica Lacaniana a Partir do Perspectivismo Animista. *Tempo Social*, v. 23, n. 1, 2011. Disponível em: <https://www.revistas.usp.br/ts/article/view/12654/0>. Acesso em: out. 2023.

_____. Descartes e o Método Psicanalítico. *Estudos Lacanianos*, v. 1, 2008.

DUNKER, C.; RAVANELLO, T. A Garrafa de Klein Como Método para Construção de Casos Clínicos em Psicanálise. Ágora: Estudos em Teoria Psicanalítica, v. 22, n. 1, 2019. Disponível em: <https://dx.doi.org/10.1590/s1516-14982019001010>. Acesso em: out. 2023.

FERNANDEZ, B.P.M. Popper, Hayek e a (Im)possibilidade de Predições Específicas em Ciências Sociais. *Cadernos de Pesquisa Interdisciplinar em Ciências Humanas*, Florianópolis, v. 1, n. 5, jan. 2000. Disponível em: <https://periodicos.ufsc.br/index.php/cadernosdepesquisa/article/view/892>. Acesso em: out. 2023.

FORRESTER, J. If *P*, Then What? Thinking in Cases. *History of the Human Sciences*, v. 9, n. 3, 1996. Disponível em: <https://doi.org/10.1177/095269519600900301> Acesso em: out. 2023.

FULFORD K.W. Values-Based Practice: A New Partner to Evidence-Based Practice and a First for Psychiatry? *Mens Sana Monographs*, v. 6, n. 1, 2008. Disponível em: <https://www.ncbi.nlm.nih.gov/pmc/articles/PMC3190543/>. Acesso em: out. 2023.

HACKING, I. Language, Truth and Reason 30 Years Later. *Studies in History and Philosophy of Science*, v. 43, n. 4, dec. 2012.

_____. Truthfulness. *Common Knowledge*, v. 11, n. 1, 2005.

_____. "Vrai", les valeurs et les sciences. *Actes de la Recherche en sciences sociales*, v. 141-142, n. 1, 2002. Disponível em: <https://doi.org/10.3917/arss.141.0013>. Acesso em: out. 2023.

_____. How Inevitable Are the Results of Successful Science? *Philosophy of Science*, v. 67, sept. 2000.

_____. Canguilhem Amid the Cyborgs, *Economy and Society*, v. 27, n. 2-3, 1998. Disponível em: <https://doi.org/10.1080/03085149800000014>. Acesso em: out. 2023.

_____. On Kripke's and Goodman's use of "Grue". *Philosophy*, n. 68, 1993.

_____. "Style" for Historians and Philosophers. *Studies in History and Philosophy of Science Part A*, v. 23, n. 1, 1992. Disponível em: <https://doi.org/10.1016/0039-3681(92)90024-Z>. Acesso em: out. 2023.

HAYEK, F. Scientism and the Study of Society – Part I, *Economica*, N.S., 1942.

KIRSCH, I. Antidepressants and the Placebo Effect. *Zeitschrift fur Psychologie*, v. 222, n. 3, 2014. Disponível em: <https://doi.org/10.1027/2151-2604/a000176>. Acesso em: out. 2023.

KIRSCH, I.; DEACON, B.J.; HUEDO-MEDINA, T.B., SCOBORIA, A., MOORE, T.J.; JOHNSON, B.T. (2008). Initial Severity and Antidepressant Benefits: A Meta-Analysis of Data Submitted to the Food and Drug Administration. *PLoS Medicine*, v. 5, n. 45, 2008. Disponível em: <https://doi.org/10.1371/journal.pmed.0050045>. Acesso em: out. 2023.

KIRSCH, I.; JAKOBSEN, J. Network Meta-Analysis of Antidepressants. In: *The Lancet*, v. 392, n. 10.152, Sept. 22, 2018. Disponível em: <https://doi.org/10.1016/S0140-6736(18)31799-9>. Acesso em: out. 2023.

KIRSCH, I.; SAPIRSTEIN, G. Listening to Prozac but Hearing Placebo: A Meta-Analysis of Antidepressant Medication. *Prevention & Treatment*, v. 1, n. 2, 1998. Article 2a. <https://doi.org/10.1037/1522-3736.1.1.12a>. Acesso em: out. 2023.

KOHUT, H. The Two Analyses of Mr Z. *The International Journal of Psychoanalysis*, n. 60, 1979.

REFERÊNCIAS

KRAMER, M.S.; CUTLER, N.; FEIGHNER, J.; SHRIVASTAVA, R. ; CARMAN, J.; SRAMEK, JJ ; REINES, S.A., LIU, G.; SNAVELY, D.; WYATT-KNOWLES, E.; HALE, J.J.; MILLS, S.G.; MACCOSS, M.; SWAIN, C.J.; HARRISON, T.; HILL, R.G.; HEFTI, F.; SCOLNICK, E.M.; CASCIERI, M.A.; CHICCHI, G.G.; SADOWSKI, S.; WILLIAMS, A.R.; HEWSON, L.; SMITH, D.; CARLSON, E.J.; HARGREAVES, R.J.; RUPNIAK, N.M. Distinct Mechanism for Antidepressant Activity by Blockade of Central Substance P Receptors. *Science*, n. 281(5.383), 11 Sept. 1998. PubMed PMID: 9733503.

KRIS, E. [1951]. Psicologia do Ego e a Interpretação na Terapia Psicanalítica. *Lacuna: Uma Revista de Psicanálise*, São Paulo, n. 12, 2021. Disponível em: <https://revistalacuna.com/2021/12/12/n-12-02/>. Acesso em: out. 2023.

MILNER, J.-C. [1992]. Linguística e Psicanálise. *Estudos Lacanianos*, v. 3, n. 4, 2010. Disponível em: <http://pepsic.bvsalud.org/scielo.php?script=sci_arttext&pid=S1983-07692010000100002&lng=pt&tlng=pt>. Acesso em: out. 2023.

NOBUS, D. O "Escritos" de Lacan Revisitado. Trad. Paulo Beer. *Lacuna: Uma Revista de Psicanálise*, São Paulo, n. 7, 2019. Disponível em: <https://revistalacuna.com/2019/08/07/n-7-6/>. Acesso em: out. 2023.

PORGE, E. [2007]. A Ronda dos Semi-ditos Claros. In: *Literal 13: A Psicanálise e outros Saberes*. Trad. Paulo Sérgio de Souza Junior. Campinas, 2010.

PRECIADO, P.B. Um Apartamento em Urano (Conferência). Trad. C.Q. Kushiner; P.S. Souza Jr. *Lacuna: Uma Revista de Psicanálise*, São Paulo, n. 8, 2019. Disponível em: <https://revistalacuna.com/2019/12/08/n-8-12/>. Acesso em: out. 2023.

REINER, R.; PIERSON, R. Hacking's Experimental Realism: An Untenable Middle Ground. *Philosophy of Science*, v. 62, n. 1, 1995. Disponível em: <www.jstor.org/stable/188035>. Acesso em: out. 2023.

RESNIK, D. Hacking's Experimental Realism. *Canadian Journal of Philosophy*, v. 24, n. 3, 1994. Disponível em: <www.jstor.org/stable/40231874>. Acesso em: out. 2023.

ROSE, N. Neuroscience and the Future for Mental Health? *Epidemiology and Psychiatric Sciences*, v. 25, n. 2. Apr. 2016. . Epub 2015 Aug 3. PubMed PMID: 26234570. Disponível em <https://doi.org/10.1017/S2045796015000621>. Acesso em: out. 2023.

ROSE, N.; ABI-RACHED, J. Governing through the Brain: Neuropolitics, Neuroscience and Subjectivity. *Cambridge Anthropology*, v. 32, n. 1, Spring 2014. Disponível em: <https://doi.org/10.3167/ca.2014.320102>. Acesso em: out. 2023.

ROUSTANG, F. [1978]. Sugestão a Longo Prazo. Trad. P. Beer. *Lacuna: Uma Revista de Psicanálise*, São Paulo, n. 4, 2017. Disponível em: <https://revistalacuna.com/2017/11/20/n4-01/>. Acesso em: out. 2023.

SAFATLE, V. A Teoria das Pulsões como Ontologia Negativa. *Discurso*, n. 36, 2007. Disponível em: <https://doi.org/10.11606/issn.2318-8863.discurso.2007.38076>. Acesso em: out. 2023.

SHEVRIN, H, et al. Subliminal Unconscious Conflict Alpha Power Inhibits Supraliminal Conscious Symptom Experience. *Frontiers in Human Neuroscience*, v. 7, 2013. Disponível em <http://journal.frontiersin.org/Journal/10.3389/fnhum.2013.00544/full>. Acesso em: out. 2023.

SILVA JUNIOR, N. Epistemologia Psiquiátrica e Marketing Farmacêutico: Novos Modos de Subjetivação. *Stylus*, Rio de Janeiro, n. 33, nov. 2016. Disponível em: <http://pepsic.bvsalud.org/scielo.php?script=sci_arttext&pid=S1676-157X2016000200018&lng=pt&nrm=iso>. Acesso em: out. 2023.

SILVEIRA SALES, L. Passagem da Compreensão à Verdade: Contribuição do Estruturalismo à Teoria Lacaniana da Psicose. Ágora: Estudos em Teoria

Psicanalítica, v. 10, n. 2, 2007. Disponível em: <https://dx.doi.org/10.1590/S1516-14982007000200005>. Acesso em: out. 2023.

____. Ainda o Sujeito: Nota Sobre o Conflito Determinação Versus Subjetividade em Jacques Lacan. *Revista de Filosofia*, Curitiba, v. 18, n. 20, 2005.

TSOU, J.T. Hacking on the Looping Effects of Psychiatric Classifications: What is an Interactive and Indifferent Kind? *International Studies in the Philosophy of Science*, v. 21, n. 3, 2007. Disponível em: <https://doi.org/10.1080/02698590701589601>. Acesso em: out. 2023.

Winograd, M. Matéria Pensante: A Fertilidade do Encontro Entre Psicanálise e Neurociência. *Arquivos Brasileiros de Psicologia*, v. 56, n. 1, 2004. Disponível em: <http://www.psicologia.ufrj.br/abp/27>. Acesso em: out. 2023.

ZYGOURIS, R. A Gata de Schrödinger. *Lacuna: Uma Revista de Psicanálise*, São Paulo, n. 0, 2015. Trad. P. Beer. Disponível em: <https://revistalacuna.com/2015/09/29/a-gata-de-schrodinger/>. Acesso em: out. 2023.

FONTES

HACKING, I. *Véracité*. Aula do Collège de France em 31 jan. 2006. Disponível em: <https://www.college-de-france.fr/>. Acesso em: out. 2023.

____.*Objets*. Aula do Collège de France em 7 fev. 2006. Disponível em: <https://www.college-de-france.fr/>. Acesso em: out. 2023.

____. *Méthodes de Raisonnement*. Aula do Collège de France em 14 fev. 2006. Disponível em: <https://www.college-de-france.fr/>. Acesso em: out. 2023.

____. *Démonstration*. Aula dada no Collège de France em 21 fev. 2006. Disponível em: <https://www.college-de-france.fr>. Acesso em: out. 2023.

INSEL, T. *Director's Blog: Transforming Diagnosis*. 2013. Disponível em: <http://www.nimh.nih.gov/about/director/2013/transforming-diagnosis.shtml>. Acesso em: out. 2023.

LACAN, J. [1964-1965]. *Séminaire 12: Les Problèmes cruciaux de la psychanalyse*. Disponível em: <http://staferla.free.fr/S12/S12.htm>. Acesso em: out. 2023.

____. [1965-1966]. *Séminaire 13: L'Objet*. Disponível em: <http://staferla.free.fr/S13/S13.htm>. Acesso em: out. 2023.

____. [1967-1968]. *Séminaire 15: L'Acte psychanalitique*. Disponível em: <http://staferla.free.fr/S15/S15.htm>. Acesso em: out. 2023.

ROGERS, A. Star Neuroscientist Tom Insel Leaves the Google-Spawned Verily For ... A Startup? *Wired*, 11 May 2017. Disponível em: <https://www.wired.com/2017/05/star-neuroscientist-tom-insel-leaves-google-spawned-verily-startup/>. Acesso em: out. 2023.

SUÁREZ, M. *Experimental Realism Defended: How Inference to the Most Likely Cause Might Be Sound*. Technical Report (01/06). Contingency and Dissent in Science Project, CPNSS, London School of Economics and Political Science, London, UK, 2006.

Agradecimentos

Este livro resulta de uma pesquisa realizada no Departamento de Psicologia Social da Universidade de São Paulo, de modo que é incontornável agradecer a todos que fizeram esse percurso possível. Incluo, aí, funcionários, professores, colegas e amigos, que deram o suporte necessário a essa empreitada. Em especial, agradeço a Nelson da Silva Júnior, com quem aprendi valiosas e incontáveis lições e que me mostrou a potência da ousadia, da paciência, da elegância e, sobretudo, da parceria. Também a Stephen Frosh, que me ajudou, mesmo em tão pouco tempo, a reencontrar o que me fez mergulhar neste trabalho.

Agradeço a Ilana Katz, Léa Silveira, Gilson Iannini, Christian Dunker e Marcelo Ferretti, que contribuíram não somente na realização da pesquisa, mas também em sua transformação neste livro. E a Phlippe Van Haute (*in memoriam*), que contribuiu de maneira decisiva, com conversas, textos e ideias.

Não posso deixar de mencionar meus amigos que se fizeram presentes nesses anos todos. Entre eles, Diego Penha, Hugo Lana, Paulo Sérgio Sousa Júnior, Pedro Ambra e Rafael Lima, que me ajudaram a pensar melhor, em intervalos regados a café. Wilson Franco, com quem tenho o prazer de dividir projetos mirabolantes. Os parceiros do grupo de orientação, pelas leituras, pelos comentários e trocas. Os colegas do LATESFIP, pelos anos de pesquisa conjunta. E os amigos da Sociedade Internacional de Psicanálise e Filosofia, em especial Beatriz Santos, na ajuda para vislumbrar novos caminhos.

Agradeço a meus colegas e amigos do Núcleo de Estudos e Trabalhos Terapêuticos, pela aposta em comum de que vale lutar por tempos melhores, à qual a própria escrita deste livro se subscreve. A meus alunos e colegas do Instituto Gerar, da Univap, da USP e de outros espaços por onde pude circular, debater e aprender. Agradeço as trocas e espero que continuem.

Este livro foi impresso na cidade de São Bernardo do Campo,
nas oficinas da Paym Gráfica e Editora, em novembro de 2023,
para a Editora Perspectiva.